OEUVRES COMPLÈTES

DE MESDAMES

DE LA FAYETTE,

DE TENCIN ET DE FONTAINES.

—

TOME II*.

—

IMPRIMERIE DE GUIRAUDET,
RUE SAINT-HONORÉ, N° 315.

OEUVRES COMPLÈTES

DE MESDAMES

DE LA FAYETTE,

DE TENCIN

ET DE FONTAINES,

PRÉCÉDÉES

DE NOTICES HISTORIQUES ET LITTÉRAIRES,

PAR

MM. ÉTIENNE ET A. JAY,

MEMBRES DE LA CHAMBRE DES DÉPUTÉS.

Nouvelle Édition,

ORNÉE DES PORTRAITS DE MESDAMES DE LAFAYETTE ET DE TENCIN.

Tome Deuxième.

PARIS,

P.-A. MOUTARDIER, LIBRAIRE,

RUE GIT-LE-COEUR, N° 4.

1832.

LA PRINCESSE DE CLÈVES.

PREMIÈRE PARTIE.

La magnificence et la galanterie n'ont jamais paru en France avec tant d'éclat, que dans les dernières années du règne de Henri II. Ce prince était galant, bien fait et amoureux. Quoique sa passion pour Diane de Poitiers, duchesse de Valentinois, eût commencé il y avait plus de vingt ans, elle n'en était pas moins violente, et il n'en donnait pas des témoignages moins éclatans.

Comme il réussissait admirablement dans tous les exercices du corps, il en faisait une de ses plus grandes occupations : c'était tous les jours des parties de chasse et de paume, des ballets, des courses de bagues, ou de semblables divertissemens. Les couleurs et les chiffres de madame de Valentinois paraissaient partout, et elle paraissait elle-même avec tous les ajustemens que pouvait avoir mademoiselle de La Marck, sa petite-fille, qui était alors à marier.

La présence de la reine autorisait la sienne : cette princesse était belle, quoiqu'elle eût passé la première jeunesse ; elle aimait la grandeur, la magnificence et les plaisirs. Le roi l'avait épousée, lorsqu'il était encore duc d'Orléans, et qu'il avait pour aîné le dauphin, qui mourut à Tournon, prince que sa naissance et ses grandes qualités destinaient à remplir dignement la place du roi François Ier., son père.

L'humeur ambitieuse de la reine lui faisait trouver une grande douceur à régner. Il semblait qu'elle souffrît sans peine l'attachement du roi pour la duchesse de Valentinois, et elle n'en témoignait aucune jalousie ; mais elle avait une si profonde dissimulation, qu'il était difficile de juger de ses sentimens ; et la politique l'obligeait d'approcher cette duchesse de sa personne, afin d'en approcher aussi le roi. Ce prince aimait le commerce des femmes, même de celles dont il n'était pas amoureux. Il demeurait tous les jours chez la reine à l'heure du cercle, où tout ce qu'il y avait de plus beau et de mieux fait de l'un et de l'autre sexe ne manquait pas de se trouver.

Jamais cour n'a eu tant de belles personnes et d'hommes admirablement bien faits ; et il semblait que la nature eût pris plaisir à placer ce qu'elle donne de plus beau dans les plus grandes princesses et dans les plus grands princes. Madame Élisabeth de France, qui fut depuis reine d'Espagne, commençait à faire paraître un esprit surprenant, et cette incomparable beauté qui lui a été si funeste. Marie Stuart, reine d'Écosse, qui venait d'épouser M. le dauphin, et qu'on appelait la Reine-Dauphine, était une personne parfaite pour l'esprit et pour le corps ; elle avait été élevée à la cour de France, elle en avait pris toute la politesse ; et elle était née avec tant de disposition pour toutes les belles choses, que, malgré sa grande jeunesse, elle les aimait et s'y connaissait mieux que personne. La reine, sa belle-mère, et Madame, sœur du roi, aimaient aussi les vers, la comédie et la musique. Le goût que le roi François Ier. avait eu pour la poésie et pour les lettres régnait encore en France ; et le roi, son fils, aimant les exercices du corps, tous les plaisirs étaient à la cour. Mais ce qui rendait cette cour belle et majestueuse, était le nombre infini de princes et de grands seigneurs d'un mérite extraordinaire. Ceux que je vais nommer étaient, en des manières différentes, l'ornement et l'admiration de leur siècle.

Le roi de Navarre attirait le respect de tout le monde par la grandeur de son rang et par celle qui paraissait en sa personne. Il excellait dans la guerre, et le duc de Guise lui donnait une émulation qui l'avait porté plusieurs fois à quitter sa place de général, pour aller combattre auprès de lui, comme un simple soldat, dans les lieux les plus périlleux. Il est vrai aussi que ce duc avait donné des marques d'une valeur si admirable, et avait eu de si heureux succès, qu'il n'y avait point de grand capitaine qui ne dût le regarder avec envie. Sa valeur était soutenue de toutes les autres grandes qualités : il avait un esprit vaste et profond, une âme noble et élevée, et une égale capacité pour la guerre et pour les affaires. Le cardinal de Lorraine, son frère, était né avec une ambition démesurée, avec un esprit vif et une éloquence admirable, et il avait acquis une science profonde, dont il se servait pour se rendre considérable en défendant la religion catholique, qui commençait d'être attaquée. Le chevalier de Guise, que l'on appela depuis le grand Prieur, était un prince aimé de tout le monde, bien fait, plein d'esprit, plein d'adresse, et d'une valeur célèbre par toute l'Europe. Le prince de Condé, dans un petit corps peu favorisé de la nature, avait une âme grande et hautaine, et un esprit qui le rendait aimable aux yeux mêmes des plus belles femmes. Le duc de Nevers, dont la vie était glorieuse par la guerre et par les grands emplois qu'il avait eus, quoique dans un âge un peu avancé, faisait les délices de la cour. Il avait trois fils parfaitement bien faits : le second, qu'on appelait le prince de Clèves, était digne de soutenir la gloire de son nom; il était brave et magnifique, et il avait une prudence qui ne se trouve guère avec la jeunesse. Le vidame de Chartres, descendu de cette ancienne maison de Vendôme, dont les princes du sang n'ont point dédaigné de porter le nom, était également distingué dans la guerre et dans la galanterie; il était beau, de bonne mine, vaillant, hardi, libéral; toutes ces bonnes qualités étaient vives et éclatantes : enfin il était seul digne d'être comparé au duc de Nemours, si quelqu'un lui eût pu être comparable; mais ce prince était un chef-d'œuvre de la nature; ce qu'il avait de moins admirable, était d'être l'homme du monde le mieux fait et le plus beau. Ce qui le mettait au-dessus des autres, était une valeur incomparable, et un agrément dans son esprit, dans son visage et dans ses actions, que l'on n'a jamais vu qu'à lui seul. Il avait un enjouement qui plaisait également aux hommes et aux femmes, une adresse extraordinaire dans tous ses exercices, une manière de s'habiller qui était toujours suivie de tout le monde, sans pouvoir être imitée, et enfin un air dans toute sa personne qui faisait qu'on ne pouvait regarder que lui dans tous les lieux où il paraissait. Il n'y avait aucune dame, dans la cour, dont la gloire n'eût été flattée de le voir attaché à elle : peu de celles à qui il s'était attaché se pouvaient vanter de lui avoir résisté; et même plusieurs à qui il n'avait point témoigné de passion n'avaient pas laissé d'en avoir pour lui. Il avait tant de douceur et tant de disposition à la galanterie, qu'il ne pouvait refuser quelques soins à celles qui tâchaient de lui plaire : ainsi il avait plusieurs maîtresses, mais il était difficile de deviner celle qu'il aimait véritablement. Il allait souvent chez la reine-dauphine : la beauté de cette princesse, sa douceur, le soin qu'elle avait de plaire à tout le monde, et l'estime particulière qu'elle témoignait à ce prince, avaient souvent donné lieu de croire qu'il levait les yeux jusqu'à elle. MM. de Guise, dont elle était nièce, avaient beaucoup augmenté leur crédit et leur considération par son mariage; leur ambition les faisait aspirer à s'égaler aux princes du sang, et à partager le pouvoir du connétable de Montmorency. Le roi se reposait sur lui de la plus grande partie du gouvernement des affaires, et traitait le duc de Guise et le maréchal de Saint-André comme ses favoris. Mais ceux que la faveur ou les affaires approchaient de sa personne, ne s'y pouvaient maintenir qu'en se soumettant à la duchesse de Valentinois ; et, quoiqu'elle n'eût plus de jeunesse, ni de beauté, elle le gouvernait avec un empire si absolu, que l'on peut dire qu'elle était maîtresse de sa personne et de l'état.

Le roi avait toujours aimé le connétable ; et sitôt qu'il avait commencé à régner, il l'avait rappelé de l'exil où le roi François Ier l'avait envoyé. La cour était partagée entre MM. de Guise et le connétable, qui était soutenu des princes du sang. L'un et l'autre parti avait toujours songé à gagner la duchesse de Valentinois. Le duc d'Aumale, frère du duc de Guise, avait épousé une de ses filles. Le connétable aspirait à la même alliance : il ne se contentait pas d'avoir marié son fils aîné avec madame Diane, fille du roi et d'une dame de Piémont, qui se fit religieuse aussitôt qu'elle fut accouchée. Ce mariage avait eu beaucoup d'obstacles par les promesses que M. de Montmorency avait faites à mademoiselle de Piennes, une des filles d'honneur de la reine ; et, bien que le roi les eût surmontés avec une patience et une bonté extrême, ce connétable ne se trouvait pas encore assez appuyé, s'il ne s'assurait de madame de Valentinois, et s'il ne la séparait de MM. de Guise, dont la grandeur commençait à donner de l'inquiétude à cette duchesse. Elle avait retardé, autant qu'elle avait pu, le mariage du dauphin avec la reine d'Écosse. La beauté et l'esprit capable et avancé de cette jeune reine, et l'élévation que ce mariage donnait à MM. de Guise, lui étaient insupportables. Elle haïssait particulièrement le cardinal de Lorraine; il lui avait parlé avec aigreur, et même avec mépris; elle voyait qu'il prenait des liaisons avec la reine; de sorte que le connétable la trouva disposée à s'unir avec lui, et à entrer dans son alliance par le mariage de mademoiselle de La Marck, sa petite-fille, avec M. d'Anville, son second fils, qui succéda depuis à sa charge sous le règne de Charles IX. Le connétable ne crut pas trouver d'obstacles dans l'esprit de M. d'Anville pour un mariage, comme il en avait trouvé dans l'esprit de M. de Montmorency; mais, quoique les raisons lui en fussent cachées, les difficultés n'en furent guère moindres. M. d'Anville était éperdument amoureux de la reine-dauphine; et, quelque peu d'espérance qu'il eût dans cette passion, il ne pouvait se résoudre à prendre un engagement qui partagerait ses soins. Le maréchal de Saint-André était le seul dans la cour qui n'eût point pris de parti; il était un des favoris, et sa faveur ne tenait qu'à sa personne : le roi l'avait aimé dès le temps qu'il était dauphin; et depuis il l'avait fait maréchal de France, dans un âge où l'on n'a pas encore accoutumé de prétendre aux moindres dignités. Sa faveur lui donnait un éclat qu'il soutenait par son mérite et par l'agrément de sa personne, par une grande délicatesse pour sa table et pour ses meubles, et par la plus grande magnificence qu'on eût jamais vue en un particulier. La libéralité du roi fournissait à cette dépense. Ce prince allait jusqu'à la prodigalité pour ceux qu'il aimait : il n'avait pas toutes les grandes qualités, mais il en avait plusieurs, et surtout celle d'aimer la guerre et de l'entendre : aussi avait-il eu d'heureux succès ; et, si on en excepte la bataille de Saint-Quentin, son règne n'avait été qu'une suite de victoires : il avait gagné en personne la bataille de Renty ; le Piémont avait été conquis, les Anglais avaient été chassés de France, et l'empereur Charles-Quint avait vu finir sa bonne fortune devant la ville de Metz, qu'il avait assiégée inutilement avec toutes les forces de l'Empire et de l'Espagne. Néanmoins, comme le malheur de Saint-Quentin avait diminué l'espérance de nos conquêtes, et que depuis la fortune avait semblé se partager entre les deux rois, ils se trouvèrent insensiblement disposés à la paix.

La duchesse douairière de Lorraine avait commencé à en faire des propositions dans le temps du mariage de M. le dauphin ; il y avait toujours eu depuis quelque négociation secrète. Enfin Cercamp, dans le pays d'Artois, fut choisi pour le lieu où l'on devait s'assembler. Le cardinal de Lorraine, le connétable de Montmorency et le maréchal de Saint-André s'y trouvèrent pour le roi; le duc d'Albe et le prince d'Orange, pour Philippe II; et le duc et la duchesse de Lorraine furent les médiateurs. Les principaux articles étaient le mariage de madame Élisabeth de France avec dom Carlos, infant d'Espagne, et celui de Madame, sœur du roi, avec M. de Savoie.

Le roi demeura cependant sur la frontière, et il y reçut la nouvelle de la mort de Marie, reine d'Angleterre. Il envoya le comte de Randan à Élisabeth, sur son avénement à la couronne. Elle le reçut avec joie : ses droits étaient si mal établis, qu'il lui était avantageux de se voir reconnue par le roi. Ce comte la trouva instruite des intérêts de la cour de France, et du mérite de ceux qui la composaient; mais surtout il la trouva si remplie de la réputation du duc de Nemours, elle lui parla tant de fois de ce prince, et avec tant d'empressement, que, quand M. de Randan fut revenu et qu'il rendit compte au roi de son voyage, il lui dit qu'il n'y avait rien que M. de Nemours ne pût prétendre auprès de cette princesse, et qu'il ne doutait point qu'elle ne fût capable de l'épouser. Le roi en parla à ce prince dès le soir même ; il lui fit conter par M. de Randan toutes ses conversations avec Élisabeth, et lui conseilla de tenter cette grande fortune. M. de Nemours crut d'abord que le roi ne lui parlait pas sérieusement ; mais comme il vit le contraire : « Au moins, sire, lui dit-il, si je » m'embarque dans une entreprise chimérique, » par le conseil et pour le service de votre ma- » jesté, je la supplie de me garder le secret, » jusqu'à ce que le succès me justifie vers le » public, et de vouloir bien ne me pas faire pa- » raître rempli d'une assez grande vanité pour » prétendre qu'une reine, qui ne m'a jamais vu, » me veuille épouser par amour. » Le roi lui promit de ne parler qu'au connétable de ce dessein, et il jugea même le secret nécessaire pour le succès. M. de Randan conseillait à M. de Nemours d'aller en Angleterre sur le simple prétexte de voyager, mais ce prince ne put s'y résoudre. Il envoya Lignerolles, qui était un jeune homme d'esprit, son favori, pour voir les sentimens de la reine, et pour tâcher de commencer quelque liaison. En attendant l'événement de ce voyage, il alla voir le duc de Savoie, qui était alors à Bruxelles avec le roi d'Espagne. La mort de Marie d'Angleterre apporta de grands obstacles à la paix. L'assemblée se rompit à la fin de novembre, et le roi revint à Paris.

Il parut alors une beauté à la cour qui attira les yeux de tout le monde, et l'on doit croire que c'était une beauté parfaite, puisqu'elle donna de l'admiration dans un lieu où l'on était si accoutumé à voir de belles personnes. Elle était de la même maison que le vidame de Chartres, et une des plus grandes héritières de France. Son père était mort jeune, et l'avait laissée sous la conduite de madame de Chartres, sa femme, dont le bien, la vertu et le mérite étaient extraordinaires. Après avoir perdu son mari, elle avait passé plusieurs années sans revenir à la cour. Pendant cette absence, elle avait donné ses soins à l'éducation de sa fille; mais elle ne travailla pas seulement à cultiver son esprit et sa beauté, elle songea aussi à lui donner de la vertu et à la lui rendre aimable. La plupart des mères s'imaginent qu'il suffit de ne parler jamais de galanterie devant les jeunes personnes pour les en éloigner : madame de Chartres avait une opinion opposée; elle faisait souvent à sa fille des peintures de l'amour, elle lui montrait ce qu'il a d'agréable, pour la persuader plus aisément sur ce qu'elle lui en apprenait de dangereux; elle lui contait le peu de sincérité des hommes, leurs tromperies, et leur infidélité; les malheurs domestiques où plongent les engagemens; et elle lui faisait voir, d'un autre côté, quelle tranquillité suivait la vie d'une honnête femme, et combien la vertu donnait d'éclat et d'élévation à une personne qui avait de la beauté et de la naissance; mais elle lui faisait voir aussi qu'elle ne pouvait conserver cette vertu, que par une extrême défiance de soi-même, et par un grand soin de s'attacher à ce qui seul peut faire le bonheur d'une femme, qui est d'aimer son mari et d'en être aimée.

Cette héritière était alors un des grands partis qu'il y eût en France; et, quoiqu'elle fût dans une extrême jeunesse, l'on avait déjà proposé plusieurs mariages. Madame de Chartres, qui était extrêmement glorieuse, ne trouvait presque rien digne de sa fille. La voyant dans sa seizième année, elle voulut la mener à la cour. Lorsqu'elle arriva, le vidame alla au-devant d'elle; il fut surpris de la grande beauté de mademoiselle de Chartres, et il en fut surpris avec raison : la blancheur de son teint et ses cheveux blonds lui donnaient un éclat que l'on n'a jamais vu qu'à elle; tous ses traits étaient réguliers, et son visage et sa personne étaient pleins de grâce et de charmes.

Le lendemain qu'elle fut arrivée, elle alla pour assortir des pierreries chez un Italien qui en trafiquait par tout le monde. Cet homme était venu de Florence avec la reine, et s'était tellement enrichi dans son trafic, que sa maison paraissait plutôt celle d'un grand seigneur que d'un marchand. Comme elle y était, le prince de Clèves y arriva : il fut tellement surpris de sa beauté, qu'il ne put cacher sa surprise; et mademoiselle de Chartres ne put s'empêcher de rougir en voyant l'étonnement qu'elle lui avait donné; elle se remit néanmoins, sans témoigner d'autre attention aux actions de ce prince, que celle que la civilité devait lui donner pour un homme tel qu'il paraissait. M. de Clèves la regardait avec admiration, et il ne pouvait comprendre qui était cette belle personne qu'il ne connaissait point. Il voyait bien, par son air et par tout ce qui était à sa suite, qu'elle devait être d'une grande qualité. Sa jeunesse lui faisait croire que c'était une fille; mais, ne lui voyant point de mère, et l'Italien, qui ne la connaissait point, l'appelant madame, il ne savait que penser, et il la regardait toujours avec étonnement. Il s'aperçut que ses regards l'embarrassaient, contre l'ordinaire des jeunes personnes, qui voient toujours avec plaisir l'effet de leur beauté; il lui parut même qu'il était cause qu'elle avait de l'impatience de s'en aller, et en effet elle sortit assez promptement. M. de Clèves se consola de la perdre de vue, dans l'espérance de savoir qui elle était; mais il fut bien surpris quand il sut qu'on ne la connaissait point : il demeura si touché de sa beauté et de l'air modeste qu'il avait remarqué dans ses actions, qu'on peut dire qu'il conçut pour elle, dès ce moment, une passion et une estime extraordinaires. Il alla le soir chez Madame, sœur du roi.

Cette princesse était dans une grande considération par le crédit qu'elle avait sur le roi son frère; et ce crédit était si grand, que le roi, en faisant la paix, consentait à rendre le Piémont pour lui faire épouser le duc de Savoie. Quoiqu'elle eût désiré toute sa vie de se marier, elle n'avait jamais voulu épouser qu'un souverain, et elle avait refusé pour cette raison le roi de Navarre, lorsqu'il était duc de Vendôme, et avait toujours souhaité M. de Savoie; elle avait conservé de l'inclination pour lui depuis qu'elle l'avait vu à Nice, à l'entrevue du roi François Ier. et du pape Paul III. Comme elle avait beaucoup d'esprit, et un grand discernement pour les belles choses, elle attirait tous les honnêtes gens, et il y avait de certaines heures où toute la cour était chez elle.

M. de Clèves y vint comme à l'ordinaire. Il était si rempli de l'esprit et de la beauté de mademoiselle de Chartres, qu'il ne pouvait parler d'autre chose. Il conta tout haut son aventure, et ne pouvait se lasser de donner des louanges à cette personne qu'il avait vue, qu'il ne connaissait point. Madame lui dit qu'il n'y avait point de personnes comme celle qu'il dépeignait; et que, s'il y en avait eu quelqu'une, elle serait connue de tout le monde. Madame de Dampierre, qui était sa dame d'honneur et amie de madame de Chartres, entendant cette conversation, s'approcha de cette princesse, et lui dit tout bas que c'était sans doute mademoiselle de Chartres que M. de Clèves avait vue. Madame se retourna vers lui, et lui dit que, s'il voulait revenir chez elle le lendemain, elle lui ferait voir cette beauté dont il était si touché. Mademoiselle de Chartres parut en effet le jour suivant : elle fut reçue des reines avec tous les agrémens qu'on peut s'imaginer, et avec une telle admiration de tout le monde, qu'elle n'entendait autour d'elle que des louanges. Elle les recevait avec une modestie si noble, qu'il ne semblait pas qu'elle les entendît, ou du moins qu'elle en fût touchée. Elle alla ensuite chez Madame, sœur du roi. Cette princesse, après avoir loué sa beauté, lui conta l'étonnement qu'elle avait donné à M. de Clèves. Ce prince entra un moment après : Venez, lui dit-elle, voyez si je ne vous tiens pas ma parole, et si, en vous montrant mademoiselle de Chartres, je ne vous fais pas voir cette beauté que vous cherchiez; remerciez-moi au moins de lui avoir appris l'admiration que vous aviez déjà pour elle.

M. de Clèves sentit de la joie de voir que cette personne, qu'il avait trouvée si aimable, était d'une qualité proportionnée à sa beauté : il s'approcha d'elle, et il la supplia de se souvenir qu'il avait été le premier à l'admirer, et que, sans la connaître, il avait eu pour elle tous les sentimens de respect et d'estime qui lui étaient dus.

Le chevalier de Guise et lui, qui étaient amis, sortirent ensemble de chez Madame. Ils louèrent d'abord mademoiselle de Chartres sans se contraindre : ils trouvèrent enfin qu'ils la louaient trop, et ils cessèrent l'un et l'autre de dire ce qu'ils en pensaient; mais ils furent contraints d'en parler les jours suivans partout où ils se rencontrèrent. Cette nouvelle beauté fut long-temps le sujet de toutes les conversations. La reine lui donna de grandes louanges, et eut pour elle une considération extraordinaire; la reine-dauphine en fit une de ses favorites, et pria madame de Chartres de la mener souvent chez elle; Mesdames, filles du roi, l'envoyaient chercher pour être de tous leurs divertissemens : enfin, elle était aimée et admirée de toute la cour, excepté de madame de Valentinois. Ce n'est pas que cette beauté lui donnât de l'ombrage; une trop longue expérience lui avait appris qu'elle n'avait rien à craindre auprès du roi; mais elle avait tant de haine pour le vidame de Chartres, qu'elle avait souhaité d'attacher à elle par le mariage d'une de ses filles, et qui s'était attaché à la reine, qu'elle ne pouvait regarder favorablement une personne qui portait son nom, et pour qui il faisait paraître une grande amitié.

Le prince de Clèves devint passionnément amoureux de mademoiselle de Chartres, et souhaitait ardemment de l'épouser ; mais il craignait que l'orgueil de madame de Chartres ne fût blessé de donner sa fille à un homme qui n'était pas l'aîné de sa maison. Cependant cette maison était si grande, et le comte d'Eu, qui en était l'aîné, venait d'épouser une personne si proche de la maison royale, que c'était plutôt la timidité que donne l'amour, que de véritables raisons, qui causait les craintes de M. de Clèves. Il avait un grand nombre de rivaux : le chevalier de Guise lui paraissait le plus redoutable par sa naissance, par son mérite, et par l'éclat que la faveur donnait à sa maison. Ce prince était devenu amoureux de mademoiselle de Chartres le premier jour qu'il l'avait vue ; il s'était aperçu de la passion de M. de Clèves, comme M. de Clèves s'était aperçu de la sienne. Quoiqu'ils fussent amis, l'éloignement que donnent les mêmes prétentions ne leur avait pas permis de s'expliquer ensemble, et leur amitié s'était refroidie, sans qu'ils eussent eu la force de s'éclaircir. L'aventure qui était arrivée à M. de Clèves, d'avoir vu le premier mademoiselle de Chartres, lui paraissait un heureux présage, et semblait lui donner quelque avantage sur ses rivaux ; mais il prévoyait de grands obstacles par le duc de Nevers, son père. Ce duc avait d'étroites liaisons avec la duchesse de Valentinois ; elle était ennemie du vidame, et cette raison était suffisante pour empêcher le duc de Nevers de consentir que son fils pensât à sa nièce.

Madame de Chartres, qui avait eu tant d'application pour inspirer la vertu à sa fille, ne discontinua pas de prendre les mêmes soins dans un lieu où ils étaient si nécessaires, et où il y avait tant d'exemples si dangereux. L'ambition et la galanterie étaient l'âme de cette cour, et occupaient également les hommes et les femmes. Il y avait tant d'intérêts et tant de cabales différentes, et les dames y avaient tant de part, que l'amour était toujours mêlé aux affaires, et les affaires à l'amour. Personne n'était tranquille ni indifférent : on songeait à s'élever, à plaire, à servir, ou à nuire; on ne connaissait ni l'ennui ni l'oisiveté, et on était toujours occupé des plaisirs ou des intrigues. Les dames avaient des attachemens particuliers pour la reine, pour la reine-dauphine, pour la reine de Navarre, pour Madame, sœur du roi, ou pour la duchesse de Valentinois. Les inclinations, les raisons de bienséance, ou le rapport d'humeur, faisaient ces différens attachemens. Celles qui avaient passé la première jeunesse, et qui faisaient profession d'une vertu plus austère, étaient attachées à la reine; celles qui étaient plus jeunes, et qui cherchaient la joie et la galanterie, faisaient leur cour à la reine-dauphine. La reine de Navarre avait ses favorites : elle était jeune, et elle avait du pouvoir sur le roi son mari; il était joint au connétable, et avait par-là beaucoup de crédit. Madame, sœur du roi, conservait encore de la beauté, et attirait plusieurs dames auprès d'elle. La duchesse de Valentinois avait toutes celles qu'elle daignait regarder; mais peu de femmes lui étaient agréables; et, excepté quelques-unes qui avaient sa familiarité et sa confiance, et dont l'humeur avait du rapport avec la sienne, elle n'en recevait chez elle que les jours où elle prenait plaisir à avoir une cour comme celle de la reine.

Toutes ces différentes cabales avaient de l'émulation et de l'envie les unes contre les autres. Les dames qui les composaient avaient aussi de la jalousie entre elles, ou pour la faveur, ou pour les amans; les intérêts de grandeur et d'élévation se trouvaient souvent joints à ces autres intérêts moins importans, mais qui n'étaient pas moins sensibles. Ainsi, il y avait une sorte d'agitation sans désordre dans cette cour qui la rendait très-agréable, mais aussi très-dangereuse pour une jeune personne. Madame de Chartres voyait ce péril, et ne songeait qu'aux moyens d'en garantir sa fille. Elle la pria, non pas comme sa mère, mais comme son amie, de lui faire confidence de toutes les galanteries qu'on lui dirait, et elle lui promit de lui aider à se conduire dans des choses où l'on était souvent embarrassée quand on était jeune.

Le chevalier de Guise fit tellement paraître les sentimens et les desseins qu'il avait pour mademoiselle de Chartres, qu'ils ne furent ignorés de personne. Il ne voyait néanmoins que de l'impossibilité dans ce qu'il désirait : il savait bien qu'il n'était point un parti qui convînt à mademoiselle de Chartres, par le peu de bien qu'il avait pour soutenir son rang; et il savait bien aussi que ses frères n'approuveraient pas qu'il se mariât, par la crainte de l'abaissement que les mariages des cadets apportent d'ordinaire dans les grandes maisons. Le cardinal de Lorraine lui fit bientôt voir qu'il ne se trompait pas; il condamna l'attachement qu'il témoignait pour mademoiselle de Chartres, avec une chaleur extraordinaire, mais il ne lui en dit pas les véritables raisons. Ce cardinal avait une haine pour le vidame, qui était secrète alors, et qui éclata depuis. Il eut plutôt consenti à voir son frère entrer dans toute autre alliance que dans celle de ce vidame; et il déclara si publiquement combien il en était éloigné, que madame de Chartres en fut sensiblement offensée. Elle prit de grands soins de faire voir que le cardinal de Lorraine n'avait rien à craindre, et qu'elle ne songeait pas à ce mariage. Le vidame prit la même conduite, et sentit encore plus que madame de Chartres celle du cardinal de Lorraine, parce qu'il en savait mieux la cause.

Le prince de Clèves n'avait pas donné des marques moins publiques de sa passion, qu'avait fait le chevalier de Guise. Le duc de Nevers apprit cet attachement avec chagrin; il crut néanmoins qu'il n'avait qu'à parler à son fils, pour le faire

changer de conduite; mais il fut bien surpris
de trouver en lui le dessein formé d'épouser mademoiselle de Chartres. Il blâma ce dessein, il
s'emporta, et cacha si peu son emportement,
que le sujet s'en répandit bientôt à la cour, et
alla jusqu'à madame de Chartres. Elle n'avait
pas mis en doute que M. de Nevers ne regardât
le mariage de sa fille comme un avantage pour
son fils : elle fut bien étonnée que la maison de
Clèves et celle de Guise craignissent son alliance,
au lieu de la souhaiter. Le dépit qu'elle eut lui
fit penser à trouver un parti pour sa fille, qui la
mît au-dessus de ceux qui se croyaient au-dessus
d'elle. Après avoir tout examiné, elle s'arrêta
au prince-dauphin, fils du duc de Montpensier.
Il était alors à marier, et c'était ce qu'il y avait
de plus grand à la cour. Comme madame de
Chartres avait beaucoup d'esprit, qu'elle était
aidée du vidame, qui était dans une grande considération, et qu'en effet sa fille était un parti
considérable, elle agit avec tant d'adresse et tant
de succès, que M. de Montpensier parut souhaiter ce mariage, et il semblait qu'il ne s'y pouvait trouver de difficultés.

Le vidame, qui savait l'attachement de
M. d'Anville pour la reine-dauphine, crut néanmoins qu'il fallait employer le pouvoir que cette
princesse avait sur lui, pour l'engager à servir

mademoiselle de Chartres auprès du roi et auprès du prince de Montpensier, dont il était ami intime. Il en parla à cette reine, et elle entra avec joie dans une affaire où il s'agissait de l'élévation d'une personne qu'elle aimait beaucoup; elle le témoigna au vidame, et l'assura que, quoiqu'elle sût bien qu'elle ferait une chose désagréable au cardinal de Lorraine, son oncle, elle passerait avec joie par-dessus cette considération, parce qu'elle avait sujet de se plaindre de lui, et qu'il prenait tous les jours les intérêts de la reine contre les siens propres.

Les personnes galantes sont toujours bien aises qu'un prétexte leur donne lieu de parler à ceux qui les aiment. Sitôt que le vidame eut quitté madame la dauphine, elle ordonna à Chastelart, qui était favori de M. d'Anville, et qui savait la passion qu'il avait pour elle, de lui aller dire de sa part de se trouver le soir chez la reine. Chastelart reçut cette commission avec beaucoup de joie et de respect. Ce gentilhomme était d'une bonne maison de Dauphiné; mais son mérite et son esprit le mettaient au-dessus de sa naissance. Il était reçu et bien traité de tout ce qu'il y avait de grands seigneurs à la cour, et la faveur de la maison de Montmorency l'avait particulièrement attaché à M. d'Anville : il était bien fait de sa personne, adroit à toutes sortes d'exercices ; il chantait agréablement, il faisait des vers, et avait un esprit galant et passionné qui plut si fort à M. d'Anville, qu'il le fit confident de l'amour qu'il avait pour la reine-dauphine. Cette confidence l'approchait de cette princesse, et ce fut en la voyant souvent qu'il prit le commencement de cette malheureuse passion qui lui ôta la raison, et qui lui coûta enfin la vie.

M. d'Anville ne manqua pas d'être le soir chez la reine ; il se trouva heureux que madame la dauphine l'eût choisi pour travailler à une chose qu'elle désirait, et il lui promit d'obéir exactement à ses ordres : mais madame de Valentinois, ayant été avertie du dessein de ce mariage, l'avait traversé avec tant de soin, et avait tellement prévenu le roi, que, lorsque M. d'Anville lui en parla, il lui fit paraître qu'il ne l'approuvait pas, et lui ordonna même de le dire au prince de Montpensier. L'on peut juger ce que sentit madame de Chartres par la rupture d'une chose qu'elle avait tant désirée, dont le mauvais succès donnait un si grand avantage à ses ennemis, et faisait un si grand tort à sa fille.

La reine-dauphine témoigna à mademoiselle de Chartres, avec beaucoup d'amitié, le déplaisir qu'elle avait de lui avoir été inutile :

Vous voyez, lui dit-elle, que j'ai un médiocre pouvoir ; je suis si haïe de la reine et de la duchesse de Valentinois, qu'il est difficile que, par elles ou par ceux qui sont dans leur dépendance, elles ne traversent toujours toutes les choses que je désire : cependant, ajouta-t-elle, je n'ai jamais pensé qu'à leur plaire ; aussi elles ne me haïssent qu'à cause de la reine ma mère, qui leur a donné autrefois de l'inquiétude et de la jalousie. Le roi en avait été amoureux avant qu'il le fût de madame de Valentinois ; et, dans les premières années de son mariage, qu'il n'avait point encore d'enfans, quoiqu'il aimât cette duchesse, il parut quasi résolu de se démarier pour épouser la reine ma mère. Madame de Valentinois, qui craignait une femme qu'il avait déjà aimée, et dont la beauté et l'esprit pouvaient diminuer sa faveur, s'unit au connétable, qui ne souhaitait pas aussi que le roi épousât une sœur de MM. de Guise : ils mirent le feu roi dans leurs sentimens ; et, quoiqu'il haît mortellement la duchesse de Valentinois, comme il aimait la reine, il travailla avec eux pour empêcher le roi de se démarier ; mais, pour lui ôter absolument la pensée d'épouser la reine ma mère, ils firent son mariage avec le roi d'Écosse, qui était veuf de madame Magdeleine, sœur du roi, et ils le firent parce qu'il était le plus prêt à conclure, et manquèrent aux engagemens qu'on avait avec le roi d'Angleterre, qui la souhaitait ardemment. Il s'en fallut peu même que ce manquement ne fît une rupture entre les deux rois. Henri VIII ne pouvait se consoler de n'avoir pas épousé la reine ma mère; et, quelque autre princesse française qu'on lui proposât, il disait toujours qu'elle ne remplacerait jamais celle qu'on lui avait ôtée. Il est vrai aussi que la reine ma mère était une parfaite beauté; et que c'est une chose remarquable, que, veuve d'un duc de Longueville, trois rois aient souhaité de l'épouser : son malheur l'a donnée au moindre, et l'a mise dans un royaume où elle ne trouve que des peines. On dit que je lui ressemble : je crains de lui ressembler aussi par sa malheureuse destinée; et, quelque bonheur qui semble se préparer pour moi, je ne saurais croire que j'en jouisse.

Mademoiselle de Chartres dit à la reine que ces tristes pressentimens étaient si mal fondés, qu'elle ne les conserverait pas long-temps, et qu'elle ne devait point douter que son bonheur ne répondît aux apparences.

Personne n'osait plus penser à mademoiselle de Chartres, par la crainte de déplaire au roi, ou par la pensée de ne pas réussir auprès d'une personne qui avait espéré un prince du sang.

M. de Clèves ne fut retenu par aucune de ces considérations. La mort du duc de Nevers, son père, qui arriva alors, le mit dans une entière liberté de suivre son inclination, et, sitôt que le temps de la bienséance du deuil fut passé, il ne songea plus qu'aux moyens d'épouser mademoiselle de Chartres. Il se trouvait heureux d'en faire la proposition dans un temps où ce qui s'était passé avait éloigné les autres partis, et où il était quasi assuré qu'on ne la lui refuserait pas. Ce qui troublait sa joie était la crainte de ne lui être pas agréable, et il eût préféré le bonheur de lui plaire à la certitude de l'épouser sans en être aimé.

Le chevalier de Guise lui avait donné quelque sorte de jalousie; mais comme elle était plutôt fondée sur le mérite de ce prince que sur aucune des actions de mademoiselle de Chartres, il songea seulement à tâcher de découvrir s'il était assez heureux pour qu'elle approuvât la pensée qu'il avait pour elle. Il ne la voyait que chez les reines ou aux assemblées; il était difficile d'avoir une conversation particulière. Il en trouva pourtant les moyens, et il lui parla de son dessein et de sa passion avec tout le respect imaginable; il la pressa de lui faire connaître quels étaient les sentimens qu'elle avait pour lui, et il lui dit que ceux qu'il avait pour elle étaient d'une nature qui le rendraient éternellement malheureux, si elle n'obéissait que par devoir aux volontés de madame sa mère.

Comme mademoiselle de Chartres avait le cœur très-noble et très-bien fait, elle fut véritablement touchée de reconnaissance du procédé du prince de Clèves. Cette reconnaissance donna à ses réponses et à ses paroles un certain air de douceur qui suffisait pour donner de l'espérance à un homme aussi éperdument amoureux que l'était ce prince ; de sorte qu'il se flatta d'une partie de ce qu'il souhaitait.

Elle rendit compte à sa mère de cette conversation ; et madame de Chartres lui dit qu'il y avait tant de grandeur et de bonnes qualités dans M. de Clèves, et qu'il faisait paraître tant de sagesse pour son âge, que, si elle sentait son inclination portée à l'épouser, elle y consentirait avec joie. Mademoiselle de Chartres répondit qu'elle lui remarquait les mêmes bonnes qualités, qu'elle l'épouserait même avec moins de répugnance qu'un autre, mais qu'elle n'avait aucune inclination particulière pour sa personne.

Dès le lendemain, ce prince fit parler à madame de Chartres. Elle reçut la proposition qu'on lui faisait, et elle ne craignit point de donner à sa fille un mari qu'elle ne pût aimer, en lui donnant le prince de Clèves. Les articles furent conclus : on parla au roi, et ce mariage fut su de tout le monde.

M. de Clèves se trouvait heureux sans être néanmoins entièrement content; il voyait avec beaucoup de peine que les sentimens de mademoiselle de Chartres ne passaient pas ceux de l'estime et de la reconnaissance; et il ne pouvait se flatter qu'elle en cachât de plus obligeans, puisque l'état où ils étaient lui permettait de les faire paraître sans choquer son extrême modestie. Il ne se passait guère de jours qu'il ne lui en fît ses plaintes. Est-il possible, lui disait-il, que je puisse n'être pas heureux en vous épousant? Cependant il est vrai que je ne le suis pas. Vous n'avez pour moi qu'une sorte de bonté qui ne me peut satisfaire; vous n'avez ni impatience, ni inquiétude, ni chagrin; vous n'êtes pas plus touchée de ma passion que vous le seriez d'un attachement qui ne serait fondé que sur les avantages de votre fortune, et non pas sur les charmes de votre personne. Il y a de l'injustice à vous plaindre, lui répondit-elle; je ne sais ce que vous pouvez souhaiter au delà de ce que je fais, et il me semble que la bienséance ne permet pas que j'en fasse davantage. Il est vrai, lui répliqua-t-il, que vous me donnez de certaines apparences dont je serais content, s'il y avait quelque chose au delà ; mais, au lieu que la bienséance vous retienne, c'est elle seule qui vous fait faire ce que vous faites. Je ne touche ni votre inclination ni votre cœur, et ma présence ne vous donne ni de plaisir ni de trouble. Vous ne sauriez douter, reprit-elle, que je n'aie de la joie de vous voir ; et je rougis si souvent en vous voyant, que vous ne sauriez douter aussi que votre vue ne me donne du trouble. Je ne me trompe pas à votre rougeur, répondit-il ; c'est un sentiment de modestie et non pas un mouvement de votre cœur, et je n'en tire que l'avantage que j'en dois tirer.

Mademoiselle de Chartres ne savait que répondre, et ces distinctions étaient au-dessus de ses connaissances. M. de Clèves ne voyait que trop combien elle était éloignée d'avoir pour lui des sentimens qui le pouvaient satisfaire, puisqu'il lui paraissait même qu'elle ne les entendait pas.

Le chevalier de Guise revint d'un voyage peu de jours avant les noces. Il avait vu tant d'obstacles insurmontables au dessein qu'il avait eu d'épouser mademoiselle de Chartres, qu'il n'avait pu se flatter d'y réussir ; et néanmoins il fut sensiblement affligé de la voir devenir la femme d'un autre : cette douleur n'éteignit pas sa passion, et il ne demeura pas moins amoureux.

Mademoiselle de Chartres n'avait pas ignoré les sentimens que ce prince avait eus pour elle. Il lui fit connaître, à son retour, qu'elle était cause de l'extrême tristesse qui paraissait sur son visage, et il avait tant de mérite et tant d'agrément, qu'il était difficile de le rendre malheureux sans en avoir quelque pitié. Aussi ne se pouvait-elle défendre d'en avoir; mais cette pitié ne la conduisait pas à d'autres sentimens : elle contait à sa mère la peine que lui donnait l'affection de ce prince.

Madame de Chartres admirait la sincérité de sa fille, et elle l'admirait avec raison; car jamais personne n'en a eu une si grande et si naturelle; mais elle n'admirait pas moins que son cœur ne fût point touché, et d'autant plus qu'elle voyait bien que le prince de Clèves ne l'avait pas touchée, non plus que les autres. Cela fut cause qu'elle prit de grands soins de l'attacher à son mari, et de lui faire comprendre ce qu'elle devait à l'inclination qu'il avait eue pour elle, avant que de la connaître, et à la passion qu'il lui avait témoignée, en la préférant à tous les autres partis, dans un temps où personne n'osait plus penser à elle.

Ce mariage s'acheva; la cérémonie s'en fit au Louvre, et le soir le roi et les reines vinrent souper chez madame de Chartres avec toute la cour, où ils furent reçus avec une magnificence admirable. Le chevalier de Guise n'osa se distinguer des autres, et ne pas assister à cette cérémonie; mais il y fut si peu maître de sa tristesse qu'il était aisé de la remarquer.

M. de Clèves ne trouva pas que mademoiselle de Chartres eût changé de sentimens en changeant de nom. La qualité de mari lui donna de plus grands priviléges, mais elle ne lui donna pas une autre place dans le cœur de sa femme. Cela fit aussi que, pour être son mari, il ne laissa pas d'être son amant, parce qu'il avait toujours quelque chose à souhaiter au delà de sa possession; et, quoiqu'elle vécût parfaitement bien avec lui, il n'était pas entièrement heureux. Il conservait pour elle une passion violente et inquiète qui troublait sa joie. La jalousie n'avait point de part à ce trouble; jamais mari n'a été si loin d'en prendre, et jamais femme n'a été si loin d'en donner. Elle était néanmoins exposée au milieu de la cour; elle allait tous les jours chez les reines et chez Madame. Tout ce qu'il y avait d'hommes jeunes et galans la voyaient chez elle et chez le duc de Nevers, son beau-frère, dont la maison était ouverte à tout le monde; mais elle avait un air qui inspirait un si grand respect, et qui paraissait si éloigné de la galanterie, que le maréchal de Saint-André, quoique audacieux et soutenu de la faveur du roi, était touché de sa beauté, sans oser le lui faire paraître que par des soins et des devoirs. Plusieurs autres étaient dans le même état; et madame de Chartres joignait à la sagesse de sa fille une conduite si exacte pour toutes les bienséances, qu'elle achevait de la faire paraître une personne où l'on ne pouvait atteindre.

La duchesse de Lorraine, en travaillant à la paix, avait aussi travaillé pour le mariage du duc de Lorraine, son fils; il avait été conclu avec madame Claude de France, seconde fille du roi. Les noces en furent résolues pour le mois de février.

Cependant le duc de Nemours était demeuré à Bruxelles, entièrement rempli et occupé de ses desseins pour l'Angleterre. Il en recevait ou y envoyait continuellement des courriers. Ses espérances augmentaient tous les jours; et enfin Lignerolles lui manda qu'il était temps que sa présence vînt achever ce qui était si bien commencé. Il reçut cette nouvelle avec toute la joie que peut avoir un jeune homme ambitieux, qui se voit porté au trône par sa seule réputation. Son esprit s'était insensiblement accoutumé à la grandeur de cette fortune; et, au lieu qu'il l'avait rejetée d'abord comme une chose où il ne pouvait parvenir, les difficultés s'étaient effacées de son imagination, et il ne voyait plus d'obstacles.

Il envoya en diligence à Paris donner tous les ordres nécessaires pour faire un équipage magnifique, afin de paraître en Angleterre avec un éclat proportionné au dessein qui l'y conduisait, et il se hâta lui-même de venir à la cour pour assister au mariage de M. de Lorraine.

Il arriva la veille des fiançailles; et, dès le même soir qu'il fut arrivé, il alla rendre compte au roi de l'état de son dessein, et recevoir ses ordres et ses conseils pour ce qui lui restait à faire. Il alla ensuite chez les reines. Madame de Clèves n'y était pas, de sorte qu'elle ne le vit point, et ne sut pas même qu'il fût arrivé. Elle avait ouï parler de ce prince à tout le monde, comme de ce qu'il y avait de mieux fait et de plus agréable à la cour; et surtout madame la dauphine le lui avait dépeint d'une sorte, et lui en avait parlé tant de fois, qu'elle lui avait donné de la curiosité, et même de l'impatience de le voir.

Elle passa tout le jour des fiançailles chez elle à se parer, pour se trouver le soir au bal et au festin royal qui se faisait au Louvre. Lorsqu'elle arriva, l'on admira sa beauté et sa parure. Le bal commença; et, comme elle dansait avec M. de Guise, il se fit un assez grand bruit vers la porte de la salle, comme de quelqu'un qui entrait et à qui on faisait place. Madame de Clèves acheva de danser ; et, pendant qu'elle cherchait des yeux quelqu'un qu'elle avait dessein de prendre, le roi lui cria de prendre celui qui arrivait. Elle se tourna, et vit un homme qu'elle crut d'abord ne pouvoir être que M. de Nemours, qui passait par-dessus quelque siége pour arriver où l'on dansait. Ce prince était fait d'une sorte qu'il était difficile de n'être pas surprise de le voir, quand on ne l'avait jamais vu, surtout ce soir-là, où le soin qu'il avait pris de se parer augmentait encore l'air brillant qui était dans sa personne ; mais il était difficile aussi de voir madame de Clèves pour la première fois sans avoir un grand étonnement.

M. de Nemours fut tellement surpris de sa beauté, que, lorsqu'il fut proche d'elle, et qu'elle lui fit la révérence, il ne put s'empêcher de donner des marques de son admiration. Quand ils commencèrent à danser, il s'éleva dans la salle un murmure de louanges. Le roi et les reines se souvinrent qu'ils ne s'étaient jamais vus, et trouvèrent quelque chose de singulier de les voir danser ensemble sans se connaître. Ils les appelèrent quand ils eurent fini, sans leur donner le loisir de parler à personne, et leur demandèrent s'ils n'avaient pas bien envie de savoir qui ils étaient, et s'ils ne s'en doutaient point. Pour moi, madame, dit M. de Nemours, je n'ai pas d'incertitude; mais, comme madame de Clèves n'a pas les mêmes raisons pour deviner qui je suis que celles que j'ai pour la reconnaître, je voudrais bien que votre majesté eût la bonté de lui apprendre mon nom. Je crois, dit madame la dauphine, qu'elle le sait aussi-bien que vous savez le sien. Je vous assure, madame, reprit madame de Clèves, qui paraissait un peu embarrassée, que je ne devine pas si bien que vous pensez. Vous devinez fort bien, répondit madame la dauphine; et il y a même quelque chose d'obligeant pour M. de Nemours à ne vouloir pas avouer que vous le connaissez sans l'avoir jamais vu. La reine les interrompit pour faire continuer le bal : M. de Nemours prit la reine-dauphine. Cette princesse était d'une parfaite beauté, et avait paru telle aux yeux de M. de Nemours avant qu'il allât en Flandre; mais, de tout le soir, il ne put admirer que madame de Clèves.

Le chevalier de Guise, qui l'adorait toujours, était à ses pieds, et ce qui venait de se passer lui avait donné une douleur sensible. Il le prit comme un présage que la fortune destinait M. de Nemours à être amoureux de madame de Clèves : et, soit qu'en effet il eût paru quelque trouble sur son visage, ou que la jalousie fît voir au chevalier de Guise au delà de la vérité, il crut qu'elle avait été touchée de la vue de ce prince, et il ne put s'empêcher de lui dire que M. de Nemours était bien heureux de commencer à être connu d'elle par une aventure qui avait quelque chose de galant et d'extraordinaire.

Madame de Clèves revint chez elle, l'esprit si rempli de ce qui s'était passé au bal, que, quoiqu'il fût fort tard, elle alla dans la chambre de sa mère pour lui en rendre compte; et elle lui loua M. de Nemours avec un certain air qui donna à madame de Chartres la même pensée qu'avait eue le chevalier de Guise.

Le lendemain, la cérémonie des noces se fit. Madame de Clèves y vit le duc de Nemours avec une mine et une grâce si admirables qu'elle en fut encore plus surprise.

Les jours suivans, elle le vit chez la reine-dauphine, elle le vit jouer à la paume avec le roi, elle le vit courre la bague, elle l'entendit parler; mais elle le vit toujours surpasser de si loin tous les autres, et se rendre tellement maître de la conversation dans tous les lieux où il était, par l'air de sa personne, et par l'agrément de son esprit, qu'il fit en peu de temps une grande impression dans son cœur.

Il est vrai aussi que, comme M. de Nemours sentait pour elle une inclination violente, qui lui donnait cette douceur et cet enjouement qu'inspirent les premiers désirs de plaire, il était encore plus aimable qu'il n'avait accoutumé de l'être. De sorte que, se voyant souvent, et se voyant l'un et l'autre ce qu'il y avait de plus parfait à la cour, il était difficile qu'ils ne se plussent infiniment.

La duchesse de Valentinois était de toutes les parties de plaisir, et le roi avait pour elle la même vivacité et les mêmes soins que dans les commencemens de sa passion. Madame de Clèves, qui était dans cet âge où l'on ne croit pas qu'une femme puisse être aimée quand elle a passé vingt-cinq ans, regardait avec un extrême étonnement l'attachement que le roi avait pour cette duchesse, qui était grand'mère, et qui venait de marier sa petite-fille. Elle en parlait souvent à madame de Chartres : Est-il possible, madame, lui disait-elle, qu'il y ait si long-temps que le roi en soit amoureux? Comment s'est-il pu attacher à une personne qui était beaucoup plus âgée que lui, qui avait été maîtresse de son père, et qui l'est encore de beaucoup d'autres, à ce que j'ai ouï dire? Il est vrai, répondit-elle, que ce n'est ni le mérite, ni la fidélité de madame de Valentinois, qui a fait naître la passion du roi, ni qui l'a conservée; et c'est aussi en quoi il n'est pas excusable; car si cette femme avait eu de la jeunesse et de la beauté jointe à sa naissance, qu'elle eût eu le mérite de n'avoir jamais rien aimé, qu'elle eût aimé le roi avec une fidélité exacte, qu'elle l'eût aimé par rapport à sa seule personne, sans intérêt de grandeur ni de fortune, et sans se servir de son pouvoir que pour des choses honnêtes ou agréables au roi même, il faut avouer qu'on aurait eu de la peine à s'empêcher de louer ce prince du grand attachement qu'il a pour elle. Si je ne craignais, continua madame de Chartres, que vous disiez de moi ce que l'on dit de toutes les femmes de mon âge, qu'elles aiment à conter les histoires de leur temps, je vous apprendrais le commencement de la passion du roi pour cette duchesse, et plusieurs choses de la cour du feu roi, qui ont même beaucoup de rapport avec celles qui se passent encore présentement. Bien loin de vous accuser, reprit madame de Clèves, de redire les histoires passées, je me plains, madame, que vous ne m'ayez pas instruite des présentes, et que vous ne m'ayez point appris les divers intérêts et les diverses liaisons de la cour. Je les ignore si entièrement, que je croyais, il y a peu de jours, que M. le connétable était fort bien avec la reine. Vous aviez une opinion bien opposée à la vérité, répondit madame de Chartres. La reine hait M. le connétable; et, si elle a jamais quelque pouvoir, il ne s'en apercevra que trop. Elle sait qu'il a dit plusieurs fois au roi, que de tous ses enfans il n'y avait que les naturels qui lui ressemblassent. Je n'eusse jamais soupçonné cette haine, interrompit madame de Clèves, après avoir vu le soin que la reine avait d'écrire à M. le connétable pendant sa prison, la joie qu'elle a témoignée à son retour, et comme elle l'appelle toujours mon compère, aussi-bien que le roi. Si vous jugez sur les apparences en ce lieu-ci, répondit madame de Chartres, vous serez souvent trompée ; ce qui paraît n'est presque jamais la vérité.

Mais pour revenir à madame de Valentinois, vous savez qu'elle s'appelle Diane de Poitiers ; sa maison est très-illustre ; elle vient des anciens ducs d'Aquitaine ; son aïeule était fille naturelle de Louis XI, et enfin il n'y a rien que de grand dans sa naissance. Saint-Valier, son père, se trouva embarrassé dans l'affaire du connétable de Bourbon, dont vous avez ouï parler. Il fut condamné à avoir la tête tranchée, et conduit sur l'échafaud. Sa fille, dont la beauté était admirable, et qui avait déjà plu au feu roi, fit si bien (je ne sais par quels moyens) qu'elle obtint la vie de son père. On lui porta sa grâce, comme il n'attendait que le coup de la mort; mais la peur l'avait tellement saisi, qu'il n'avait plus de connaissance, et il mourut peu de jours après. Sa fille parut à la cour comme la maîtresse du roi. Le voyage d'Italie et la prison de ce prince interrompirent cette passion. Lorsqu'il revint d'Espagne, et que madame la régente alla au-devant de lui à Bayonne, elle mena toutes ses filles, parmi lesquelles était mademoiselle de Pisseleu, qui a été depuis la duchesse d'Estampes. Le roi en devint amoureux. Elle était inférieure en naissance, en esprit et en beauté à madame de Valentinois, et elle n'avait au-dessus d'elle que l'avantage de la grande jeunesse. Je lui ai ouï dire plusieurs fois qu'elle était née le jour que Diane de Poitiers avait été mariée : la haine le lui faisait dire, et non pas la vérité; car je suis bien trompée si la duchesse de Valentinois n'épousa M. de Brezé, grand sénéchal de Normandie, dans le même temps que le roi devint amoureux de madame d'Estampes. Jamais il n'y a eu une si grande haine que l'a été celle de ces deux femmes. La duchesse de Valentinois ne pouvait pardonner à madame d'Estampes de lui avoir ôté le titre de maîtresse du roi. Madame d'Estampes avait une jalousie violente contre madame de Valentinois, parce que le roi conservait un commerce avec elle. Ce prince n'avait pas une fidélité exacte pour ses maîtresses; il y en avait toujours une qui avait le titre et les honneurs, mais les dames que l'on appelait *de la petite bande* le partageaient tour à tour. La perte du dauphin son fils, qui mourut à Tournon, et que l'on crut empoisonné, lui donna une sensible affliction. Il n'avait pas la même tendresse, ni le même goût pour son second fils, qui règne présentement; il ne lui trouvait pas assez de hardiesse, ni assez de vivacité. Il s'en plaignit un jour à madame de Valentinois, et elle lui dit qu'elle voulait le faire devenir amoureux d'elle, pour le rendre plus vif et plus agréable. Elle y réussit comme vous le voyez. Il y a plus de vingt ans que cette passion dure, sans qu'elle ait été altérée, ni par le temps, ni par les obstacles.

Le feu roi s'y opposa d'abord; et, soit qu'il eût encore assez d'amour pour madame de Valentinois pour avoir de la jalousie, ou qu'il fût poussé par la duchesse d'Estampes, qui était au désespoir que M. le dauphin fût attaché à son ennemie, il est certain qu'il vit cette passion avec une colère et un chagrin dont il donnait tous les jours des marques. Son fils ne craignit ni sa colère ni sa haine, et rien ne put l'obliger à diminuer son attachement, ni à le cacher; il fallut que le roi s'accoutumât à le souffrir. Aussi cette opposition à ses volontés l'éloigna encore de lui, et l'attacha davantage au duc d'Orléans, son troisième fils. C'était un prince bien fait, beau, plein de feu et d'ambition, d'une jeunesse fougueuse, qui avait besoin d'être modéré, mais qui eût fait aussi un prince d'une grande élévation, si l'âge eût mûri son esprit.

Le rang d'aîné qu'avait le dauphin, et la faveur du roi qu'avait le duc d'Orléans, faisaient entre eux une sorte d'émulation qui allait jusqu'à la haine. Cette émulation avait commencé dès leur enfance, et s'était toujours conservée. Lorsque l'empereur passa en France, il donna une préférence entière au duc d'Orléans sur M. le dauphin, qui la ressentit si vivement, que, comme cet empereur était à Chantilly, il voulut obliger M. le connétable à l'arrêter, sans attendre le commandement du roi. M. le connétable ne le voulut pas : le roi le blâma, dans la suite, de n'avoir pas suivi le conseil de son fils ; et, lorsqu'il l'éloigna de la cour, cette raison y eut beaucoup de part.

La division des deux frères donna la pensée à la duchesse d'Estampes de s'appuyer de M. le duc d'Orléans, pour la soutenir auprès du roi contre madame de Valentinois. Elle y réussit : ce prince, sans être amoureux d'elle, n'entra guère moins dans ses intérêts, que le dauphin était dans ceux de madame de Valentinois. Cela fit deux cabales dans la cour, telles que vous pouvez vous les imaginer; mais ces intrigues ne se bornèrent pas seulement à des démêlés de femmes.

L'empereur, qui avait conservé de l'amitié pour le duc d'Orléans, avait offert plusieurs fois de lui remettre le duché de Milan. Dans les propositions qui se firent depuis pour la paix, il faisait espérer de lui donner les dix-sept provinces, et de lui faire épouser sa fille. M. le dauphin ne souhaitait ni la paix, ni ce mariage. Il se servit de M. le connétable, qu'il a toujours aimé, pour faire voir au roi de quelle importance il était de ne pas donner à son successeur un frère aussi puissant que le serait un duc d'Orléans, avec l'alliance de l'empereur et les dix-sept provinces. M. le connétable entra d'autant mieux dans les sentimens de M. le dauphin, qu'il s'opposait par-là à ceux de madame d'Estampes, qui était son ennemie déclarée, et qui souhaitait ardemment l'élévation de M. le duc d'Orléans.

M. le dauphin commandait alors l'armée du roi en Champagne, et avait réduit celle de l'empereur en une telle extrémité, qu'elle eût péri entièrement, si la duchesse d'Estampes, craignant que de trop grands avantages ne nous fissent refuser la paix et l'alliance de l'empereur pour M. le duc d'Orléans, n'eût fait secrètement avertir les ennemis de surprendre Épernay et Château-Thierry, qui étaient pleins de vivres. Ils le firent, et sauvèrent par ce moyen toute leur armée.

Cette duchesse ne jouit pas long-temps du succès de sa trahison. Peu après, M. le duc d'Orléans mourut à Farmoutiers, d'une espèce de maladie contagieuse. Il aimait une des plus belles femmes de la cour, et en était aimé. Je ne vous la nommerai pas, parce qu'elle a vécu depuis avec tant de sagesse, et qu'elle a même caché avec tant de soin la passion qu'elle avait pour ce prince, qu'elle a mérité que l'on conserve sa réputation. Le hasard fit qu'elle reçut la nouvelle de la mort de son mari, le même jour qu'elle apprit celle de M. le duc d'Orléans; de sorte qu'elle eut ce prétexte pour cacher sa véritable affliction, sans avoir la peine de se contraindre.

Le roi ne survécut guère au prince son fils ; il mourut deux ans après. Il recommanda à M. le dauphin de se servir du cardinal de Tournon et de l'amiral d'Annebault, et ne parla point de M. le connétable, qui était pour lors relégué à Chantilly. Ce fut néanmoins la première chose que fit le roi son fils, de le rappeler, et de lui donner le gouvernement des affaires.

Madame d'Estampes fut chassée, et reçut tous les mauvais traitemens qu'elle pouvait attendre d'une ennemie toute-puissante. La duchesse de Valentinois se vengea alors pleinement, et de cette duchesse, et de tous ceux qui lui avaient déplu. Son pouvoir parut plus absolu sur l'esprit du roi, qu'il ne paraissait encore pendant qu'il était dauphin. Depuis douze ans que ce prince règne, elle est maîtresse absolue de toutes choses : elle dispose des charges et des affaires ; elle a fait chasser le cardinal de Tournon, le chancelier Olivier et Villeroy. Ceux qui ont voulu éclairer le roi sur sa conduite ont péri dans cette entreprise. Le comte de Taix, grand-maître de l'artillerie, qui ne l'aimait pas, ne put s'empêcher de parler de ses galanteries, et surtout de celle du comte de Brissac, dont le roi avait déjà eu beaucoup de jalousie : néanmoins, elle fit si bien, que le comte de Taix fut disgracié ; on lui ôta sa charge ; et, ce qui est presque incroyable, elle la fit donner au comte de Brissac, et l'a fait ensuite maréchal de France. La jalousie du roi augmenta néanmoins d'une telle sorte, qu'il ne put souffrir que ce maréchal demeurât à la cour : mais la jalousie, qui est aigre et violente en tous les autres, est douce et modérée en lui par l'extrême respect qu'il a pour sa maîtresse ; en sorte qu'il n'osa éloigner son rival que sur le prétexte de lui donner le gouvernement de Piémont. Il y a passé plusieurs années : il revint, l'hiver dernier, sur le prétexte de demander des troupes et d'autres choses nécessaires pour l'armée qu'il commande. Le désir de revoir madame de Valentinois, et la crainte d'en être oublié, avaient peut-être beaucoup de part à ce voyage. Le roi le reçut avec une grande froideur. MM. de Guise, qui ne l'aiment pas, mais qui n'osent le témoigner à cause de madame de Valentinois, se servirent de M. le vidame, qui est son ennemi déclaré, pour empêcher qu'il n'obtînt aucune des choses qu'il était venu demander. Il n'était pas difficile de lui nuire ; le roi le haïssait, et sa présence lui donnait de l'inquiétude : de sorte qu'il fut contraint de s'en retourner sans remporter aucun fruit de son voyage, que d'avoir peut-être rallumé dans le cœur de madame de Valentinois des sentimens que l'absence commençait d'éteindre. Le roi a bien eu d'autres sujets de jalousie ; mais, ou il ne les a pas connus, ou il n'a osé s'en plaindre.

Je ne sais, ma fille, ajouta madame de Chartres, si vous ne trouverez point que je vous ai plus appris de choses que vous n'aviez envie d'en savoir. Je suis très-éloignée, madame, de faire cette plainte, répondit madame de Clèves ; et, sans la peur de vous importuner, je vous demanderais encore plusieurs circonstances que j'ignore.

La passion de M. de Nemours pour madame de Clèves fut d'abord si violente, qu'elle lui ôta le goût et même le souvenir de toutes les personnes qu'il avait aimées, et avec qui il avait conservé des commerces pendant son absence. Il ne prit pas seulement le soin de chercher des prétextes pour rompre avec elles; il ne put se donner la patience d'écouter leurs plaintes, et de répondre à leurs reproches. Madame la dauphine, pour qui il avait eu des sentimens assez passionnés, ne put tenir dans son cœur contre madame de Clèves. Son impatience pour le voyage d'Angleterre commença même à se ralentir, et il ne pressa plus avec tant d'ardeur les choses qui étaient nécessaires pour son départ. Il allait souvent chez la reine-dauphine, parce que madame de Clèves y allait souvent, et il n'était pas fâché de laisser imaginer ce que l'on avait cru de ses sentimens pour cette reine. Madame de Clèves lui paraissait d'un si grand prix, qu'il se résolut de manquer plutôt à lui donner des marques de sa passion, que de hasarder de la faire connaître au public. Il n'en parla pas même au vidame de Chartres, qui était son ami intime, et pour qui il n'avait rien de caché. Il prit une conduite si sage, et s'observa avec tant de soin, que personne ne le soupçonna d'être amoureux de madame de Clèves, que le chevalier de Guise; et elle aurait eu peine à s'en apercevoir elle-même, si l'inclination qu'elle avait pour lui ne lui eût donné une attention particulière pour ses actions, qui ne lui permit pas d'en douter.

Elle ne se trouva pas la même disposition à dire à sa mère ce qu'elle pensait des sentimens de ce prince, qu'elle avait eue à lui parler de ses autres amans : sans avoir un dessein formé de le lui cacher, elle ne lui en parla point. Mais madame de Chartres ne le voyait que trop, aussi-bien que le penchant que sa fille avait pour lui. Cette connaissance lui donna une douleur sensible : elle jugeait bien le péril où était cette jeune personne, d'être aimée d'un homme fait comme M. de Nemours, pour qui elle avait de l'inclination. Elle fut entièrement confirmée dans les soupçons qu'elle avait de cette inclination, par une chose qui arriva peu de jours après.

Le maréchal de Saint-André, qui cherchait toutes les occasions de faire voir sa magnificence, supplia le roi, sur le prétexte de lui montrer sa maison, qui ne venait que d'être achevée, de lui vouloir faire l'honneur d'y aller souper avec les reines. Ce maréchal était bien aise aussi de faire paraître aux yeux de madame de Clèves cette dépense éclatante qui allait jusqu'à la profusion.

Quelques jours avant celui qui avait été choisi pour ce souper, le roi-dauphin, dont la santé était assez mauvaise, s'était trouvé mal, et n'avait vu personne. La reine sa femme avait passé tout le jour auprès de lui. Sur le soir, comme il se portait mieux, il fit entrer toutes les personnes de qualité qui étaient dans son antichambre. La reine-dauphine s'en alla chez elle : elle y trouva madame de Clèves et quelques autres dames qui étaient les plus dans sa familiarité.

Comme il était déjà assez tard, et qu'elle n'était point habillée, elle n'alla pas chez la reine ; elle fit dire qu'on ne la voyait point, et fit apporter ses pierreries, afin d'en choisir pour le bal du maréchal de Saint-André, et pour en donner à madame de Clèves, à qui elle en avait promis. Comme elles étaient dans cette occupation, le prince de Condé arriva. Sa qualité lui rendait toutes les entrées libres. La reine-dauphine lui dit qu'il venait sans doute de chez le roi son mari, et lui demanda ce que l'on y faisait. L'on dispute contre M. de Nemours, madame, répondit-il, et il défend avec tant de chaleur la cause qu'il soutient, qu'il faut que ce soit la sienne. Je crois qu'il a quelque maîtresse qui lui donne de l'inquiétude quand elle est au bal, tant il trouve que c'est une chose fâcheuse pour un amant, que d'y voir la personne qu'il aime.

Comment, reprit madame la dauphine, M. de Nemours ne veut pas que sa maîtresse aille au bal ! J'avais bien cru que les maris pouvaient souhaiter que leurs femmes n'y allassent pas ; mais, pour leurs amans, je n'avais jamais pensé qu'ils pussent être de ce sentiment. M. de Nemours trouve, repliqua le prince de Condé, que le bal est ce qu'il y a de plus insupportable pour les amans, soit qu'ils soient aimés ou qu'ils ne le soient pas. Il dit que, s'ils sont aimés, ils ont le chagrin de l'être moins pendant plusieurs jours ; qu'il n'y a point de femme que le soin de sa parure n'empêche de songer à son amant ; qu'elles en sont entièrement occupées ; que ce soin de se parer est pour tout le monde, aussi-bien que pour celui qu'elles aiment ; que, lorsqu'elles sont au bal, elles veulent plaire à tous ceux qui les regardent ; que, quand elles sont contentes de leur beauté, elles en ont une joie dont leur amant ne fait pas la plus grande partie. Il dit aussi que, quand on n'est point aimé, on souffre encore davantage de voir sa maîtresse dans une assemblée ; que plus elle est admirée du public, plus on se trouve malheureux de n'en être point aimé ; que l'on craint toujours que sa beauté ne fasse naître quelque amour plus heureux que le sien : enfin il trouve qu'il n'y a point de souffrance pareille à celle de voir sa maîtresse au bal, si ce n'est de savoir qu'elle y est, et de n'y être pas.

Madame de Clèves ne faisait pas semblant d'entendre ce que disait le prince de Condé, mais elle l'écoutait avec attention. Elle jugeait aisément quelle part elle avait à l'opinion que soutenait M. de Nemours, et surtout à ce qu'il disait du chagrin de n'être pas au bal où était sa maîtresse, parce qu'il ne devait pas être à celui du maréchal de Saint-André, et que le roi l'envoyait au-devant du duc de Ferrare.

La reine-dauphine riait avec le prince de Condé, et n'approuvait pas l'opinion de M. de Nemours. Il n'y a qu'une occasion, madame, lui dit ce prince, où M. de Nemours consente que sa maîtresse aille au bal, c'est lorsque c'est lui qui le donne; et il dit que l'année passée qu'il en donna un à votre majesté, il trouva que sa maîtresse lui faisait une faveur d'y venir, quoiqu'elle ne semblât que vous y suivre ; que c'est toujours faire une grâce à un amant, que d'aller prendre sa part à un plaisir qu'il donne; que c'est aussi une chose agréable pour l'amant, que sa maîtresse le voie le maître d'un lieu où est toute la cour, et qu'elle le voie se bien acquitter d'en faire les honneurs. M. de Nemours avait raison, dit la reine-dauphine en souriant, d'approuver que sa maîtresse allât au bal : il y avait alors un si grand nombre de femmes à qui il donnait cette qualité, que, si elles n'y fussent point venues, il y aurait eu peu de monde.

Sitôt que le prince de Condé avait commencé à conter les sentimens de M. de Nemours sur le bal, madame de Clèves avait senti une grande envie de ne point aller à celui du maréchal de Saint-André. Elle entra aisément dans l'opinion qu'il ne fallait pas aller chez un homme dont on était aimée, et elle fut bien aise d'avoir une raison de sévérité pour faire une chose qui était une faveur pour M. de Nemours. Elle emporta néanmoins la parure que lui avait donnée la reine-dauphine ; mais le soir, lorsqu'elle la montra à sa mère, elle lui dit qu'elle n'avait pas dessein de s'en servir ; que le maréchal de Saint-André prenait tant de soin de faire voir qu'il était attaché à elle, qu'elle ne doutait point qu'il ne voulût aussi faire croire qu'elle aurait part au divertissement qu'il devait donner au roi, et que, sous prétexte de faire l'honneur de chez lui, il lui rendrait des soins dont peut-être elle serait embarrassée.

Madame de Chartres combattit quelque temps l'opinion de sa fille, comme la trouvant particulière; mais, voyant qu'elle s'y opiniâtrait, elle s'y rendit, et lui dit qu'il fallait donc qu'elle fît la malade, pour avoir un prétexte de n'y pas aller, parce que les raisons qui l'en empêchaient ne seraient pas approuvées, et qu'il fallait même empêcher qu'on ne les soupçonnât. Madame de Clèves consentit volontiers à passer quelques jours chez elle, pour ne point aller dans un lieu où M. de Nemours ne devait pas être : et il partit sans avoir le plaisir de savoir qu'elle n'y irait pas.

Il revint le lendemain du bal : il sut qu'elle ne s'y était pas trouvée; mais, comme il ne savait pas que l'on eût redit devant elle la conversation de chez le roi-dauphin, il était bien éloigné de croire qu'il fût assez heureux pour l'avoir empêchée d'y aller.

Le lendemain, comme il était chez la reine, et qu'il parlait à madame la dauphine, madame de Chartres et madame de Clèves y vinrent, et s'approchèrent de cette princesse. Madame de Clèves était un peu négligée, comme une personne qui s'était trouvée mal; mais son visage ne répondait pas à son habillement. Vous voilà si belle, lui dit madame la dauphine, que je ne saurais croire que vous ayez été malade. Je pense que M. le prince de Condé, en vous contant l'avis de M. de Nemours sur le bal, vous a persuadée que vous feriez une faveur au maréchal de Saint-André d'aller chez lui, et que c'est ce qui vous a empêchée d'y venir. Madame de Clèves rougit de ce que madame la dauphine devinait si juste, et de ce qu'elle disait devant M. de Nemours ce qu'elle avait deviné.

Madame de Chartres vit dans ce moment pourquoi sa fille n'avait pas voulu aller au bal; et, pour empêcher que M. de Nemours ne le jugeât aussi-bien qu'elle, elle prit la parole avec un air qui semblait être appuyé sur la vérité. Je vous assure, madame, dit-elle à madame la dauphine, que votre majesté fait plus d'honneur à ma fille qu'elle n'en mérite. Elle était véritablement malade; mais je crois que, si je ne l'en eusse empêchée, elle n'eût pas laissé de vous suivre et de se montrer aussi changée qu'elle était, pour avoir le plaisir de voir tout ce qu'il y a eu d'extraordinaire au divertissement d'hier au soir. Madame la dauphine crut ce que disait madame de Chartres : M. de Nemours fut bien fâché d'y trouver de l'apparence; néanmoins la rougeur de madame de Clèves lui fit soupçonner que ce que madame la dauphine avait dit n'était pas entièrement éloigné de la vérité. Madame de Clèves avait d'abord été fâ-

chée que M. de Nemours eût eu lieu de croire
que c'était lui qui l'avait empêchée d'aller chez
le maréchal de Saint-André ; mais ensuite elle
sentit quelque espèce de chagrin, que sa mère
lui en eût entièrement ôté l'opinion.

Quoique l'assemblée de Cercamp eût été rompue, les négociations pour la paix avaient toujours continué, et les choses s'y disposèrent d'une telle sorte, que, sur la fin de février, on se rassembla à Cateau-Cambrésis. Les mêmes députés y retournèrent ; et l'absence du maréchal de Saint-André défit M. de Nemours du rival qui lui était le plus redoutable, tant par l'attention qu'il avait à observer ceux qui approchaient madame de Clèves, que par le progrès qu'il pouvait faire auprès d'elle.

Madame de Chartres n'avait pas voulu laisser voir à sa fille qu'elle connaissait ses sentimens pour ce prince, de peur de se rendre suspecte sur les choses qu'elle avait envie de lui dire. Elle se mit un jour à parler de lui ; elle lui en dit du bien, et y mêla beaucoup de louanges empoisonnées sur la sagesse qu'il avait d'être incapable de devenir amoureux, et sur ce qu'il ne se faisait qu'un plaisir, et non pas un attachement sérieux du commerce des femmes. Ce n'est pas, ajouta-t-elle, que l'on ne l'ait soupçonné d'avoir une grande passion pour la reine-dauphine; je vois même qu'il y va très-souvent, et je vous conseille d'éviter autant que vous pourrez de lui parler, et surtout en particulier, parce que, madame la dauphine vous traitant comme elle fait, on dirait bientôt que vous êtes leur confidente, et vous savez combien cette réputation est désagréable. Je suis d'avis, si ce bruit continue, que vous alliez un peu moins chez madame la dauphine, afin de ne vous pas trouver mêlée dans des aventures de galanterie.

Madame de Clèves n'avait jamais ouï parler de M. de Nemours et de madame la dauphine : elle fut si surprise de ce que lui dit sa mère, et elle crut si bien voir combien elle s'était trompée dans tout ce qu'elle avait pensé des sentimens de ce prince, qu'elle en changea de visage. Madame de Chartres s'en aperçut : il vint du monde dans ce moment; madame de Clèves s'en alla chez elle, et s'enferma dans son cabinet.

L'on ne peut exprimer la douleur qu'elle sentit de connaître, par ce que lui venait de dire sa mère, l'intérêt qu'elle prenait à M. de Nemours : elle n'avait encore osé se l'avouer à elle-même. Elle vit alors que les sentimens qu'elle avait pour lui étaient ceux que M. de Clèves lui avait tant demandés; elle trouva combien il était honteux de les avoir pour un autre que pour un mari qui les méritait. Elle se sentit blessée et embarrassée de la crainte que M. de Nemours ne la voulût faire servir de prétexte à madame la dauphine, et cette pensée la détermina à conter à madame de Chartres ce qu'elle ne lui avait point encore dit.

Elle alla le lendemain matin dans sa chambre pour exécuter ce qu'elle avait résolu ; mais elle trouva que madame de Chartres avait un peu de fièvre, de sorte qu'elle ne voulut pas lui parler. Ce mal paraissait néanmoins si peu de chose, que madame de Clèves ne laissa pas d'aller l'après-dînée chez madame la dauphine : elle était dans son cabinet avec deux ou trois dames qui étaient le plus avant dans sa familiarité. Nous parlions de M. de Nemours, lui dit cette reine en la voyant, et nous admirions combien il est changé depuis son retour de Bruxelles : devant que d'y aller, il avait un nombre infini de maîtresses, et c'était même un défaut en lui, car il ménageait également celles qui avaient du mérite et celles qui n'en avaient pas ; depuis qu'il est revenu, il ne connaît ni les unes ni les autres : il n'y a jamais eu un si grand changement ; je trouve même qu'il y en a dans son humeur, et qu'il est moins gai que de coutume.

Madame de Clèves ne répondit rien, et elle pensait avec honte qu'elle aurait pris tout ce que l'on disait du changement de ce prince pour des marques de sa passion, si elle n'avait point été détrompée. Elle se sentait quelque aigreur contre madame la dauphine, de lui voir chercher des raisons et s'étonner d'une chose dont apparemment elle savait mieux la vérité que personne. Elle ne put s'empêcher de lui en témoigner quelque chose ; et, comme les autres dames s'éloignèrent, elle s'approcha d'elle, et lui dit tout bas : Est-ce aussi pour moi, madame, que vous venez de parler, et voudriez-vous me cacher que vous fussiez celle qui a fait changer de conduite à M. de Nemours ? Vous êtes injuste, lui dit madame la dauphine ; vous savez que je n'ai rien de caché pour vous. Il est vrai que M. de Nemours, devant que d'aller à Bruxelles, a eu, je crois, intention de me laisser entendre qu'il ne me haïssait pas ; mais, depuis qu'il est revenu, il ne m'a pas même paru qu'il se souvint des choses qu'il avait faites : et j'avoue que j'ai de la curiosité de savoir ce qui l'a fait changer. Il sera bien difficile que je ne le démêle, ajouta-t-elle : le vidame de Chartres, qui est son ami intime, est amoureux d'une personne sur qui j'ai quelque pouvoir, et je saurai par ce moyen ce qui a fait ce changement. Madame la dauphine parla d'un air qui persuada madame de Clèves, et elle se trouva malgré elle dans un état plus calme et plus doux que celui où elle était auparavant.

Lorsqu'elle revint chez sa mère, elle sut qu'elle était beaucoup plus mal qu'elle ne l'avait laissée. La fièvre lui avait redoublé, et les jours suivans elle augmenta de telle sorte qu'il parut que ce serait une maladie considérable. Madame de Clèves était dans une affliction extrême, elle ne sortait point de la chambre de sa mère ; M. de Clèves y passait aussi presque tous les jours, et par l'intérêt qu'il prenait à madame de Chartres, et pour empêcher sa femme de s'abandonner à la tristesse, mais pour avoir aussi le plaisir de la voir : sa passion n'était point diminuée.

M. de Nemours, qui avait toujours eu beaucoup d'amitié pour lui, n'avait pas cessé de lui en témoigner depuis son retour de Bruxelles. Pendant la maladie de madame de Chartres, ce prince trouva le moyen de voir plusieurs fois madame de Clèves, en faisant semblant de chercher son mari, ou de le venir prendre pour le mener promener. Il le cherchait même à des heures où il savait bien qu'il n'y était pas ; et, sous le prétexte de l'attendre, il demeurait dans l'antichambre de madame de Chartres, où il y avait toujours plusieurs personnes de qualité. Madame de Clèves y venait souvent ; et, pour être affligée, elle n'en paraissait pas moins belle à M. de Nemours. Il lui faisait voir combien il prenait d'intérêt à son affliction, et il lui en parlait avec un air si doux et si soumis, qu'il la persuadait aisément que ce n'était pas madame la dauphine dont il était amoureux.

Elle ne pouvait s'empêcher d'être troublée de sa vue, et d'avoir pourtant du plaisir à le voir ; mais, quand elle ne le voyait plus, et qu'elle pensait que ce charme qu'elle trouvait dans sa vue était le commencement des passions, il s'en fallait peu qu'elle ne crût le haïr, par la douleur que lui donnait cette pensée.

Madame de Chartres empira si considérablement, que l'on commença à désespérer de sa vie ; elle reçut ce que les médecins lui dirent du péril où elle était, avec un courage digne de sa vertu et de sa piété. Après qu'ils furent sortis, elle fit retirer tout le monde et appeler madame de Clèves.

Il faut nous quitter, ma fille, lui dit-elle en lui tendant la main ; le péril où je vous laisse et le besoin que vous avez de moi augmentent le déplaisir que j'ai de vous quitter. Vous avez de l'inclination pour M. de Nemours : je ne vous demande point de me l'avouer ; je ne suis plus en état de me servir de votre sincérité pour vous conduire. Il y a déjà long-temps que je me suis aperçue de cette inclination ; mais je ne vous en ai pas voulu parler d'abord, de peur de vous en faire apercevoir vous-même. Vous ne la connaissez que trop présentement : vous êtes sur le bord du précipice; il faut de grands efforts et de grandes violences pour vous retenir. Songez ce que vous devez à votre mari, songez ce que vous vous devez à vous-même, et pensez que vous allez perdre cette réputation que vous vous êtes acquise, et que je vous ai tant souhaitée. Ayez de la force et du courage, ma fille; retirez-vous de la cour, obligez votre mari de vous emmener, ne craignez point de prendre des partis trop rudes et trop difficiles; quelque affreux qu'ils vous paraissent d'abord, ils seront plus doux dans les suites que les malheurs d'une galanterie. Si d'autres raisons que celles de la vertu et de votre devoir vous pouvaient obliger à ce que je souhaite, je vous dirais que, si quelque chose était capable de troubler le bonheur que j'espère en sortant de ce monde, ce serait de vous voir tomber comme les autres femmes; mais, si ce malheur vous doit arriver, je reçois la mort avec joie, pour n'en être pas le témoin.

Madame de Clèves fondait en larmes sur la main de sa mère, qu'elle tenait serrée entre les siennes; et madame de Chartres se sentant touchée elle-même : Adieu, ma fille, lui dit-elle, finissons une conversation qui nous attendrit trop l'une et l'autre, et souvenez-vous, si vous pouvez, de tout ce que je viens de vous dire.

Elle se tourna de l'autre côté en achevant ces paroles, et commanda à sa fille d'appeler ses femmes, sans vouloir l'écouter ni parler davantage. Madame de Clèves sortit de la chambre de sa mère en l'état que l'on peut s'imaginer, et madame de Chartres ne songea plus qu'à se préparer à la mort. Elle vécut encore deux jours, pendant lesquels elle ne voulut plus revoir sa fille, qui était la seule chose à quoi elle se sentait attachée.

Madame de Clèves était dans une affliction extrême; son mari ne la quittait point, et, sitôt que madame de Chartres fut expirée, il l'emmena à la campagne, pour l'éloigner d'un lieu qui ne faisait qu'aigrir sa douleur. On n'en a jamais vu de pareille. Quoique la tendresse et la reconnaissance y eussent la plus grande part, le besoin qu'elle sentait qu'elle avait de sa mère pour se défendre contre M. de Nemours, ne laissait pas d'y en avoir beaucoup. Elle se trouvait malheureuse d'être abandonnée à elle-même, dans un temps où elle était si peu maîtresse de ses sentimens, et où elle eût tant souhaité d'avoir quelqu'un qui pût la plaindre et lui donner de la force. La manière dont M. de Clèves en usait pour elle, lui faisait souhaiter plus fortement que jamais de ne manquer à rien de ce qu'elle lui devait. Elle lui témoignait aussi plus d'amitié et plus de tendresse qu'elle n'avait encore fait; elle ne voulait point qu'il la quittât, et il lui semblait qu'à force de s'attacher à lui, il la défendrait contre M. de Nemours.

Ce prince vint voir M. de Clèves à la campagne : il fit ce qu'il put pour rendre aussi une visite à madame de Clèves, mais elle ne le voulut point recevoir; et, sentant bien qu'elle ne pouvait s'empêcher de le trouver aimable, elle avait fait une forte résolution de s'empêcher de le voir, et d'en éviter toutes les occasions qui dépendraient d'elle.

M. de Clèves vint à Paris pour faire sa cour, et promit à sa femme de s'en retourner le lendemain; il ne revint néanmoins que le jour d'après. Je vous attendis tout hier, lui dit madame de Clèves, lorsqu'il arriva, et je vous dois faire des reproches de n'être pas venu comme vous me l'aviez promis. Vous savez que si je pouvais sentir une nouvelle affliction en l'état où je suis, ce serait la mort de madame de Tournon, que j'ai apprise ce matin : j'en aurais été touchée quand je ne l'aurais point connue ; c'est toujours une chose digne de pitié, qu'une femme jeune et belle comme celle-là soit morte en deux jours ; mais de plus, c'était une des personnes du monde qui me plaisait davantage, et qui paraissait avoir autant de sagesse que de mérite.

Je fus très-fâché de ne pas revenir hier, répondit M. de Clèves ; mais j'étais si nécessaire à la consolation d'un malheureux, qu'il m'était impossible de le quitter. Pour madame de Tournon, je ne vous conseille pas d'en être affligée, si vous la regrettez comme une femme pleine de sagesse et digne de votre estime. Vous m'étonnez, reprit madame de Clèves, et je vous ai ouï dire plusieurs fois qu'il n'y avait point de femme à la cour que vous estimassiez davantage. Il est vrai, répondit-il, mais les femmes sont incompréhensibles ; et quand je les vois toutes, je me trouve si heureux de vous avoir, que je ne saurais assez admirer mon bonheur. Vous m'estimez plus que je ne vaux, répliqua madame de Clèves en soupirant, et il n'est pas encore temps de me trouver digne de vous. Apprenez-moi, je vous en supplie, ce qui vous a détrompé de madame de Tournon. Il y a long-temps que je le suis, répliqua-t-il, et que je sais qu'elle aimait le comte de Sancerre, à qui elle donnait des espérances de l'épouser. Je ne saurais croire, interrompit madame de Clèves, que madame de Tournon, après cet éloignement si extraordinaire qu'elle a témoigné pour le mariage depuis qu'elle est veuve, et après les déclarations publiques qu'elle a faites de ne se remarier jamais, ait donné des espérances à Sancerre. Si elle n'en eût donné qu'à lui, répliqua M. de Clèves, il ne faudrait pas s'étonner; mais ce qu'il y a de surprenant, c'est qu'elle en donnait aussi à Estouteville dans le même temps; et je vais vous apprendre toute cette histoire.

FIN DE LA PREMIÈRE PARTIE.

LA PRINCESSE DE CLÈVES.

SECONDE PARTIE.

Vous savez l'amitié qu'il y a entre Sancerre et moi ; néanmoins il devint amoureux de madame de Tournon, il y a environ deux ans, et me le cacha avec beaucoup de soin, aussi-bien qu'à tout le reste du monde : j'étais bien éloigné de le soupçonner. Madame de Tournon paraissait encore inconsolable de la mort de son mari, et vivait dans une retraite austère. La sœur de Sancerre était quasi la seule personne qu'elle vît, et c'était chez elle qu'il en était devenu amoureux.

Un soir qu'il devait y avoir une comédie au Louvre, et que l'on n'attendait plus que le roi et madame de Valentinois pour commencer, l'on vint dire qu'elle s'était trouvée mal, et que le roi ne viendrait pas. On jugea aisément que le mal de cette duchesse était quelque démêlé avec le roi : nous savions les jalousies qu'il avait eues du maréchal de Brissac pendant qu'il avait été à la cour, mais il était retourné en Piémont depuis quelques jours, et nous ne pouvions imaginer le sujet de cette brouillerie.

Comme j'en parlais avec Sancerre, M. d'Anville arriva dans la salle, et me dit tout bas que le roi était dans une affliction et dans une colère qui faisait pitié; qu'en un raccommodement qui s'était fait entre lui et madame de Valentinois, il y avait quelques jours, sur des démêlés qu'ils avaient eus pour le maréchal de Brissac, le roi lui avait donné une bague, et l'avait priée de la porter; que, pendant qu'elle s'habillait pour venir à la comédie, il avait remarqué qu'elle n'avait point cette bague, et lui en avait demandé la raison; qu'elle avait paru étonnée de ne la pas avoir; qu'elle l'avait demandée à ses femmes, lesquelles, par malheur, ou faute d'être bien instruites, avaient répondu qu'il y avait quatre ou cinq jours qu'elles ne l'avaient pas vue.

Ce temps est précisément celui du départ du maréchal de Brissac, continua M. d'Anville: le roi n'a point douté qu'elle ne lui ait donné la bague, en lui disant adieu. Cette pensée a réveillé si vivement toute cette jalousie, qui n'était pas encore bien éteinte, qu'il s'est emporté, contre son ordinaire, et lui a fait mille reproches. Il vient de rentrer chez lui très-affligé; mais je ne sais s'il l'est davantage de l'opinion que madame de Valentinois a sacrifié sa bague, que de la crainte de lui avoir déplu par sa colère.

Sitôt que M. d'Anville eut achevé de me conter cette nouvelle, je me rapprochai de Sancerre pour la lui apprendre; je la lui dis comme un secret que l'on venait de me confier, et dont je lui défendais de parler.

Le lendemain matin, j'allai d'assez bonne heure chez ma belle-sœur : je trouvai madame de Tournon au chevet de son lit; elle n'aimait pas madame de Valentinois, et elle savait bien que ma belle-sœur n'avait pas sujet de s'en louer. Sancerre avait été chez elle au sortir de la comédie. Il lui avait appris la brouillerie du roi avec cette duchesse; et madame de Tournon était venue la conter à ma belle-sœur, sans savoir ou sans faire réflexion que c'était moi qui l'avais apprise à son amant.

Sitôt que je m'approchai de ma belle-sœur, elle dit à madame de Tournon que l'on pouvait me confier ce qu'elle venait de lui dire; et, sans attendre la permission de madame de Tournon, elle me conta mot pour mot tout ce que j'avais dit à Sancerre le soir précédent. Vous pouvez juger comme j'en fus étonné. Je regardai madame de Tournon; elle me parut embarrassée. Son embarras me donna du soupçon : je n'avais dit la chose qu'à Sancerre; il m'avait quitté au sortir de la comédie, sans m'en dire la raison; je me souvins de lui avoir ouï extrêmement louer madame de Tournon : toutes ces choses m'ouvrirent les yeux, et je n'eus pas de peine à démêler qu'il avait une galanterie avec elle, et qu'il l'avait vue depuis qu'il m'avait quitté. Je fus si piqué de voir qu'il me cachait cette aventure, que je dis plusieurs choses qui firent connaître à madame de Tournon l'imprudence qu'elle avait faite; je la remis à son carrosse, et je l'assurai, en la quittant, que j'enviais le bonheur de celui qui lui avait appris la brouillerie du roi et de madame de Valentinois.

Je m'en allai à l'heure même trouver Sancerre; je lui fis des reproches, et je lui dis que je savais sa passion pour madame de Tournon, sans lui dire comment je l'avais découverte : il fut contraint de me l'avouer. Je lui contai ensuite ce qui me l'avait apprise, et il m'apprit aussi le détail de leur aventure : il me dit que, quoiqu'il fût cadet de sa maison, et très-éloigné de pouvoir prétendre à un aussi bon parti, néanmoins elle était résolue de l'épouser. L'on ne peut être plus surpris que je le fus. Je dis à Sancerre de presser la conclusion de son mariage, et qu'il n'y avait rien qu'il ne dût craindre d'une femme qui avait l'artifice de soutenir, aux yeux du public, un personnage si éloigné de la vérité. Il me répondit qu'elle avait été véritablement affligée ; mais que l'inclination qu'elle avait eue pour lui avait surmonté cette affliction, et qu'elle n'avait pu laisser paraître tout d'un coup un si grand changement. Il me dit encore plusieurs autres raisons pour l'excuser, qui me firent voir à quel point il en était amoureux : il m'assura qu'il la ferait consentir que je susse la passion qu'il avait pour elle, puisque aussi bien c'était elle-même qui me l'avait apprise. Il l'y obligea en effet, quoique avec beaucoup de peine, et je fus ensuite très-avant dans leur confidence.

Je n'ai jamais vu une femme avoir une conduite si honnête et si agréable à l'égard de son amant ; néanmoins j'étais toujours choqué de son affectation à paraître encore affligée. Sancerre était si amoureux et si content de la manière dont elle en usait pour lui, qu'il n'osait quasi la presser de conclure leur mariage, de peur qu'elle ne crût qu'il le souhaitait plutôt par intérêt que par une véritable passion. Il lui en parla toutefois, et elle lui parut résolue à l'épouser; elle commença même à quitter cette retraite où elle vivait, et à se remettre dans le monde : elle venait chez ma belle-sœur à des heures où une partie de la cour s'y trouvait. Sancerre n'y venait que rarement, mais ceux qui y étaient tous les soirs, et qui l'y voyaient souvent, la trouvaient très-aimable.

Peu de temps après qu'elle eut commencé à quitter sa solitude, Sancerre crut voir quelque refroidissement dans la passion qu'elle avait pour lui. Il m'en parla plusieurs fois, sans que je fisse aucun fondement sur ses plaintes; mais à la fin, comme il me dit qu'au lieu d'achever leur mariage, elle semblait l'éloigner, je commençai à croire qu'il n'avait pas de tort d'avoir de l'inquiétude : je lui répondis que, quand la passion de madame de Tournon diminuerait après avoir duré deux ans, il ne faudrait pas s'en étonner; que quand même, sans être diminuée, elle ne serait pas assez forte pour l'obliger à l'épouser, il ne devrait pas s'en plaindre; que ce mariage, à l'égard du public, lui ferait un extrême tort, non-seulement parce qu'il n'était pas un assez bon parti pour elle, mais par le préjudice qu'il apporterait à sa réputation : qu'ainsi tout ce qu'il pouvait souhaiter était qu'elle ne le trompât point, et qu'elle ne lui donnât pas de fausses espérances. Je lui dis encore que, si elle n'avait pas la force de l'épouser, ou qu'elle lui avouât qu'elle en aimait quelque autre, il ne fallait point qu'il s'emportât, ni qu'il se plaignît; mais qu'il devrait conserver pour elle de l'estime et de la reconnaissance.

Je vous donne, lui dis-je, le conseil que je prendrais pour moi-même; car la sincérité me touche d'une telle sorte, que je crois que, si ma maîtresse et même ma femme m'avouait que quelqu'un lui plût, j'en serais affligé sans en être aigri; je quitterais le personnage d'amant ou de mari, pour la conseiller et pour la plaindre.

Ces paroles firent rougir madame de Clèves, et elle y trouva un certain rapport avec l'état où elle était, qui la surprit, et qui lui donna un trouble dont elle fut long-temps à se remettre.

Sancerre parla à madame de Tournon, continua M. de Clèves; il lui dit tout ce que je lui avais conseillé; mais elle le rassura avec tant de soin, et parut si offensée de ses soupçons, qu'elle les lui ôta entièrement. Elle remit néanmoins leur mariage après un voyage qu'il allait faire et qui devait être assez long: mais elle se conduisit si bien jusqu'à son départ, et en parut si affligée, que je crus aussi-bien que lui qu'elle l'aimait véritablement. Il partit il y a environ trois mois. Pendant son absence j'ai peu vu madame de Tournon : vous m'avez entièrement occupé, et je savais seulement qu'il devait bientôt revenir.

Avant-hier, en arrivant à Paris, j'appris qu'elle était morte. J'envoyai savoir chez lui si on n'avait point eu de ses nouvelles : on me manda qu'il était arrivé dès la veille, qui était précisément le jour de la mort de madame de Tournon. J'allai le voir à l'heure même, me doutant bien de l'état où je le trouverais : mais son affliction passait de beaucoup ce que je m'en étais imaginé.

Je n'ai jamais vu une douleur si profonde et si tendre. Dès le moment qu'il me vit, il m'embrassa, fondant en larmes : je ne la verrai plus, me dit-il, je ne la verrai plus, elle est morte ! je n'en étais pas digne ; mais je la suivrai bientôt.

Après cela il se tut ; et puis, de temps en temps, redisant toujours : Elle est morte et je ne la verrai plus ! il revenait aux cris et aux larmes, et demeurait comme un homme qui n'avait plus de raison. Il me dit qu'il n'avait pas reçu souvent de ses lettres pendant son absence ; mais qu'il ne s'en était pas étonné, parce qu'il la connaissait, et qu'il savait la peine qu'elle avait à hasarder de ses lettres. Il ne doutait point qu'il ne l'eût épousée à son retour ; il la regardait comme la plus aimable et la plus fidèle personne qui eût jamais été; il s'en croyait tendrement aimé; il la perdait dans le moment qu'il pensait s'attacher à elle pour jamais. Toutes ces pensées le plongeaient dans une affliction violente, dont il était entièrement accablé; et j'avoue que je ne pouvais m'empêcher d'en être touché.

Je fus néanmoins contraint de le quitter pour aller chez le roi : je lui promis que je reviendrais bientôt. Je revins en effet, et je ne fus jamais si surpris que de le trouver tout différent de ce que je l'avais quitté. Il était debout dans sa chambre, avec un visage furieux, marchant et s'arrêtant comme s'il eût été hors de lui-même. Venez, venez, me dit-il, venez voir l'homme du monde le plus désespéré; je suis plus malheureux mille fois que je n'étais tantôt, et ce que je viens d'apprendre de madame de Tournon est pire que sa mort.

Je crus que la douleur le troublait entièrement; et je ne pouvais m'imaginer qu'il y eût quelque chose de pire que la mort d'une maîtresse que l'on aime, et dont on est aimé. Je lui dis que, tant que son affliction avait eu des bornes, je l'avais approuvée, et que j'y étais entré; mais que je ne le plaindrais plus s'il s'abandonnait au désespoir, et s'il perdait la raison. Je serais trop heureux de l'avoir perdue, et la vie aussi, s'écria-t-il : madame de Tournon m'était infidèle, et j'apprends son infidélité et sa trahison le lendemain que j'ai appris sa mort, dans un temps où mon âme est remplie et pénétrée de la plus vive douleur et de la plus tendre amour que l'on ait jamais sentie; dans un temps où son idée est dans mon cœur comme la plus parfaite chose qui ait jamais été, et la plus parfaite à mon égard; je trouve que je me suis trompé, et qu'elle ne mérite pas que je la pleure : cependant j'ai la même affliction de sa mort, que si elle m'était fidèle, et je sens son infidélité, comme si elle n'était point morte. Si j'avais appris son changement devant sa mort, la jalousie, la colère, la rage, m'auraient rempli et m'auraient endurci en quelque sorte contre la douleur de sa perte; mais je suis dans un état où je ne puis ni m'en consoler ni la haïr.

Vous pouvez juger si je fus surpris de ce que me disait Sancerre : je lui demandai comment il avait su ce qu'il venait de me dire. Il me conta qu'un moment après que j'étais sorti de sa chambre, Estouteville, qui est son ami intime, mais qui ne savait pourtant rien de son amour pour madame de Tournon, l'était venu voir; que d'abord qu'il avait été assis, il avait commencé à pleurer, et qu'il lui avait dit qu'il lui demandait pardon de lui avoir caché ce qu'il lui allait apprendre; qu'il le priait d'avoir pitié de lui; qu'il venait lui ouvrir son cœur, et qu'il voyait l'homme du monde le plus affligé de la mort de madame de Tournon.

Ce nom, me dit Sancerre, m'a tellement surpris, que, quoique mon premier mouvement ait été de lui dire que j'en étais plus affligé que lui, je n'ai pas eu néanmoins la force de parler. Il a continué, et m'a dit qu'il était amoureux d'elle depuis six mois; qu'il avait toujours voulu me le dire, mais qu'elle le lui avait défendu expressément, et avec tant d'autorité, qu'il n'avait osé lui désobéir; qu'il lui avait plu quasi dans le même temps qu'il l'avait aimée; qu'ils avaient caché leur passion à tout le monde; qu'il n'avait jamais été chez elle publiquement; qu'il avait eu le plaisir de la consoler de la mort de son mari, et qu'enfin il l'allait épouser dans le temps qu'elle était morte; mais que ce mariage, qui était un effet de passion, aurait paru un effet de devoir et d'obéissance; qu'elle avait gagné son père pour se faire commander de l'épouser, afin qu'il n'y eût pas un trop grand changement dans sa conduite, qui avait été si éloignée de se marier.

Tant qu'Estouteville m'a parlé, me dit Sancerre, j'ai ajouté foi à ses paroles, parce que j'y ai trouvé de la vraisemblance, et que le temps où il m'a dit qu'il avait commencé à aimer madame de Tournon est précisément celui où elle m'a paru changée; mais un moment après je l'ai cru un menteur, ou du moins un visionnaire : j'ai été prêt à le lui dire, j'ai pensé ensuite à vouloir m'éclaircir; je l'ai questionné, je lui ai fait paraître des doutes; enfin j'ai tant fait pour m'assurer de mon malheur, qu'il m'a demandé si je connaissais l'écriture de madame de Tournon : il a mis sur mon lit quatre de ses lettres, et son portrait. Mon frère est entré dans ce moment : Estouteville avait le visage si plein de larmes, qu'il a été contraint de sortir pour ne se pas laisser voir; il m'a dit qu'il reviendrait ce soir requérir ce qu'il me laissait; et moi je chassai mon frère, sur le prétexte de me trouver mal, par l'impatience de voir ces lettres que l'on m'avait laissées, et espérant d'y trouver quelque chose qui ne me persuaderait pas tout ce que d'Estouteville venait de me dire. Mais, hélas! que n'y ai-je point trouvé ! Quelle tendresse ! quels sermens ! quelles assurances de l'épouser ! quelles lettres! Jamais elle ne m'en a écrit de semblables. Ainsi, ajouta-t-il, j'éprouve à la fois la douleur de la mort et celle de l'infidélité : ce sont deux maux que l'on a souvent comparés, mais qui n'ont jamais été sentis en même temps par la même personne. J'avoue, à ma honte, que je sens encore plus sa perte que son changement; je ne puis la trouver assez coupable pour consentir à sa mort. Si elle vivait, j'aurais le plaisir de lui faire des reproches, et de me venger d'elle, en lui faisant connaître son injustice : mais je ne la verrai plus, reprenait-il, je ne la verrai plus : ce mal est le plus grand de tous les maux : je souhaiterais de lui rendre la vie aux dépens de la mienne. Quel souhait ! si elle revenait, elle vivrait pour Estouteville. Que j'étais heureux hier, s'écriait-il, que j'étais heureux ! j'étais l'homme du monde le plus affligé; mais mon affliction était raisonnable, et je trouvais quelque douceur à penser que je ne devais jamais me consoler : aujourd'hui tous mes sentimens sont injustes; je paie à une passion feinte qu'elle a eue pour moi, le même tribut de douleur que je croyais devoir à une passion véritable. Je ne puis ni haïr ni aimer sa mémoire : je ne puis me consoler ni m'affliger. Du moins, me dit-il en se retournant tout d'un coup vers moi, faites, je vous en conjure, que je ne voie jamais Estouteville : son nom seul me fait horreur. Je sais bien que je n'ai nul sujet de m'en plaindre ; c'est ma faute de lui avoir caché que j'aimais madame de Tournon : s'il l'eût su, il ne s'y serait peut-être pas attaché, elle ne m'aurait pas été infidèle : il est venu me chercher pour me confier sa douleur ; il me fait pitié. Hé ! c'est avec raison, s'écriait-il : il aimait madame de Tournon ; il en était aimé, et il ne la verra jamais ! je sens bien néanmoins que je ne saurais m'empêcher de le haïr. Et encore une fois, je vous conjure de faire en sorte que je ne le voie point.

Sancerre se remit ensuite à pleurer, à regretter madame de Tournon, à lui parler et à lui dire les choses du monde les plus tendres : il repassa ensuite à la haine, aux plaintes, aux reproches et aux imprécations contre elle. Comme je le vis dans un état si violent, je connus bien qu'il me fallait quelque secours pour m'aider à calmer son esprit : j'envoyai querir son frère, que je venais de quitter chez le roi : j'allai lui parler dans l'antichambre, avant qu'il entrât, et je lui contai l'état où était Sancerre. Nous donnâmes des ordres pour empêcher qu'il ne vît Estouteville, et nous employâmes une partie de la nuit à tâcher de le rendre capable de raison. Ce matin, je l'ai encore trouvé plus affligé : son frère est demeuré auprès de lui, et je suis revenu auprès de vous.

L'on ne peut être plus surprise que je le

suis, dit alors madame de Clèves, et je croyais madame de Tournon incapable d'amour et de tromperie. L'adresse et la dissimulation, reprit M. de Clèves, ne peuvent aller plus loin qu'elle les a portées. Remarquez que, quand Sancerre crut qu'elle était changée pour lui, elle l'était véritablement, et qu'elle commençait à aimer Estouteville. Elle disait à ce dernier qu'il la consolait de la mort de son mari, et que c'était lui qui était cause qu'elle quittait cette grande retraite; et il paraissait à Sancerre que c'était parce que nous avions résolu qu'elle ne témoignerait plus d'être si affligée. Elle faisait valoir à Estouteville de cacher leur intelligence, et de paraître obligée à l'épouser par le commandement de son père, comme un effet du soin qu'elle avait de sa réputation; et c'était pour abandonner Sancerre, sans qu'il eût sujet de s'en plaindre. Il faut que je m'en retourne, continua M. de Clèves, pour voir ce malheureux, et je crois qu'il faut que vous reveniez aussi à Paris. Il est temps que vous voyiez le monde, et que vous receviez ce nombre infini de visites, dont aussi-bien vous ne sauriez vous dispenser.

Madame de Clèves consentit à son retour, et elle revint le lendemain. Elle se trouva plus tranquille sur M. de Nemours qu'elle n'avait été : tout ce que lui avait dit madame de Chartres en mourant, et la douleur de sa mort, avait fait une susp ension à ses sentimens, qui lui faisait croire qu'ils étaient entièrement effacés.

Dès le même soir qu'elle fut arrivée, madame la dauphine la vint voir, et, après lui avoir témoigné la part qu'elle avait prise à son affliction, elle lui dit que, pour la détourner de ces tristes pensées, elle voulait l'instruire de tout ce qui s'était passé à la cour en son absence : elle lui conta ensuite plusieurs choses particulières. Mais ce que j'ai le plus d'envie de vous apprendre, ajouta-t-elle, c'est qu'il est certain que M. de Nemours est passionnément amoureux, et que ses amis les plus intimes, non-seulement ne sont point dans sa confidence, mais qu'ils ne peuvent deviner qui est la personne qu'il aime. Cependant cet amour est assez fort pour lui faire négliger ou abandonner, pour mieux dire, les espérances d'une couronne.

Madame la dauphine conta ensuite tout ce qui s'était passé sur l'Angleterre. J'ai appris ce que je viens de vous dire, continua-t-elle, de M. d'Anville; et il m'a dit ce matin que le roi envoya querir hier au soir M. de Nemours, sur des lettres de Lignerolles, qui demande à revenir, et qui écrit au roi qu'il ne peut plus sou-

tenir auprès de la reine d'Angleterre les retarde_
mens de M. de Nemours ; qu'elle commence à
s'en offenser, et qu'encore qu'elle n'eût point
donné de parole positive, elle en avait assez dit
pour faire hasarder un voyage. Le roi lut cette
lettre à M. de Nemours, qui, au lieu de parler
sérieusement, comme il avait fait dans les commencemens, ne fit que rire, que badiner, et
se moquer des espérances de Lignerolles. Il
dit que toute l'Europe condamnerait son imprudence, s'il hasardait d'aller en Angleterre
comme un prétendu mari de la reine, sans être
assuré du succès. Il me semble aussi, ajouta-t-il,
que je prendrais mal mon temps, de faire ce
voyage présentement que le roi d'Espagne fait
de si grandes instances pour épouser cette reine.
Ce ne serait peut-être pas un rival bien redoutable dans une galanterie ; mais je pense que
dans un mariage votre majesté ne me conseille-
rait pas de lui disputer quelque chose. Je vous
le conseillerais en cette occasion, reprit le roi :
mais vous n'aurez rien à lui disputer ; je sais
qu'il a d'autres pensées ; et, quand il n'en aurait pas, la reine Marie s'est trop mal trouvée
du joug de l'Espagne, pour croire que sa sœur
le veuille reprendre, et qu'elle se laisse éblouir
à l'éclat de tant de couronnes jointes ensemble.
Si elle ne s'en laisse pas éblouir, repartit M. de

Nemours, il y a apparence qu'elle voudra se rendre heureuse par l'amour. Elle a aimé le milord Courtenay, il y a déjà quelques années : il était aussi aimé de la reine Marie, qui l'aurait épousé du consentement de toute l'Angleterre, si elle n'avait connu que la jeunesse et la beauté de sa sœur Élisabeth le touchaient davantage que l'espérance de régner. Votre majesté sait que les violentes jalousies qu'elle en eut la portèrent à les mettre l'un et l'autre en prison, à exiler ensuite le milord Courtenay, et la déterminèrent enfin à épouser le roi d'Espagne. Je crois qu'Élisabeth, qui est présentement sur le trône, rappellera bientôt ce milord, et qu'elle choisira un homme qu'elle a aimé, qui est fort aimable, qui a tant souffert pour elle, plutôt qu'un autre qu'elle n'a jamais vu. Je serais de votre avis, repartit le roi, si Courtenay vivait encore ; mais j'ai su, depuis quelques jours, qu'il est mort à Padoue, où il était relégué. Je vois bien, ajouta-t-il en quittant M. de Nemours, qu'il faudrait faire votre mariage comme on ferait celui de M. le dauphin, et envoyer épouser la reine d'Angleterre par des ambassadeurs.

M. d'Anville et M. le vidame, qui étaient chez le roi avec M. de Nemours, sont persuadés que c'est cette même passion dont il est occupé, qui le détourne d'un si grand dessein. Le vidame, qui le voit de plus près que personne, a dit à madame de Martigues, que ce prince est tellement changé, qu'il ne le reconnaît plus; et ce qui l'étonne davantage, c'est qu'il ne lui voit aucun commerce ni aucunes heures particulières où il se dérobe, en sorte qu'il croit qu'il n'a point d'intelligence avec la personne qu'il aime; et c'est ce qui fait méconnaître M. de Nemours, de lui voir aimer une femme qui ne répond point à son amour.

Quel poison pour madame de Clèves que le discours de madame la dauphine! Le moyen de ne se pas reconnaître pour cette personne dont on ne savait point le nom! et le moyen de n'être pas pénétrée de reconnaissance et de tendresse, en apprenant, par une voie qui ne lui pouvait être suspecte, que ce prince, qui touchait déjà son cœur, cachait sa passion à tout le monde, et négligeait pour l'amour d'elle les espérances d'une couronne! Aussi ne peut-on représenter ce qu'elle sentit, et le trouble qui s'éleva dans son âme. Si madame la dauphine l'eût regardée avec attention, elle eût aisément remarqué que les choses qu'elle venait de dire ne lui étaient pas indifférentes; mais, comme elle n'avait aucun soupçon de la vérité, elle continua de parler, sans y faire de réflexion. M. d'Anville, ajouta-t-elle, qui, comme je vous viens de dire, m'a appris tout ce détail, m'en croit mieux instruite que lui; et il a une si grande opinion de mes charmes, qu'il est persuadé que je suis la seule personne qui puisse faire de si grands changemens en M. de Nemours.

Ces dernières paroles de madame la dauphine donnèrent une autre sorte de trouble à madame de Clèves, que celui qu'elle avait eu quelques momens auparavant. Je serais aisément de l'avis de M. d'Anville, répondit-elle; et il y a beaucoup d'apparence, madame, qu'il ne faut pas moins qu'une princesse telle que vous, pour faire mépriser la reine d'Angleterre. Je vous l'avouerais, si je le savais, repartit madame la dauphine, et je le saurais s'il était véritable. Ces sortes de passions n'échappent point à la vue de celles qui les causent : elles s'en aperçoivent les premières. M. de Nemours ne m'a jamais témoigné que de légères complaisances; mais il y a néanmoins une si grande différence de la manière dont il a vécu avec moi, à celle dont il y vit présentement, que je puis vous répondre que je ne suis pas la cause de l'indifférence qu'il a pour la couronne d'Angleterre.

Je m'oublie avec vous, ajouta madame la dauphine, et je ne me souviens pas qu'il faut que j'aille voir Madame. Vous savez que la paix est quasi conclue; mais vous ne savez pas que le roi d'Espagne n'a voulu passer aucun article qu'à condition d'épouser cette princesse, au lieu du prince dom Carlos, son fils. Le roi a eu beaucoup de peine à s'y résoudre : enfin il y a consenti, et il est allé tantôt annoncer cette nouvelle à Madame. Je crois qu'elle sera inconsolable : ce n'est pas une chose qui puisse plaire d'épouser un homme de l'âge et de l'humeur du roi d'Espagne, surtout à elle, qui a toute la joie que donne la première jeunesse jointe à la beauté, et qui s'attendait d'épouser un jeune prince pour qui elle a de l'inclination sans l'avoir vu. Je ne sais si le roi trouvera en elle toute l'obéissance qu'il désire : il m'a chargée de la voir, parce qu'il sait qu'elle m'aime, et qu'il croit que j'aurai quelque pouvoir sur son esprit. Je ferai ensuite une autre visite bien différente; j'irai me réjouir avec Madame, sœur du roi. Tout est arrêté pour son mariage avec M. de Savoie, et il sera ici dans peu de temps. Jamais personne de l'âge de cette princesse n'a eu une joie si entière de se marier. La cour va être plus belle et plus grosse qu'on ne l'a jamais vue; et, malgré votre affliction, il faut que vous veniez nous aider à faire voir aux étrangers que nous n'avons pas de médiocres beautés.

Après ces paroles, madame la dauphine quitta madame de Clèves, et le lendemain le mariage de Madame fut su de tout le monde. Les jours suivans, le roi et les reines allèrent voir madame de Clèves. M. de Nemours, qui avait attendu son retour avec une extrême impatience, et qui souhaitait ardemment de lui pouvoir parler sans témoins, attendit, pour aller chez elle, l'heure que tout le monde en sortirait, et qu'apparemment il ne reviendrait plus personne. Il réussit dans son dessein, et il arriva comme les dernières visites en sortaient.

Cette princesse était sur son lit; il faisait chaud, et la vue de M. de Nemours acheva de lui donner une rougeur qui ne diminuait pas sa beauté. Il s'assit vis-à-vis d'elle, avec cette crainte et cette timidité que donnent les véritables passions. Il demeura quelque temps sans pouvoir parler : madame de Clèves n'était pas moins interdite, de sorte qu'ils gardèrent assez long-temps le silence. Enfin, M. de Nemours prit la parole, et lui fit des complimens sur son affliction. Madame de Clèves, étant bien aise de continuer la conversation sur ce sujet, parla assez long-temps de la perte qu'elle avait faite, et enfin elle dit que, quand le temps aurait diminué la violence de sa douleur, il lui en demeurerait toujours une si forte impression que son humeur en serait changée. Les grandes afflictions et les passions violentes, repartit M. de Nemours, font de grands changemens dans l'esprit; et, pour moi, je ne me reconnais pas depuis que je suis revenu de Flandre. Beaucoup de gens ont remarqué ce changement, et même madame la dauphine m'en parlait encore hier. Il est vrai, repartit madame de Clèves, qu'elle l'a remarqué, et je crois lui en avoir ouï dire quelque chose. Je ne suis pas fâché, madame, répliqua M. de Nemours, qu'elle s'en soit aperçue; mais je voudrais qu'elle ne fût pas seule à s'en apercevoir. Il y a des personnes à qui on n'ose donner d'autres marques de la passion qu'on a pour elles, que par les choses qui ne les regardent point; et, n'osant leur faire paraître qu'on les aime, on voudrait du moins qu'elles vissent que l'on ne veut être aimé de personne. L'on voudrait qu'elles sussent qu'il n'y a point de beauté, dans quelque rang qu'elle pût être, que l'on ne regardât avec indifférence, et qu'il n'y a point de couronne que l'on voulût acheter au prix de ne les voir jamais. Les femmes jugent d'ordinaire de la passion qu'on a pour elles, continua-t-il, par le soin qu'on prend de leur plaire et de les chercher; mais ce n'est pas une chose difficile, pour peu qu'elles soient aimables; ce qui est difficile, c'est de ne s'abandonner pas au plaisir de les suivre, c'est de les éviter, par la peur de laisser paraître au public, et quasi à elles-mêmes, les sentimens que l'on a pour elles. Et ce qui marque encore mieux un véritable attachement, c'est de devenir entièrement opposé à ce que l'on était, et de n'avoir plus d'ambition ni de plaisirs, après avoir été toute sa vie occupé de l'un et de l'autre.

Madame de Clèves entendait aisément la part qu'elle avait à ces paroles. Il lui semblait qu'elle devait y répondre et ne les pas souffrir. Il lui semblait aussi qu'elle ne devait pas les entendre, ni témoigner qu'elle les prît pour elle : elle croyait devoir parler, et croyait ne devoir rien dire. Le discours de M. de Nemours lui plaisait et l'offensait quasi également : elle y voyait la confirmation de tout ce que lui avait fait penser madame la dauphine ; elle y trouvait quelque chose de galant et de respectueux, mais aussi quelque chose de hardi et de trop intelligible. L'inclination qu'elle avait pour ce prince lui donnait un trouble dont elle n'était pas maîtresse. Les paroles les plus obscures d'un homme qui plaît, donnent plus d'agitation que des déclarations ouvertes d'un homme qui ne plaît pas. Elle demeurait donc sans répondre, et M. de Nemours se fût aperçu de son silence, dont il n'aurait peut-être pas tiré de mauvais présage, si l'arrivée de M. de Clèves n'eût fini la conversation et sa visite.

Ce prince venait conter à sa femme des nouvelles de Sancerre; mais elle n'avait pas une grande curiosité pour la suite de cette aventure. Elle était si occupée de ce qui se venait de passer, qu'à peine pouvait-elle cacher la distraction de son esprit. Quand elle fut en liberté de rêver, elle connut bien qu'elle s'était trompée, lorsqu'elle avait cru n'avoir plus que de l'indifférence pour M. de Nemours. Ce qu'il lui avait dit avait fait toute l'impression qu'il pouvait souhaiter, et l'avait entièrement persuadée de sa passion. Les actions de ce prince s'accordaient trop bien avec ses paroles, pour laisser quelque doute à cette princesse. Elle ne se flatta plus de l'espérance de ne le pas aimer; elle songea seulement à ne lui en donner jamais aucune marque. C'était une entreprise difficile, dont elle connaissait déjà les peines : elle savait que le seul moyen d'y réussir était d'éviter la présence de ce prince; et, comme son deuil lui donnait lieu d'être plus retirée que de coutume, elle se servit de ce prétexte pour n'aller plus dans les lieux où il la pouvait voir. Elle était dans une tristesse profonde : la mort de sa mère en paraissait la cause, et l'on n'en cherchait point d'autre.

M. de Nemours était désespéré de ne la voir presque plus; et, sachant qu'il ne la trouverait dans aucune assemblée et dans aucun des divertissemens où était toute la cour, il ne pouvait se résoudre d'y paraître ; il feignit une grande passion pour la chasse, et il en faisait des parties les mêmes jours qu'il y avait des assemblées chez les reines. Une légère maladie lui servit long-temps de prétexte pour demeurer chez lui, et pour éviter d'aller dans tous les lieux où il savait bien que madame de Clèves ne serait pas.

M. de Clèves fut malade à peu près dans le même temps. Madame de Clèves ne sortit point de sa chambre pendant son mal; mais, quand il se porta mieux, qu'il vit du monde, et entre autres M. de Nemours, qui, sur le prétexte d'être encore faible, y passait la plus grande partie du jour, elle trouva qu'elle n'y pouvait plus demeurer : elle n'eut pas néanmoins la force d'en sortir les premières fois qu'il y vint ; il y avait trop long-temps qu'elle ne l'avait vu, pour se résoudre à ne le voir pas. Ce prince trouva le moyen de lui faire entendre, par des discours qui ne semblaient que généraux, mais qu'elle entendait néanmoins, parce qu'ils avaient du rapport à ce qu'il lui avait dit chez elle, qu'il allait à la chasse pour rêver, et qu'il n'allait point aux assemblées parce qu'elle n'y était pas.

Elle exécuta enfin la résolution qu'elle avait prise de sortir de chez son mari, lorsqu'il y serait; ce fut toutefois en se faisant une extrême violence. Ce prince vit bien qu'elle le fuyait, et en fut sensiblement touché.

M. de Clèves ne prit pas garde d'abord à la conduite de sa femme; mais enfin il s'aperçut qu'elle ne voulait pas être dans sa chambre lorsqu'il y avait du monde. Il lui en parla, et elle lui répondit qu'elle ne croyait pas que la bienséance voulût qu'elle fût tous les soirs avec ce qu'il y avait de plus jeune à la cour; qu'elle le suppliait de trouver bon qu'elle fît une vie plus retirée qu'elle n'avait accoutumé; que la vertu et la présence de sa mère autorisaient beaucoup de choses qu'une femme de son âge ne pouvait soutenir.

M. de Clèves, qui avait naturellement beaucoup de douceur et de complaisance pour sa femme, n'en eut pas en cette occasion, et il lui dit qu'il ne voulait pas absolument qu'elle changeât de conduite. Elle fut prête de lui dire que le bruit était dans le monde que M. de Nemours était amoureux d'elle; mais elle n'eut pas la force de le nommer. Elle sentit aussi de la honte de se vouloir servir d'une fausse raison, et de déguiser la vérité à un homme qui avait si bonne opinion d'elle.

Quelques jours après, le roi était chez la reine à l'heure du cercle ; l'on parla des horoscopes et des prédictions. Les opinions étaient partagées sur la croyance que l'on y devait donner. La reine y ajoutait beaucoup de foi : elle soutint qu'après tant de choses qui avaient été prédites, et que l'on avait vues arriver, on ne pouvait douter qu'il n'y eût quelque certitude dans cette science. D'autres soutenaient que, parmi ce nombre infini de prédictions, le peu qui se trouvaient véritables faisait bien voir que ce n'était qu'un effet du hasard.

J'ai eu autrefois beaucoup de curiosité pour l'avenir, dit le roi ; mais on m'a dit tant de choses fausses et si peu vraisemblables, que je suis demeuré convaincu que l'on ne peut rien savoir de véritable. Il y a quelques années qu'il vint ici un homme d'une grande réputation dans l'astrologie. Tout le monde l'alla voir : j'y allai comme les autres, mais sans lui dire qui j'étais, et je menai MM. de Guise et Descars ; je les fis passer les premiers. L'astrologue néanmoins s'adressa d'abord à moi, comme s'il m'eût jugé le maître des autres : peut-être qu'il me connaissait ; cependant il me dit une chose qui ne me convenait pas, s'il m'eût connu. Il me prédit que je serais tué en duel. Il dit ensuite à M. de Guise qu'il serait tué par derrière, et à Descars qu'il aurait la tête cassée d'un coup de pied de cheval. M. de Guise s'offensa quasi de cette prédiction, comme si on l'eût accusé de devoir fuir. Descars ne fut guère satisfait de trouver qu'il devait finir par un accident malheureux. Enfin, nous sortîmes tous très-mal contens de l'astrologue. Je ne sais ce qui arrivera à M. de Guise et à Descars, mais il n'y a guère d'apparence que je sois tué en duel. Nous venons de faire la paix, le roi d'Espagne et moi ; et, quand nous ne l'aurions pas faite, je doute que nous nous battions, et que je le fisse appeler, comme le roi mon père fit appeler Charles-Quint.

Après le malheur que le roi conta qu'on lui avait prédit, ceux qui avaient soutenu l'astrologie en abandonnèrent le parti, et tombèrent d'accord qu'il n'y fallait donner aucune croyance. Pour moi, dit tout haut M. de Nemours, je suis l'homme du monde qui doit le moins y en avoir ; et, se tournant vers madame de Clèves, auprès de qui il était : On m'a prédit, lui dit-il tout bas, que je serais heureux par les bontés de la personne du monde pour qui j'aurais la plus violente et la plus respectueuse passion.

Vous pouvez juger, madame, si je dois croire aux prédictions.

Madame la dauphine, qui crut, par ce que M. de Nemours avait dit tout haut, que ce qu'il disait tout bas était quelque fausse prédiction qu'on lui avait faite, demanda à ce prince ce qu'il disait à madame de Clèves. S'il eût eu moins de présence d'esprit, il eût été surpris de cette demande ; mais, prenant la parole sans hésiter : Je lui disais, madame, répondit-il, que l'on m'a prédit que je serais élevé à une si haute fortune que je n'oserais même y prétendre. Si l'on ne vous a fait que cette prédiction, repartit madame la dauphine en souriant, et pensant à l'affaire d'Angleterre, je ne vous conseille pas de décrier l'astrologie, et vous pourriez trouver des raisons pour la soutenir. Madame de Clèves comprit bien ce que voulait dire madame la dauphine ; mais elle entendait bien aussi que la fortune dont M. de Nemours voulait parler, n'était pas d'être roi d'Angleterre.

Comme il y avait déjà assez long-temps de la mort de sa mère, il fallait qu'elle commençât à paraître dans le monde, et à faire sa cour comme elle avait accoutumé : elle voyait M. de Nemours chez madame la dauphine ; elle le voyait chez M. de Clèves, où il venait souvent avec d'autres personnes de qualité de son âge, afin de ne se pas faire remarquer, mais elle ne le voyait plus qu'avec un trouble dont il s'apercevait aisément.

Quelque application qu'elle eût à éviter ses regards, et à lui parler moins qu'à un autre, il lui échappait de certaines choses qui partaient d'un premier mouvement, qui faisaient juger à ce prince, qu'il ne lui était pas indifférent. Un homme moins pénétrant que lui ne s'en fût peut-être pas aperçu; mais il avait déjà été aimé tant de fois qu'il était difficile qu'il ne connût pas quand on l'aimait. Il voyait bien que le chevalier de Guise était son rival, et ce prince connaissait que M. de Nemours était le sien. Il était le seul homme de la cour qui eût démêlé cette vérité; son intérêt l'avait rendu plus clairvoyant que les autres; la connaissance qu'ils avaient de leurs sentimens leur donnait une aigreur qui paraissait en toutes choses, sans éclater néanmoins par aucun démêlé, mais ils étaient opposés en tout. Ils étaient toujours de différent parti dans les courses de bagues, dans les combats à la barrière, et dans tous les divertissemens où le roi s'occupait; et leur émulation était si grande, qu'elle ne se pouvait cacher.

L'affaire d'Angleterre revenait souvent dans l'esprit de madame de Clèves : il lui semblait que M. de Nemours ne résisterait point aux conseils du roi et aux instances de Lignerolles.

Elle voyait avec peine que ce dernier n'était point encore de retour, et elle l'attendait avec impatience. Si elle eût suivi ses mouvemens, elle se serait informée avec soin de l'état de cette affaire ; mais le même sentiment qui lui donnait de la curiosité, l'obligeait à la cacher ; et elle s'enquérait seulement de la beauté, de l'esprit, et de l'humeur de la reine Élisabeth. On apporta un de ses portraits chez le roi, qu'elle trouva plus beau qu'elle n'avait envie de le trouver ; et elle ne put s'empêcher de dire qu'il était flatté. Je ne le crois pas, reprit madame la dauphine qui était présente ; cette princesse a la réputation d'être belle, et d'avoir un esprit fort au-dessus du commun, et je sais bien qu'on me l'a proposée toute ma vie pour exemple. Elle doit être aimable, si elle ressemble à Anne de Boulen sa mère. Jamais femme n'a eu tant de charmes et tant d'agrément dans sa personne et dans son humeur. J'ai ouï dire que son visage avait quelque chose de vif et de singulier, et qu'elle n'avait aucune ressemblance avec les autres beautés anglaises. Il me semble aussi, reprit madame de Clèves, que l'on dit qu'elle était née en France. Ceux qui l'ont cru se sont trompés, répondit madame la dauphine, et je vais vous conter son histoire en peu de mots :

Elle était d'une bonne maison d'Angleterre. Henri VIII avait été amoureux de sa sœur et de sa mère, et l'on a même soupçonné qu'elle était sa fille. Elle vint ici avec la sœur de Henri VII, qui épousa le roi Louis XII. Cette princesse, qui était jeune et galante, eut beaucoup de peine à quitter la cour de France après la mort de son mari; mais Anne de Boulen, qui avait les mêmes inclinations que sa maîtresse, ne se put résoudre à en partir. Le feu roi en était amoureux, et elle demeura fille d'honneur de la reine Claude. Cette reine mourut, et madame Marguerite, sœur du roi, duchesse d'Alençon, et depuis reine de Navarre, dont vous avez vu les contes, la prit auprès d'elle, et elle prit auprès de cette princesse les teintures de la religion nouvelle. Elle retourna ensuite en Angleterre et y charma tout le monde; elle avait les manières de France qui plaisent à toutes les nations; elle chantait bien, elle dansait admirablement : on la mit fille de la reine Catherine d'Aragon, et le roi Henri VIII en devint éperdument amoureux.

Le cardinal de Volsey, son favori et son premier ministre, avait prétendu au pontificat; et, mal satisfait de l'empereur, qui ne l'avait pas soutenu dans cette prétention, il résolut de s'en venger et d'unir le roi son maître à la France. Il mit dans l'esprit de Henri VIII que son mariage avec la tante de l'empereur était nul, et lui proposa d'épouser la duchesse d'Alençon, dont le mari venait de mourir. Anne de Boulen, qui avait de l'ambition, regarda ce divorce comme un chemin qui la pouvait conduire au trône. Elle commença à donner au roi d'Angleterre des impressions de la religion de Luther, et engagea le feu roi à favoriser à Rome le divorce de Henri, sur l'espérance du mariage de madame d'Alençon. Le cardinal de Volsey se fit députer en France, sur d'autres prétextes, pour traiter cette affaire ; mais son maître ne put se résoudre à souffrir qu'on en fit seulement la proposition, et il lui envoya un ordre à Calais de ne point parler de ce mariage.

Au retour de France, le cardinal de Volsey fut reçu avec des honneurs pareils à ceux que l'on rendait au roi même : jamais favori n'a porté l'orgueil et la vanité à un si haut point. Il ménagea une entrevue entre les deux rois, qui se fit à Boulogne. François I*er*. donna la main à Henri VIII, qui ne la voulait point recevoir ; ils se traitèrent tour à tour avec une magnificence extraordinaire, et se donnèrent des habits pareils à ceux qu'ils avaient fait faire pour eux-mêmes. Je me souviens d'avoir ouï dire que ceux que le feu roi envoya au roi d'Angleterre étaient de satin cramoisi, chamarré en triangle, avec des perles et des diamans; et la robe de velours blanc brodée d'or. Après avoir été quelques jours à Boulogne, ils allèrent encore à Calais. Anne de Boulen était logée chez Henri VIII, avec le train d'une reine; et François Ier. lui fit les mêmes présens et lui rendit les mêmes honneurs que si elle l'eût été. Enfin, après une passion de neuf années, Henri l'épousa sans attendre la dissolution de son premier mariage, qu'il demandait à Rome depuis long-temps. Le pape prononça les fulminations contre lui avec précipitation; et Henri en fut tellement irrité, qu'il se déclara chef de la religion, et entraîna toute l'Angleterre dans le malheureux changement où vous la voyez.

Anne de Boulen ne jouit pas long-temps de sa grandeur; car, lorsqu'elle la croyait plus assurée par la mort de Catherine d'Aragon, un jour qu'elle assistait avec toute la cour à des courses de bagues que faisait le vicomte de Rochefort, son frère, le roi en fut frappé d'une telle jalousie, qu'il quitta brusquement le spectacle, s'en vint à Londres, et laissa ordre d'arrêter la reine, le vicomte de Rochefort, et plusieurs autres, qu'il croyait amans ou confidens de cette princesse. Quoique cette jalousie parût née dans ce moment, il y avait déjà quelque temps qu'elle lui avait été inspirée par la vicomtesse de Rochefort, qui, ne pouvant souffrir la liaison étroite de son mari avec la reine, la fit regarder au roi comme une amitié criminelle; en sorte que ce prince, qui d'ailleurs était amoureux de Jeanne de Seymour, ne songea qu'à se défaire d'Anne de Boulen. En moins de trois semaines, il fit faire le procès à cette reine et à son frère, leur fit couper la tête, et épousa Jeanne de Seymour. Il eut ensuite plusieurs femmes qu'il répudia, ou qu'il fit mourir, et entre autres Catherine Havart, dont la comtesse de Rochefort était confidente, et qui eut la tête coupée avec elle. Elle fut ainsi punie des crimes qu'elle avait supposés à Anne de Boulen, et Henri VIII mourut, étant devenu d'une grosseur prodigieuse.

Toutes les dames qui étaient présentes au récit de madame la dauphine la remercièrent de les avoir si bien instruites de la cour d'Angleterre, et entre autres madame de Clèves, qui ne put s'empêcher de lui faire encore plusieurs questions sur la reine Élisabeth.

La reine-dauphine faisait faire des portraits en petit de toutes les belles personnes de la cour, pour les envoyer à la reine sa mère. Le jour qu'on achevait celui de madame de Clèves, madame la dauphine vint passer l'après-dînée chez elle. M. de Nemours ne manqua pas de s'y trouver; il ne laissait échapper aucune occasion de voir madame de Clèves, sans laisser paraître néanmoins qu'il les cherchât. Elle était si belle ce jour-là, qu'il en serait devenu amoureux, quand il ne l'aurait pas été; il n'osait pourtant avoir les yeux attachés sur elle pendant qu'on la peignait, et il craignait de laisser trop voir le plaisir qu'il avait à la regarder.

Madame la dauphine demanda à M. de Clèves un petit portrait qu'il avait de sa femme, pour le voir auprès de celui que l'on achevait. Tout le monde dit son sentiment de l'un et de l'autre, et madame de Clèves ordonna au peintre de raccommoder quelque chose de la coiffure de celui que l'on venait d'apporter. Le peintre, pour lui obéir, ôta le portrait de la boîte où il était; et, après y avoir travaillé, il le remit sur la table.

Il y avait long-temps que M. de Nemours souhaitait d'avoir le portrait de madame de Clèves. Lorsqu'il vit celui qui était à M. de Clèves, il ne put résister à l'envie de le dérober à un mari qu'il croyait tendrement aimé; et il pensa que, parmi tant de personnes qui étaient dans ce même lieu, il ne serait pas soupçonné plutôt qu'un autre.

Madame la dauphine était assise sur le lit, et parlait bas à madame de Clèves, qui était debout devant elle. Madame de Clèves aperçut, par un des rideaux qui n'était qu'à demi fermé,

M. de Nemours le dos contre la table qui était au pied du lit; et elle vit que, sans tourner la tête, il prenait adroitement quelque chose sur cette table. Elle n'eut pas de peine à deviner que c'était son portrait, et elle en fut si troublée, que madame la dauphine remarqua qu'elle ne l'écoutait pas, et lui demanda tout haut ce qu'elle regardait. M. de Nemours se tourna à ces paroles; il rencontra les yeux de madame de Clèves qui étaient encore attachés sur lui, et il pensa qu'il n'était pas impossible qu'elle eût vu ce qu'il venait de faire.

Madame de Clèves n'était pas peu embarrassée : la raison voulait qu'elle demandât son portrait; mais, en le demandant publiquement, c'était apprendre à tout le monde les sentimens que ce prince avait pour elle; et, en le lui demandant en particulier, c'était quasi l'engager à lui parler de sa passion; enfin, elle jugea qu'il valait mieux le lui laisser, et elle fut bien aise de lui accorder une faveur qu'elle lui pouvait faire, sans qu'il sût même qu'elle la lui faisait. M. de Nemours, qui remarquait son embarras, et qui en devinait quasi la cause, s'approcha d'elle, et lui dit tout bas : Si vous avez vu ce que j'ai osé faire, ayez la bonté, madame, de me laisser croire que vous l'ignorez, je n'ose vous en demander davantage; et il se retira après ces paroles, et n'attendit point sa réponse.

Madame la dauphine sortit pour s'aller promener, suivie de toutes les dames, et M. de Nemours alla se renfermer chez lui, ne pouvant soutenir en public la joie d'avoir un portrait de madame de Clèves. Il sentait tout ce que la passion peut faire sentir de plus agréable ; il aimait la plus aimable personne de la cour ; il s'en faisait aimer malgré elle, et il voyait dans toutes ses actions cette sorte de trouble et d'embarras que cause l'amour dans l'innocence de la première jeunesse.

Le soir, on chercha ce portrait avec beaucoup de soin : comme on trouvait la boîte où il devait être, l'on ne soupçonna point qu'il eût été dérobé, et l'on crut qu'il était tombé par hasard. M. de Clèves était affligé de cette perte ; et, après qu'on eut encore cherché inutilement, il dit à sa femme, mais d'une manière qui faisait voir qu'il ne le pensait pas, qu'elle avait sans doute quelque amant caché à qui elle avait donné ce portrait, ou qui l'avait dérobé, et qu'un autre qu'un amant ne se serait pas contenté de la peinture sans la boîte.

Ces paroles, quoique dites en riant, firent une vive impression dans l'esprit de madame de Clèves : elles lui donnèrent des remords :

elle fit réflexion à la violence de l'inclination qui l'entraînait vers M. de Nemours ; elle trouva qu'elle n'était plus maîtresse de ses paroles et de son visage ; elle pensa que Lignerolles était revenu, qu'elle ne craignait plus l'affaire d'Angleterre, qu'elle n'avait plus de soupçons sur madame la dauphine, qu'enfin il n'y avait plus rien qui la pût défendre, et qu'il n'y avait de sûreté pour elle qu'en s'éloignant. Mais comme elle n'était pas maîtresse de s'éloigner, elle se trouvait dans une grande extrémité et prête à tomber dans ce qui lui paraissait le plus grand des malheurs, qui était de laisser voir à M. de Nemours l'inclination qu'elle avait pour lui. Elle se souvenait de tout ce que madame de Chartres lui avait dit en mourant, et des conseils qu'elle lui avait donnés de prendre toutes sortes de partis, quelque difficiles qu'ils pussent être, plutôt que de s'embarquer dans une galanterie. Ce que M. de Clèves lui avait dit sur la sincérité, en parlant de madame de Tournon, lui revint dans l'esprit ; il lui sembla qu'elle lui devait avouer l'inclination qu'elle avait pour M. de Nemours. Cette pensée l'occupa longtemps : ensuite elle fut étonnée de l'avoir eue ; elle y trouva de la folie, et retomba dans l'embarras de ne savoir quel parti prendre.

La paix était signée ; Madame Élisabeth, après

beaucoup de répugnance, s'était résolue à obéir au roi son père. Le duc d'Albe avait été nommé pour venir l'épouser au nom du Roi Catholique, et il devait bientôt arriver. L'on attendait le duc de Savoie, qui venait épouser Madame, sœur du roi, et dont les noces se devaient faire en même temps. Le roi ne songeait qu'à rendre ces noces célèbres par des divertissemens où il pût faire paraître l'adresse et la magnificence de sa cour. On proposa tout ce qui se pouvait faire de plus grand pour des ballets et des comédies; mais le roi trouva ces divertissemens trop particuliers, et il en voulut d'un plus grand éclat. Il résolut de faire un tournoi, où les étrangers seraient reçus, et dont le peuple pourrait être spectateur. Tous les princes et les jeunes seigneurs entrèrent avec joie dans le dessein du roi, et surtout le duc de Ferrare, M. de Guise et M. de Nemours, qui surpassaient tous les autres dans ces sortes d'exercices. Le roi les choisit pour être avec lui les quatre tenans du tournoi.

L'on fit publier par tout le royaume, qu'en la ville de Paris, le pas était ouvert au quinzième juin, par sa Majesté Très-Chrétienne, et par les princes Alphonse d'Est, duc de Ferrare, François de Lorraine, duc de Guise, et Jacques de Savoie, duc de Nemours, pour être tenu contre tous venans : à commencer le premier combat à cheval en lice, en double pièce, quatre coups de lance, et un pour les dames; le deuxième combat à coups d'épée, un à un, ou deux à deux, à la volonté des maîtres du camp; le troisième combat à pied, trois coups de pique et six coups d'épée : que les tenans fourniraient de lances, d'épées et de piques, au choix des assaillans; et que, si en courant on donnait au cheval, on serait mis hors des rangs : qu'il y aurait quatre maîtres du camp pour donner les ordres, et que ceux des assaillans qui auraient le plus rompu et le mieux fait auraient un prix dont la valeur serait à la discrétion des juges : que tous les assaillans, tant français qu'étrangers, seraient tenus de venir toucher à l'un des écus qui seraient pendus au perron, au bout de la lice, ou à plusieurs, selon leur choix; que là ils trouveraient un officier d'armes qui les recevrait pour les enrôler selon leur rang et selon les écus qu'ils auraient attachés : que les assaillans seraient tenus de faire apporter par un gentilhomme leur écu avec leurs armes, pour le pendre au perron trois jours avant le commencement du tournoi; qu'autrement ils n'y seraient point reçus sans le congé des tenans.

On fit faire une grande lice proche de la

Bastille, qui venait du château des Tournelles, qui traversait la rue Saint-Antoine, et qui allait rendre aux écuries royales. Il y avait des deux côtés des échafauds et des amphithéâtres, avec des loges couvertes, qui formaient des espèces de galeries, qui faisaient un très-bel effet à la vue, et qui pouvaient contenir un nombre infini de personnes. Tous les princes et seigneurs ne furent plus occupés que du soin d'ordonner ce qui leur était nécessaire pour paraître avec éclat, et pour mêler dans leurs chiffres ou dans leurs devises quelque chose de galant qui eût rapport aux personnes qu'ils aimaient.

Peu de jours avant l'arrivée du duc d'Albe, le roi fit une partie de paume avec M. de Nemours, le chevalier de Guise, et le vidame de Chartres. Les reines les allèrent voir jouer, suivies de toutes les dames, et entre autres de madame de Clèves. Après que la partie fut finie, comme l'on sortait du jeu de paume, Chastelart s'approcha de la reine-dauphine, et lui dit que le hasard lui venait de mettre entre les mains une lettre de galanterie qui était tombée de la poche de M. de Nemours. Cette reine, qui avait toujours de la curiosité pour ce qui regardait ce prince, dit à Chastelart de la lui donner : elle la prit, et suivit la reine sa belle-mère, qui s'en allait avec le roi voir travailler à la lice. Après que l'on y eut été quelque temps, le roi fit amener des chevaux qu'il avait fait venir depuis peu. Quoiqu'ils ne fussent pas encore dressés, il les voulut monter, et en fit donner à tous ceux qui l'avaient suivi. Le roi et M. de Nemours se trouvèrent sur les plus fougueux : ces chevaux se voulurent jeter l'un à l'autre. M. de Nemours, par la crainte de blesser le roi, recula brusquement, et porta son cheval contre un pilier du manége, avec tant de violence, que la secousse le fit chanceler. On courut à lui, et on le crut considérablement blessé. Madame de Clèves le crut encore plus blessé que les autres. L'intérêt qu'elle y prenait lui donna une appréhension et un trouble qu'elle ne songea pas à cacher; elle s'approcha de lui avec les reines, et avec un visage si changé, qu'un homme moins intéressé que le chevalier de Guise s'en fût aperçu : aussi le remarqua-t-il aisément, et il eut bien plus d'attention à l'état où était madame de Clèves, qu'à celui où était M. de Nemours. Le coup que ce prince s'était donné lui causa un si grand éblouissement, qu'il demeura quelque temps la tête penchée sur ceux qui le soutenaient. Quand il la releva, il vit d'abord madame de Clèves; il connut, sur son visage, la la pitié qu'elle avait de lui, et il la regarda d'une sorte qui put lui faire juger combien il en était touché. Il fit ensuite des remercîmens aux reines de la bonté qu'elles lui témoignaient, et des excuses de l'état où il avait été devant elles. Le roi lui ordonna de s'aller reposer.

Madame de Clèves, après s'être remise de la frayeur qu'elle avait eue, fit bientôt réflexion aux marques qu'elle en avait données. Le chevalier de Guise ne la laissa pas long-temps dans l'espérance que personne ne s'en serait aperçu. Il lui donna la main pour la conduire hors de la lice : Je suis plus à plaindre que M. de Nemours, madame, lui dit-il ; pardonnez-moi si je sors de ce profond respect que j'ai toujours eu pour vous, et si je vous fais paraître la vive douleur que je sens de ce que je viens de voir ; c'est la première fois que j'ai été assez hardi pour vous parler, et ce sera aussi la dernière. La mort, ou du moins un éloignement éternel, m'ôteront d'un lieu où je ne puis plus vivre, puisque je viens de perdre la triste consolation de croire que tous ceux qui osent vous regarder sont aussi malheureux que moi.

Madame de Clèves ne répondit que quelques paroles mal arrangées, comme si elle n'eût pas entendu ce que signifiaient celles du chevalier de Guise. Dans un autre temps, elle aurait été offensée qu'il lui eût parlé des sentimens qu'il avait pour elle; mais, dans ce moment, elle ne sentit que l'affliction de voir qu'il s'était aperçu de ceux qu'elle avait pour M. de Nemours. Le chevalier de Guise en fut si convaincu et si pénétré de douleur, que, dès ce jour, il prit la résolution de ne penser jamais à être aimé de madame de Clèves. Mais, pour quitter cette entreprise qui lui avait paru si difficile et si glorieuse, il en fallait quelque autre dont la grandeur pût l'occuper : il se mit dans l'esprit de prendre Rhodes, dont il avait déjà eu quelque pensée ; et, quand la mort l'ôta du monde dans la fleur de sa jeunesse, et dans le temps qu'il avait acquis la réputation d'un des plus grands princes de son siècle, le seul regret qu'il témoigna de quitter la vie fut de n'avoir pu exécuter une si belle résolution, dont il croyait le succès infaillible par tous les soins qu'il en avait pris.

Madame de Clèves, en sortant de la lice, alla chez la reine, l'esprit bien occupé de ce qui s'était passé. M. de Nemours y vint peu de temps après, habillé magnifiquement, et comme un homme qui ne se sentait pas de l'accident qui lui était arrivé : il paraissait même plus gai que de coutume ; et la joie de ce qu'il croyait avoir vu, lui donnait un air qui augmentait encore son agrément. Tout le monde fut surpris lorsqu'il entra, et il n'y eut personne qui ne lui demandât de ses nouvelles, excepté madame de Clèves, qui demeura auprès de la cheminée sans faire semblant de le voir. Le roi sortit d'un cabinet où il était, et, le voyant parmi les autres, il l'appela pour lui parler de son aventure. M. de Nemours passa auprès de madame de Clèves, et lui dit tout bas : J'ai reçu aujourd'hui des marques de votre pitié, madame; mais ce n'est pas de celles dont je suis le plus digne. Madame de Clèves s'était bien doutée que ce prince s'était aperçu de la sensibilité qu'elle avait eue pour lui, et ses paroles lui firent voir qu'elle ne s'était pas trompée. Ce lui était une grande douleur de voir qu'elle n'était plus maîtresse de cacher ses sentimens, et de les avoir laissés paraître au chevalier de Guise. Elle en avait aussi beaucoup que M. de Nemours les connût; mais cette dernière douleur n'était pas si entière, et elle était mêlée de quelque sorte de douceur.

La reine-dauphine, qui avait une extrême impatience de savoir ce qu'il y avait dans la lettre que Chastelart lui avait donnée, s'approcha de madame de Clèves : Allez lire cette lettre, lui dit-elle; elle s'adresse à M. de Nemours, et, selon les apparences, elle est de cette maîtresse pour qui il a quitté toutes les autres. Si vous ne la pouvez lire présentement, gardez-la; venez ce soir à mon coucher pour me la rendre, et pour me dire si vous en connaissez l'écriture. Madame la dauphine quitta madame de Clèves après ces paroles, et la laissa si étonnée, et dans un si grand saisissement, qu'elle fut quelque temps sans pouvoir sortir de sa place. L'impatience et le trouble où elle était ne lui permirent pas de demeurer chez la reine; elle s'en alla chez elle, quoiqu'il ne fût pas l'heure où elle avait accoutumé de se retirer. Elle tenait cette lettre avec une main tremblante : ses pensées étaient si confuses, qu'elle n'en avait aucune distincte; et elle se trouvait dans une sorte de douleur insupportable, qu'elle ne connaissait point, et qu'elle n'avait jamais sentie. Sitôt qu'elle fut dans son cabinet, elle ouvrit cette lettre, et la trouva telle :

« Je vous ai trop aimé pour vous laisser croire
» que le changement qui vous paraît en moi
» soit un effet de ma légèreté; je veux vous
» apprendre que votre infidélité en est la cause.
» Vous êtes bien surpris que je vous parle de
» votre infidélité; vous me l'aviez cachée avec
» tant d'adresse, et j'ai pris tant de soin de vous
» cacher que je la savais, que vous avez raison
» d'être étonné qu'elle me soit connue. Je suis
» surprise moi-même que j'aie pu ne vous en

» rien faire paraître. Jamais douleur n'a été
» pareille à la mienne : je croyais que vous aviez
» pour moi une passion violente ; je ne vous
» cachais plus celle que j'avais pour vous ; et,
» dans le temps que je vous la laissais voir
» toute entière, j'appris que vous me trompiez,
» que vous en aimiez une autre, et que, selon
» toutes les apparences, vous me sacrifiiez à
» cette nouvelle maîtresse. Je le sus le jour de
» la course de bague ; c'est ce qui fit que je n'y
» allai point. Je feignis d'être malade pour cacher
» le désordre de mon esprit ; mais je le devins
» en effet, et mon corps ne put supporter une
» si violente agitation. Quand je commençai à
» me porter mieux, je feignis encore d'être fort
» mal, afin d'avoir un prétexte de ne vous point
» voir et de ne vous point écrire. Je voulus
» avoir du temps pour résoudre de quelle sorte
» j'en devais user avec vous ; je pris et je quittai
» vingt fois les mêmes résolutions ; mais enfin
» je vous trouvai indigne de voir ma douleur,
» et je résolus de ne vous la point faire paraître.
» Je voulus blesser votre orgueil, en vous fai-
» sant voir que ma passion s'affaiblissait d'elle-
» même. Je crus diminuer par-là le prix du sa-
» crifice que vous en faisiez ; je ne voulus pas
» que vous eussiez le plaisir de montrer combien
» je vous aimais pour en paraître plus aimable.

» Je résolus de vous écrire des lettres tièdes et
» languissantes, pour jeter dans l'esprit de celle
» à qui vous les donniez, que l'on cessait de vous
» aimer. Je ne voulus pas qu'elle eût le plaisir
» d'apprendre que je savais qu'elle triomphait
» de moi, ni augmenter son triomphe par mon
» désespoir et par mes reproches. Je pensai que
» je ne vous punirais pas assez en rompant
» avec vous, et que je ne vous donnerais qu'une
» légère douleur si je cessais de vous aimer lors-
» que vous ne m'aimiez plus. Je trouvai qu'il
» fallait que vous m'aimassiez pour sentir le
» mal de n'être point aimé, que j'éprouvais si
» cruellement. Je crus que, si quelque chose
» pouvait rallumer les sentimens que vous aviez
» eus pour moi, c'était de vous faire voir que
» les miens étaient changés; mais de vous le
» faire voir en feignant de vous le cacher, et
» comme si je n'eusse pas eu la force de vous
» l'avouer. Je m'arrêtai à cette résolution : mais
» qu'elle me fut difficile à prendre! et qu'en
» vous revoyant elle me parut impossible à exé-
» cuter! Je fus prête cent fois à éclater par mes
» reproches et par mes pleurs. L'état où j'étais
» encore, par ma santé, me servit à vous dé-
» guiser mon trouble et mon affliction. Je fus
» soutenue ensuite par le plaisir de dissimuler
» avec vous, comme vous dissimuliez avec moi;

» néanmoins je me faisais une si grande violence
» pour vous dire et pour vous écrire que je vous
» aimais, que vous vîtes plutôt que je n'avais
» eu dessein de vous laisser voir que mes sen-
» timens étaient changés. Vous en fûtes blessé;
» vous vous en plaignîtes; je tâchais de vous
» rassurer; mais c'était d'une manière si forcée,
» que vous en étiez encore mieux persuadé que
» je ne vous aimais plus. Enfin, je fis tout ce
» que j'avais eu intention de faire. La bizarrerie
» de votre cœur vous fit revenir vers moi, à
» mesure que vous voyiez que je m'éloignais de
» vous. J'ai joui de tout le plaisir que peut donner
» la vengeance : il m'a paru que vous m'aimiez
» mieux que vous n'aviez jamais fait, et je vous
» ai fait voir que je ne vous aimais plus. J'ai
» eu lieu de croire que vous aviez entièrement
» abandonné celle pour qui vous m'aviez quittée.
» J'ai eu aussi des raisons pour être persuadée
» que vous ne lui aviez jamais parlé de moi.
» Mais votre retour et votre discrétion n'ont pu
» réparer votre légèreté : votre cœur a été par-
» tagé entre moi et une autre; vous m'avez trom-
» pée, cela suffit pour m'ôter le plaisir d'être
» aimée de vous, comme je croyais mériter de
» l'être, et pour me laisser dans cette résolution
» que j'ai prise de ne vous voir jamais, et dont
» vous êtes si surpris. »

Madame de Clèves lut cette lettre, et la relut plusieurs fois, sans savoir néanmoins ce qu'elle avait lu : elle voyait seulement que M. de Nemours ne l'aimait pas comme elle l'avait pensé, et qu'il en aimait d'autres qu'il trompait comme elle. Quelle vue et quelle connaissance pour une personne de son humeur, qui avait une passion violente, qui venait d'en donner des marques à un homme qu'elle en jugeait indigne, et à un autre qu'elle maltraitait pour l'amour de lui! Jamais affliction n'a été si piquante et si vive : il lui semblait que ce qui faisait l'aigreur de cette affliction était ce qui s'était passé dans cette journée, et que, si M. de Nemours n'eût point eu lieu de croire qu'elle l'aimait, elle ne se fût pas souciée qu'il en eût aimé une autre : mais elle se trompait elle-même, et ce mal qu'elle trouvait si insupportable était la jalousie avec toutes les horreurs dont elle peut être accompagnée. Elle voyait, par cette lettre, que M. de Nemours avait une galanterie depuis long-temps. Elle trouvait que celle qui avait écrit la lettre avait de l'esprit et du mérite; elle lui paraissait digne d'être aimée; elle lui trouvait plus de courage qu'elle ne s'en trouvait à elle-même, et elle enviait la force qu'elle avait eue de cacher ses sentimens à M. de Nemours. Elle voyait, par la fin de la lettre, que cette personne se croyait aimée; elle pensait que la discrétion que ce prince lui avait fait paraître, et dont elle avait été si touchée, n'était peut-être que l'effet de la passion qu'il avait pour cette autre personne, à qui il craignait de déplaire; enfin elle pensait tout ce qui pouvait augmenter son affliction et son désespoir. Quels retours ne fit-elle point sur elle-même! quelles réflexions sur les conseils que sa mère lui avait donnés! Combien se repentit-elle de ne s'être pas opiniâtrée à se séparer du commerce du monde, malgré M. de Clèves, ou de n'avoir pas suivi la pensée qu'elle avait eue de lui avouer l'inclination qu'elle avait pour M. de Nemours! Elle trouvait qu'elle aurait mieux fait de la découvrir à un mari dont elle connaissait la bonté, et qui aurait eu intérêt à la cacher, que de la laisser voir à un homme qui en était indigne, qui la trompait, qui la sacrifiait peut-être, et qui ne pensait à être aimé d'elle que par un sentiment d'orgueil et de vanité : enfin elle trouva que tous les maux qui lui pouvaient arriver, et toutes les extrémités où elle se pouvait porter, étaient moindres que d'avoir laissé voir à M. de Nemours qu'elle l'aimait, et de connaître qu'il en aimait une autre. Tout ce qui la consolait était de penser au moins, qu'après cette connaissance, elle n'avait plus rien à craindre d'elle-même, et qu'elle serait entièrement guérie de l'inclination qu'elle avait pour ce prince.

Elle ne pensa guère à l'ordre que madame la dauphine lui avait donné de se trouver à son coucher : elle se mit au lit, et feignit de se trouver mal; en sorte que, quand M. de Clèves revint de chez le roi, on lui dit qu'elle était endormie; mais elle était bien éloignée de la tranquillité qui conduit au sommeil. Elle passa la nuit sans faire autre chose que s'affliger et relire la lettre qu'elle avait entre les mains.

Madame de Clèves n'était pas la seule personne dont cette lettre troublait le repos. Le vidame de Chartres, qui l'avait perdue, et non pas M. de Nemours, en était dans une extrême inquiétude. Il avait passé tout le soir chez M. de Guise, qui avait donné un grand souper au duc de Ferrare, son beau-frère, et à toute la jeunesse de la cour. Le hasard fit qu'en soupant on parla de jolies lettres. Le vidame de Chartres dit qu'il en avait une sur lui, plus jolie que toutes celles qui avaient jamais été écrites. On le pressa de la montrer : il s'en défendit. M. de Nemours lui soutint qu'il n'en avait point, et qu'il ne parlait que par vanité. Le vidame lui répondit qu'il poussait sa discrétion à bout; que néanmoins il ne montrerait pas la lettre; mais qu'il en lirait quelques endroits qui feraient juger que peu d'hommes en recevaient de pareilles. En même temps, il voulut prendre cette lettre et ne la trouva point : il la chercha inutilement ; on lui en fit la guerre ; mais il parut si inquiet, que l'on cessa de lui en parler. Il se retira plus tôt que les autres, et s'en alla chez lui avec impatience, pour voir s'il n'y avait point laissé la lettre qui lui manquait. Comme il la cherchait encore, un premier valet de chambre de la reine le vint trouver, pour lui dire que la vicomtesse d'Usez avait cru nécessaire de l'avertir en diligence, que l'on avait dit chez la reine qu'il était tombé une lettre de galanterie de sa poche, pendant qu'il était au jeu de paume ; que l'on avait raconté une grande partie de ce qui était dans la lettre ; que la reine avait témoigné beaucoup de curiosité de la voir ; qu'elle l'avait envoyé demander à un de ses gentilshommes servans ; mais qu'il avait répondu qu'il l'avait laissée entre les mains de Chastelart.

Le premier valet de chambre dit encore beaucoup d'autres choses au vidame de Chartres, qui achevèrent de lui donner un grand trouble. Il sortit à l'heure même pour aller chez un gentilhomme qui était ami intime de Chastelart ; il le fit lever, quoique l'heure fût extraordinaire pour aller demander cette lettre, sans dire qui était celui qui la demandait et qui l'avait perdue. Chastelart, qui avait l'esprit prévenu qu'elle était à M. de Nemours, et que ce prince était amoureux de madame la dauphine, ne douta point que ce ne fût lui qui la faisait redemander. Il répondit, avec une maligne joie, qu'il avait remis la lettre entre les mains de la reine-dauphine. Le gentilhomme vint faire cette réponse au vidame de Chartres : elle augmenta l'inquiétude qu'il avait déjà, et y en joignit encore de nouvelles. Après avoir été longtemps irrésolu sur ce qu'il devait faire, il trouva qu'il n'y avait que M. de Nemours qui pût lui aider à sortir de l'embarras où il était.

Il s'en alla chez lui, et entra dans sa chambre que le jour ne commençait qu'à paraître. Ce prince dormait d'un sommeil tranquille : ce qu'il avait vu le jour précédent de madame de Clèves ne lui avait donné que des idées agréables. Il fut bien surpris de se voir éveillé par le vidame de Chartres, et il lui demanda si c'était pour se venger de ce qu'il lui avait dit pendant le souper qu'il venait troubler son repos. Le vidame lui fit bien juger par son visage qu'il n'y avait rien que de sérieux au sujet qui l'amenait. Je viens vous confier la plus importante affaire de ma vie, lui dit-il. Je sais bien que vous ne m'en devez pas être obligé, puisque c'est dans un temps où j'ai besoin de votre secours; mais je sais bien aussi que j'aurais perdu de votre estime, si je vous avais appris tout ce que je vais vous dire, sans que la nécessité m'y eût contraint. J'ai laissé tomber cette lettre dont je parlais hier au soir; il m'est d'une conséquence extrême que personne ne sache qu'elle s'adresse à moi. Elle a été vue de beaucoup de gens qui étaient dans le jeu de paume, où elle tomba hier; vous y étiez aussi, et je vous demande en grâce de vouloir bien dire que c'est vous qui l'avez perdue. Il faut que vous croyiez que je n'ai point de maîtresse, reprit M. de Nemours en souriant, pour me faire une pareille proposition, et pour vous imaginer qu'il n'y ait personne avec qui je me puisse brouiller en laissant croire que je reçois de pareilles lettres. Je vous prie, dit le vidame, écoutez-moi sérieusement : si vous avez une maîtresse, comme je n'en doute point, quoique je ne sache pas qui elle est, il vous sera aisé de vous justifier, et je vous en donnerai les moyens infaillibles : quand vous ne vous justifieriez pas auprès d'elle, il ne vous en peut coûter que d'être brouillé pour quelques momens; mais moi, par cette aventure, je déshonore une personne qui m'a passionnément aimé, et qui est une des plus estimables femmes du monde; et, d'un autre côté, je m'attire une haine implacable, qui me coûtera ma fortune, et peut-être quelque chose de plus. Je ne puis entendre tout ce que vous me dites, répondit M. de Nemours; mais vous me faites entrevoir que les bruits qui ont couru de l'intérêt qu'une grande princesse prenait à vous ne sont pas entièrement faux. Ils ne le sont pas aussi, repartit le vidame de Chartres; et plût à Dieu qu'ils le fussent! je ne me trouverais pas dans l'embarras où je me trouve : mais il faut vous raconter tout ce qui s'est passé, pour vous faire voir tout ce que j'ai à craindre.

Depuis que je suis à la cour, la reine m'a toujours traité avec beaucoup de distinction et d'agrément, et j'avais eu lieu de croire qu'elle avait de la bonté pour moi; néanmoins, il n'y avait rien de particulier, et je n'avais jamais songé à avoir d'autres sentimens pour elle que ceux du respect. J'étais même fort amoureux de madame de Thémines : il est aisé de juger, en la voyant, qu'on peut avoir beaucoup d'amour pour elle quand on en est aimé; et je l'étais. Il y a près de deux ans que, comme la cour était à Fontainebleau, je me trouvai deux ou trois fois en conversation avec la reine, à des heures où il y avait très-peu de monde. Il me parut que mon esprit lui plaisait, et qu'elle entrait dans tout ce que je disais. Un jour entre autres, on se mit à parler de la confiance : je dis qu'il n'y avait personne en qui j'en eusse une entière; que je trouvais que l'on se repentait toujours d'en avoir, et que je savais beaucoup de choses dont je n'avais jamais parlé. La reine me dit qu'elle m'en estimait davantage; qu'elle n'avait trouvé personne en France qui eût du secret, et que c'était ce qui l'avait le plus embarrassée, parce que cela lui avait ôté le plaisir de donner sa confiance; que c'était une chose nécessaire dans la vie, que d'avoir quelqu'un à qui on pût parler, et surtout pour les personnes de son rang. Les jours suivans, elle reprit encore plusieurs fois la même conversation; elle m'apprit même des choses assez particulières qui se passaient. Enfin, il me sembla qu'elle souhaitait de s'assurer de mon secret, et qu'elle avait envie de me confier les siens. Cette pensée m'attacha à elle; je fus touché de cette distinction, et je lui fis ma cour avec beaucoup plus d'assiduité que je n'avais accoutumé. Un soir que le roi et toutes les dames s'étaient allés promener à cheval dans la forêt, où elle n'avait pas voulu aller, parce qu'elle s'était trouvée un peu mal, je demeurai auprès d'elle : elle descendit au bord de l'étang, et quitta la main de ses écuyers pour marcher avec plus de liberté. Après qu'elle eut fait quelques tours, elle s'approcha de moi, et m'ordonna de la suivre. Je veux vous parler, me dit-elle; et vous verrez, par ce que je veux vous dire, que je suis de vos amies. Elle s'arrêta à ces paroles, et, me regardant fixement : Vous êtes amoureux, continua-t-elle; et, parce que vous ne vous fiez peut-être à personne, vous croyez que votre amour n'est pas su; mais il est connu, et même des personnes intéressées. On vous observe, on sait les lieux où vous voyez votre maîtresse, on a dessein de vous y surprendre. Je ne sais qui elle est; je ne vous le demande point, et je veux seulement vous garantir des malheurs où vous pouvez tomber. Voyez, je vous prie, quel piége me tendait la reine, et combien il était difficile de n'y pas tomber. Elle voulait savoir si j'étais amoureux; et, en ne me demandant point de qui je l'étais, et en ne me laissant voir que la seule intention de me faire plaisir, elle m'ôtait la pensée qu'elle me parlât par curiosité ou par dessein.

Cependant, contre toutes sortes d'apparences, je démêlai la vérité. J'étais amoureux de madame de Thémines; mais, quoiqu'elle m'aimât, je n'étais pas assez heureux pour avoir des lieux particuliers à la voir, et pour craindre d'y être surpris; et ainsi, je vis bien que ce ne pouvait être celle dont la reine voulait parler. Je savais bien aussi que j'avais un commerce de galanterie avec une autre femme moins belle et moins sévère que madame de Thémines, et qu'il n'était pas impossible que l'on eût découvert le lieu où je la voyais; mais, comme je m'en souciais peu, il m'était aisé de me mettre à couvert de toutes sortes de périls en cessant de la voir. Ainsi, je pris le parti de ne rien avouer à la reine, et de l'assurer, au contraire, qu'il y avait très-long-temps que j'avais abandonné le désir de me faire aimer des femmes dont je pouvais espérer de l'être, parce que je les trouvais quasi toutes indignes d'attacher un honnête homme, et qu'il n'y avait que quelque chose fort au-dessus d'elles qui pût m'engager. Vous ne me répondez pas sincèrement, répliqua la reine; je sais le contraire de ce que vous me dites. La manière dont je vous parle vous doit obliger à ne me rien cacher. Je veux que vous soyez de mes amis, continua-t-elle; mais je ne veux pas, en vous donnant cette place, ignorer quels sont vos attachemens. Voyez si vous la voulez acheter au prix de me les apprendre : je vous donne deux jours pour y penser; mais, après ce temps-là, songez bien à ce que vous me direz, et souvenez-vous que, si dans la suite je trouve que vous m'ayez trompée, je ne vous le pardonnerai de ma vie.

La reine me quitta après m'avoir dit ces paroles, sans attendre ma réponse. Vous pouvez croire que je demeurai l'esprit bien rempli de ce qu'elle me venait de dire. Les deux jours qu'elle m'avait donnés pour y penser ne me parurent pas trop longs pour me déterminer. Je voyais qu'elle voulait savoir si j'étais amoureux, et qu'elle ne souhaitait pas que je le fusse. Je voyais les suites et les conséquences du parti que j'allais prendre. Ma vanité n'était pas peu flattée d'une liaison particulière avec la reine, et une reine dont la personne est encore extrêmement aimable. D'un autre côté, j'aimais madame de Thémines; et, quoique je lui fisse une espèce d'infidélité pour cette autre femme dont je vous ai parlé, je ne me pouvais résoudre à rompre avec elle. Je voyais aussi le péril où je m'exposais en trompant la reine, et combien il était difficile de la tromper. Néanmoins, je ne pus me résoudre à refuser ce que la fortune m'offrait, et je pris le hasard de tout ce que ma mauvaise conduite pouvait m'attirer. Je rompis avec cette femme dont on pouvait découvrir le commerce, et j'espérai de cacher celui que j'avais avec madame de Thémines.

Au bout des deux jours que la reine m'avait

donnés, comme j'entrais dans la chambre où toutes les dames étaient au cercle, elle me dit tout haut, avec un air grave qui me surprit : Avez-vous pensé à cette affaire dont je vous ai chargé, et en savez-vous la vérité? Oui, madame, lui répondis-je, et elle est comme je l'ai dite à votre majesté. Venez ce soir, à l'heure que je dois écrire, répliqua-t-elle, et j'achèverai de vous donner mes ordres. Je fis une profonde révérence, sans rien répondre, et ne manquai pas de me trouver à l'heure qu'elle m'avait marquée. Je la trouvai dans la galerie où était son secrétaire et quelqu'une de ses femmes. Sitôt qu'elle me vit, elle vint à moi, et me mena à l'autre bout de la galerie. Eh bien, me dit-elle, est-ce après y avoir bien pensé que vous n'avez rien à me dire ; et la manière dont j'en use avec vous, ne mérite-t-elle pas que vous me parliez sincèrement ? C'est parce que je vous parle sincèrement, madame, lui répondis-je, que je n'ai rien à vous dire; et je jure à votre majesté, avec tout le respect que je lui dois, que je n'ai d'attachement pour aucune femme de la cour. Je le veux croire, repartit la reine, parce que je le souhaite ; et je le souhaite, parce que je désire que vous soyez entièrement attaché à moi, et qu'il serait impossible que je fusse contente de votre amitié, si vous étiez amoureux. On ne peut se fier à ceux qui le sont ; on ne peut s'assurer de leur secret. Ils sont trop distraits et trop partagés ; et leur maîtresse leur fait une première occupation qui ne s'accorde point avec la manière dont je veux que vous soyez attaché à moi. Souvenez-vous donc que c'est sur la parole que vous me donnez, que vous n'avez aucun engagement, que je vous choisis pour vous donner toute ma confiance. Souvenez-vous que je veux la vôtre toute entière ; que je veux que vous n'ayez ni ami ni amie, que ceux qui me seront agréables, et que vous abandonniez tout autre soin que celui de me plaire. Je ne vous ferai pas perdre celui de votre fortune ; je la conduirai avec plus d'application que vous-même ; et, quoi que je fasse pour vous, je m'en tiendrai trop bien récompensée, si je vous trouve pour moi tel que je l'espère. Je vous choisis pour vous confier tous mes chagrins, et pour m'aider à les adoucir. Vous pouvez juger qu'ils ne sont pas médiocres. Je souffre en apparence sans beaucoup de peine l'attachement du roi pour la duchesse de Valentinois; mais il m'est insupportable. Elle gouverne le roi ; elle le trompe ; elle me méprise ; tous mes gens sont à elle. La reine, ma belle-fille, fière de sa beauté et du crédit de ses oncles, ne me rend aucun devoir. Le connétable de Montmorency est maître du roi et du royaume ; il me hait, et m'a donné des marques de sa haine que je ne puis oublier. Le maréchal de Saint-André est un jeune favori audacieux qui n'en use pas mieux avec moi que les autres. Le détail de mes malheurs vous ferait pitié. Je n'ai osé jusqu'ici me fier à personne ; je me fie à vous ; faites que je ne m'en repente point, et soyez ma seule consolation. Les yeux de la reine rougirent en achevant ces paroles : je pensai me jeter à ses pieds, tant je fus véritablement touché de la bonté qu'elle me témoignait. Depuis ce jour-là, elle eut en moi une entière confiance, elle ne fit plus rien sans m'en parler ; et j'ai conservé une liaison qui dure encore.

FIN DE LA SECONDE PARTIE.

LA PRINCESSE DE CLÈVES.

TROISIÈME PARTIE.

Cependant, quelque rempli et quelque occupé que je fusse de cette nouvelle liaison avec la reine, je tenais à madame de Thémines par une inclination naturelle que je ne pouvais vaincre. Il me parut qu'elle cessait de m'aimer, et, au lieu que, si j'eusse été sage, je me fusse servi du changement qui paraissait en elle pour aider à me guérir, mon amour en redoubla, et je me conduisais si mal, que la reine eut quelque connaissance de cet attachement. La jalousie est naturelle aux personnes de sa nation, et peut-être que cette princesse a pour moi des sentimens plus vifs qu'elle ne pense elle-même. Mais enfin le bruit que j'étais amoureux lui donna de si grandes inquiétudes et de si grands chagrins, que je me crus cent fois perdu auprès d'elle. Je la rassurai enfin à force de soins, de soumissions et de faux sermens ; mais je n'aurais pu la tromper long-temps, si le changement de madame de Thémines ne m'avait détaché d'elle malgré moi. Elle me fit voir qu'elle ne m'aimait plus ; et j'en fus si persuadé, que je fus contraint de ne la pas tourmenter davantage et de la laisser en repos. Quelque temps après, elle m'écrivit cette lettre que j'ai perdue. J'appris par-là qu'elle avait su le commerce que j'avais eu avec cette autre femme dont je vous ai parlé, et que c'était la cause de son changement. Comme je n'avais plus rien alors qui me partageât, la reine était assez contente de moi; mais comme les sentimens que j'ai pour elle ne sont pas d'une nature à me rendre incapable de tout autre attachement, et que l'on n'est pas amoureux par sa volonté, je le suis devenu de madame de Martigues, pour qui j'avais déjà eu beaucoup d'inclination pendant qu'elle était Ville-Montais, fille de la reine-dauphine. J'ai lieu de croire que je n'en suis pas haï : la discrétion que je lui fais paraître, et dont elle ne sait pas toutes les raisons, lui est agréable. La reine n'a aucun soupçon sur son sujet; mais elle en a un autre qui n'est guère moins fâcheux. Comme madame de Martigues est toujours chez la reine-dauphine, j'y vais aussi beaucoup plus souvent que de coutume. La reine s'est imaginée que c'est de cette princesse que je suis amoureux. Le rang de la reine-dauphine, qui est égal au sien, et la beauté et la jeunesse qu'elle a au-dessus d'elle, lui donnent une jalousie qui va jusques à la fureur, et une haine contre sa belle-fille qu'elle ne saurait plus cacher. Le cardinal de Lorraine, qui me paraît depuis long-temps aspirer aux bonnes grâces de la reine, et qui voit bien que j'occupe une place qu'il voudrait remplir, sous prétexte de raccommoder madame la dauphine avec elle, est entré dans les différens qu'elles ont eus ensemble. Je ne doute pas qu'il n'ait démêlé le véritable sujet de l'aigreur de la reine, et je crois qu'il me rend toutes sortes de mauvais offices, sans lui laisser voir qu'il a dessein de me les rendre. Voilà l'état où sont les choses à l'heure que je vous parle. Jugez quel effet peut produire la lettre que j'ai perdue, et que mon malheur m'a fait mettre dans ma poche, pour la rendre à madame de Thémines. Si la reine voit cette lettre, elle connaîtra que je l'ai trompée, et que, presque dans le même temps que je la trompais pour madame de Thémines, je trompais madame de Thémines pour une autre : jugez quelle idée cela lui peut donner de moi, et si elle peut jamais se fier à mes paroles. Si elle ne voit point cette lettre, que lui dirai-je ? Elle sait qu'on l'a remise entre les mains de madame la dauphine : elle croira que Chastelart a reconnu l'écriture de cette reine, et que la lettre est d'elle ; elle s'imaginera que la personne dont on témoigne de la jalousie est peut-être elle-même : enfin il n'y a rien qu'elle n'ait lieu de penser, et il n'y a rien que je ne doive craindre de ses pensées. Ajoutez à cela que je suis vivement touché de madame de Martigues ; qu'assurément madame la dauphine lui montrera cette lettre, qu'elle croira écrite depuis peu : ainsi je serai également brouillé, et avec la personne du monde que j'aime le plus, et avec la personne du monde que je dois le plus craindre. Voyez, après cela, si je n'ai pas raison de vous conjurer de dire que la lettre est à vous, et de vous demander en grâce de l'aller retirer des mains de madame la dauphine.

Je vois bien, dit M. de Nemours, que l'on ne peut être dans un plus grand embarras que celui où vous êtes, et il faut avouer que vous le méritez. On m'a accusé de n'être pas un amant fidèle, et d'avoir plusieurs galanteries à la fois; mais vous me passez de si loin, que je n'aurais seulement osé imaginer les choses que vous avez entreprises. Pouviez-vous prétendre de conserver madame de Thémines en vous engageant avec la reine, et espériez-vous de vous engager avec la reine et de la pouvoir tromper? Elle est Italienne et reine, et par conséquent pleine de soupçons, de jalousie et d'orgueil : quand votre bonne fortune, plutôt que votre bonne conduite, vous a ôté des engagemens où vous étiez, vous en avez pris de nouveaux, et vous vous êtes imaginé qu'au milieu de la cour vous pourriez aimer madame de Martigues, sans que la reine s'en aperçût. Vous ne pouviez prendre trop de soins de lui ôter la honte d'avoir fait les premiers pas. Elle a pour vous une passion violente : votre discrétion vous empêche de me le dire, et la mienne de vous le demander ; mais enfin elle vous aime, elle a de la défiance, et la vérité est contre vous. Est-ce à vous à m'accabler de réprimandes, interrompit le vidame, et votre expérience ne vous doit-elle pas donner de l'indulgence pour mes fautes ? Je veux pourtant bien convenir que j'ai tort ; mais songez, je vous en conjure, à me tirer de l'abîme où je suis. Il me paraît qu'il faudrait que vous vissiez la reine-dauphine sitôt qu'elle sera éveillée, pour lui redemander cette lettre, comme l'ayant perdue. Je vous ai déjà dit, reprit M. de Nemours, que la proposition que vous me faites est un peu extraordinaire, et que mon intérêt particulier m'y peut faire trouver des difficultés ; mais, de plus, si l'on a vu tomber cette lettre de votre poche, il me paraît difficile de persuader qu'elle soit tombée de la mienne. Je croyais vous avoir appris, répondit le vidame, que l'on a dit à la reine-dauphine que c'était de la vôtre qu'elle était tombée. Comment, reprit brusquement M. de Nemours, qui vit dans ce moment les mauvais offices que cette méprise lui pouvait faire auprès de madame de Clèves, l'on a dit à la reine-dauphine que c'est moi qui ai laissé tomber cette lettre! Oui, reprit le vidame, on le lui a dit : et ce qui a fait cette méprise, c'est qu'il y avait plusieurs gentilshommes des reines dans une des chambres du jeu de paume où étaient nos habits, et que vos gens et les miens les ont été querir : en même temps la lettre est tombée; ces gentilshommes l'ont ramassée, et l'ont lue tout haut. Les uns ont cru qu'elle était à vous, et les autres à moi. Chastelart, qui l'a prise, et à qui je viens de la faire demander, a dit qu'il l'avait donnée à la reine-dauphine, comme une lettre qui était à vous; et ceux qui en ont parlé à la reine, ont dit, par malheur, qu'elle était à moi; ainsi vous pouvez faire aisément ce que je souhaite, et m'ôter de l'embarras où je suis.

M. de Nemours avait toujours fort aimé le vidame de Chartres, et ce qu'il était à madame de Clèves le lui rendait encore plus cher. Néanmoins, il ne pouvait se résoudre à prendre le hasard qu'elle entendît parler de cette lettre, comme d'une chose où il avait intérêt. Il se mit à rêver profondément, et le vidame se doutant à peu près du sujet de sa rêverie : Je crois bien, lui dit-il, que vous craignez de vous brouiller avec votre maîtresse, et même vous me donneriez lieu de croire que c'est avec la reine-dauphine, si le peu de jalousie que je vous vois de M. d'Anville ne m'en ôtait la pensée; mais, quoi qu'il en soit, il est juste que vous ne sacrifiiez pas votre repos au mien, et je veux bien vous donner les moyens de faire voir à celle que vous aimez que cette lettre s'adresse à moi et non pas à vous : voilà un billet de madame d'Amboise, qui est amie de madame de Thémines, et à qui elle s'est fiée de tous les sentimens qu'elle a eus pour moi. Par ce billet elle me redemande cette lettre de son amie, que j'ai perdue. Mon nom est sur le billet; et ce qui est dedans prouve, sans aucun doute, que la lettre que l'on me redemande est la même que l'on a trouvée. Je vous remets ce billet entre les mains, et je consens que vous le montriez à votre maîtresse pour vous justifier. Je vous conjure de ne perdre pas un moment, et d'aller dès ce matin chez madame la dauphine.

M. de Nemours le promit au vidame de Chartres, et prit le billet de madame d'Amboise : néanmoins, son dessein n'était pas de voir la reine-dauphine, et il trouvait qu'il avait quelque chose de plus pressé à faire. Il ne doutait pas qu'elle n'eût déjà parlé de la lettre à madame de Clèves, et il ne pouvait supporter qu'une personne qu'il aimait si éperdument eût lieu de croire qu'il eût quelque attachement pour une autre.

Il alla chez elle à l'heure qu'il crut qu'elle pouvait être éveillée, et lui fit dire qu'il ne demanderait pas à avoir l'honneur de la voir à une heure si extraordinaire, si une affaire de conséquence ne l'y obligeait. Madame de Clèves était encore au lit, l'esprit aigri et agité de tristes pensées qu'elle avait eues pendant la nuit. Elle fut extrêmement surprise lorsqu'on lui dit que M. de Nemours la demandait. L'aigreur où elle était ne la fit pas balancer à répondre qu'elle était malade et qu'elle ne pouvait lui parler.

Ce prince ne fut pas blessé de ce refus; une marque de froideur, dans un temps où elle pouvait avoir de la jalousie, n'était pas un mauvais augure. Il alla à l'appartement de M. de Clèves, et lui dit qu'il venait de celui de madame sa femme, qu'il était bien fâché de ne la pouvoir entretenir, parce qu'il avait à lui parler d'une affaire importante pour le vidame de Chartres. Il fit entendre en peu de mots à M. de Clèves la conséquence de cette affaire, et M. de Clèves le mena à l'heure même dans la chambre de sa femme. Si elle n'eût point été dans l'obscurité, elle eût eu peine à cacher son trouble et son étonnement de voir entrer M. de Nemours conduit par son mari. M. de Clèves lui dit qu'il s'agissait d'une lettre où l'on avait besoin de son secours pour les intérêts du vidame; qu'elle verrait avec M. de Nemours ce qu'il y avait à faire; et que, pour lui, il s'en allait chez le roi, qui venait de l'envoyer querir.

M. de Nemours demeura seul auprès de madame de Clèves, comme il le pouvait souhaiter. Je viens vous demander, madame, lui dit-il, si madame la dauphine ne vous a point parlé d'une lettre que Chastelart lui remit hier entre les mains. Elle m'en a dit quelque chose, répondit madame de Clèves; mais je ne vois pas ce que cette lettre a de commun avec les intérêts de mon oncle, et je vous puis assurer qu'il n'y est pas nommé. Il est vrai, madame, répliqua M. de Nemours : il n'y est pas nommé; néanmoins, elle s'adresse à lui, et il lui est très-important que vous la retiriez des mains de madame la dauphine. J'ai peine à comprendre, reprit madame de Clèves, pourquoi il lui importe que cette lettre ne soit pas vue, et pourquoi il faut la redemander sous son nom. Si vous voulez vous donner le loisir de m'écouter, madame, dit M. de Nemours, je vous ferai bientôt voir la vérité, et vous apprendrez des choses si importantes pour M. le vidame, que je ne les aurais pas même confiées à M. le prince de Clèves, si je n'avais eu besoin de son secours pour avoir l'honneur de vous voir. Je pense que tout ce que vous prendriez la peine de me dire serait inutile, répondit madame de Clèves avec un air assez sec, et il vaut mieux que vous alliez trouver la reine-dauphine, et que, sans chercher de détours, vous lui disiez l'intérêt que vous avez à cette lettre, puisqu'aussi bien on lui a dit qu'elle vient de vous.

L'aigreur que M. de Nemours voyait dans l'esprit de madame de Clèves lui donnait le plus sensible plaisir qu'il eût jamais eu, et balançait son impatience de se justifier. Je ne sais, madame, reprit-il, ce qu'on peut avoir dit à madame la dauphine; mais je n'ai aucun intérêt à cette lettre, et elle s'adresse à M. le vidame. Je le crois, répliqua madame de Clèves; mais on a dit le contraire à la reine-dauphine, et il ne lui paraîtra pas vraisemblable que les lettres de M. le vidame tombent de vos poches : c'est pourquoi, à moins que vous n'ayez quelque raison que je ne sais point à cacher la vérité à la reine-dauphine, je vous conseille de la lui avouer. Je n'ai rien à lui avouer, reprit-il; la lettre ne s'adresse pas à moi, et, s'il y a quelqu'un que je souhaite d'en persuader, ce n'est pas madame la dauphine; mais, madame, comme il s'agit en ceci de la fortune de M. le vidame, trouvez bon que je vous apprenne des choses qui sont même dignes de votre curiosité. Madame de Clèves témoigna par son silence qu'elle était prête à l'écouter, et M. de Nemours lui conta, le plus succinctement qu'il lui fut possible, tout ce qu'il venait d'apprendre du vidame. Quoique ce fussent des choses propres à donner de l'étonnement, et à être écoutées avec attention, madame de Clèves les entendit avec une froideur si grande, qu'il semblait qu'elle ne les crût pas véritables, ou qu'elles lui fussent indifférentes. Son esprit demeura dans cette situation, jusqu'à ce que M. de Nemours lui parla du billet de madame d'Amboise, qui s'adressait au vidame de Chartres, et qui était la preuve de tout ce qu'il lui venait de dire. Comme madame de Clèves savait que cette femme était amie de madame de Thémines, elle trouva une apparence de vérité à ce que lui disait M. de Nemours, qui lui fit penser que la lettre ne s'adressait peut-être pas à lui. Cette pensée la tira, tout d'un coup et malgré elle, de la froideur qu'elle avait eue jusqu'alors. Ce prince, après lui avoir lu ce billet qui faisait sa justification, le lui présenta pour le lire, et lui dit qu'elle en pouvait connaître l'écriture : elle ne put s'empêcher de le prendre, de regarder le dessus pour voir s'il s'adressait au vidame de Chartres, et de le lire tout entier pour juger si la lettre que l'on redemandait était la même qu'elle avait entre les mains. M. de Nemours lui dit encore tout ce qu'il crut propre à la persuader : et, comme on persuade aisément une vérité agréable, il convainquit madame de Clèves qu'il n'avait point de part à cette lettre.

Elle commença alors à raisonner avec lui sur l'embarras et le péril où était le vidame, à le blâmer de sa méchante conduite, à chercher les moyens de le secourir : elle s'étonna du procédé de la reine; elle avoua à M. de Nemours qu'elle avait la lettre; enfin, sitôt qu'elle le crut innocent, elle entra avec un esprit ouvert et tranquille dans les mêmes choses qu'elle semblait d'abord ne daigner pas entendre. Ils convinrent qu'il ne fallait point rendre la lettre à la reine-dauphine, de peur qu'elle ne la montrât à madame de Martigues, qui connaissait l'écriture de madame de Thémines, et qui aurait aisément deviné, par l'intérêt qu'elle prenait au vidame, qu'elle s'adressait à lui. Ils trouvèrent aussi qu'il ne fallait pas confier à la reine-dauphine tout ce qui regardait la reine sa belle-mère. Madame de Clèves, sous le prétexte des affaires de son oncle, entrait avec plaisir à garder tous les secrets que M. de Nemours lui confiait.

Ce prince ne lui eût pas toujours parlé des intérêts du vidame, et la liberté où il se trouvait de l'entretenir lui eût donné une hardiesse qu'il n'avait encore osé prendre, si l'on ne fût venu dire à madame de Clèves que la reine-dauphine lui ordonnait de l'aller trouver. M. de Nemours fut contraint de se retirer. Il alla trouver le vidame, pour lui dire qu'après l'avoir quitté, il avait pensé qu'il était plus à propos de s'adresser à madame de Clèves, qui était sa nièce, que d'aller droit à madame la dauphine. Il ne manqua pas de raisons pour faire approuver ce qu'il avait fait, et pour en faire espérer un bon succès.

Cependant madame de Clèves s'habilla en diligence pour aller chez la reine. A peine parut-elle dans sa chambre, que cette princesse la fit approcher, et lui dit tout bas : Il y a deux heures que je vous attends, et jamais je n'ai été si embarrassée à déguiser la vérité que je l'ai été ce matin. La reine a entendu parler de la lettre que je vous donnai hier ; elle croit que c'est le vidame de Chartres qui l'a laissée tomber : vous savez qu'elle y prend quelque intérêt. Elle a fait chercher cette lettre; elle l'a fait demander à Chastelart; il a dit qu'il me l'avait donnée : on me l'est venu demander, sur le prétexte que c'était une jolie lettre, qui donnait de la curiosité à la reine. Je n'ai osé dire que vous l'aviez; j'ai cru qu'elle s'imaginerait que je vous l'avais mise entre les mains à cause du vidame votre oncle, et qu'il y aurait une grande intelligence entre lui et moi. Il m'a déjà paru qu'elle souffrait avec peine qu'il me vît souvent; de sorte que j'ai dit que la lettre était dans les habits que j'avais hier, et que ceux qui en avaient la clef étaient sortis. Donnez-moi promptement cette lettre, ajouta-t-elle, afin que je la lui envoie, et que je la lise avant que de l'envoyer, pour voir si je n'en connaîtrai point l'écriture.

Madame de Clèves se trouva encore plus embarrassée qu'elle n'avait pensé. Je ne sais, madame, comment vous ferez, répondit-elle; car M. de Clèves, à qui je l'avais donnée à lire, l'a rendue à M. de Nemours, qui est venu, dès ce matin, le prier de vous la redemander. M. de Clèves a eu l'imprudence de lui dire qu'il l'avait, et il a eu la faiblesse de céder aux prières que M. de Nemours lui a faites de la lui rendre. Vous me mettez dans le plus grand embarras où je puisse jamais être, repartit madame la dauphine, et vous avez tort d'avoir rendu cette lettre à M. de Nemours : puisque c'était moi qui vous l'avais donnée, vous ne deviez point la rendre sans ma permission. Que voulez-vous que je dise à la reine, et que pourra-t-elle s'imaginer? Elle croira, et avec apparence, que cette lettre me regarde, et qu'il y a quelque chose entre le vidame et moi. Jamais on ne lui persuadera que cette lettre soit à M. de Nemours. Je suis très-affligée, répondit madame de Clèves, de l'embarras que je vous cause; je le crois aussi grand qu'il est; mais c'est la faute de M. de Clèves, et non pas la mienne. C'est la vôtre, répliqua madame la dauphine, de lui avoir donné la lettre ; et il n'y a que vous de femme au monde qui fasse confidence à son mari de toutes les choses qu'elle sait. Je crois que j'ai tort, madame, répliqua madame de Clèves; mais songez à réparer ma faute, et non pas à l'examiner. Ne vous souvenez-vous point à peu près de ce qui est dans cette lettre ? dit alors la reine-dauphine. Oui, madame, répondit-elle, je m'en souviens, et l'ai relue plus d'une fois. Si cela est, reprit madame la dauphine, il faut que vous alliez tout à l'heure la faire écrire d'une main inconnue ; je l'enverrai à la reine: elle ne la montrera pas à ceux qui l'ont vue;

quand elle le ferait, je soutiendrai toujours que c'est celle que Chastelart m'a donnée, et il n'oserait dire le contraire.

Madame de Clèves entra dans cet expédient ; et d'autant plus qu'elle pensa qu'elle enverrait quérir M. de Nemours pour ravoir la lettre même, afin de la faire copier mot à mot, et d'en faire à peu près imiter l'écriture ; et elle crut que la reine y serait infailliblement trompée. Sitôt qu'elle fut chez elle, elle conta à son mari l'embarras de madame la dauphine, et le pria d'envoyer chercher M. de Nemours. On le chercha ; il vint en diligence. Madame de Clèves lui dit tout ce qu'elle avait déjà appris à son mari, et lui demanda la lettre ; mais M. de Nemours répondit qu'il l'avait déjà rendue au vidame de Chartres, qui avait eu tant de joie de la ravoir, et de se trouver hors du péril qu'il avait couru, qu'il l'avait renvoyée à l'heure même à l'amie de madame de Thémines. Madame de Clèves se retrouva dans un nouvel embarras ; et enfin, après avoir bien consulté, ils résolurent de faire la lettre de mémoire. Ils s'enfermèrent pour y travailler : on donna ordre à la porte de ne laisser entrer personne, et on renvoya tous les gens de M. de Nemours. Cet air de mystère et de confidence n'était pas d'un médiocre charme pour ce prince et même pour madame de Clèves. La présence de son mari et les intérêts du vidame de Chartres la rassuraient en quelque sorte sur ses scrupules : elle ne sentait que le plaisir de voir M. de Nemours ; elle en avait une joie pure et sans mélange qu'elle n'avait jamais sentie : cette joie lui donnait une liberté et un enjouement dans l'esprit, que M. de Nemours ne lui avait jamais vus, et qui redoublaient son amour. Comme il n'avait point eu encore de si agréables momens, sa vivacité en était augmentée ; et, quand madame de Clèves voulut commencer à se souvenir de la lettre et à l'écrire, ce prince, au lieu de lui aider sérieusement, ne faisait que l'interrompre et lui dire des choses plaisantes. Madame de Clèves entra dans le même esprit de gaieté, de sorte qu'il y avait déjà long-temps qu'ils étaient enfermés, et on était déjà venu deux fois de la part de la reine-dauphine pour dire à madame de Clèves de se dépêcher, qu'ils n'avaient pas encore fait la moitié de la lettre.

M. de Nemours était bien aise de faire durer un temps qui lui était si agréable, et oubliait les intérêts de son ami. Madame de Clèves ne s'ennuyait pas, et oubliait aussi les intérêts de son oncle. Enfin, à peine à quatre heures la lettre était-elle achevée, et elle était si mal, et l'écriture dont on la fit copier ressemblait si peu à celle que l'on avait eu dessein d'imiter, qu'il eût fallu que la reine n'eût guère pris soin d'éclaircir la vérité pour ne la pas connaître : aussi n'y fut-elle pas trompée. Quelque soin que l'on prît de lui persuader que cette lettre s'adressait à M. de Nemours, elle demeura convaincue, non-seulement qu'elle était au vidame de Chartres, mais elle crut que la reine-dauphine y avait part, et qu'il y avait quelque intelligence entre eux. Cette pensée augmenta tellement la haine qu'elle avait pour cette princesse, qu'elle ne lui pardonna jamais, et qu'elle la persécuta jusqu'à ce qu'elle l'eût fait sortir de France.

Pour le vidame de Chartres, il fut ruiné auprès d'elle ; et, soit que le cardinal de Lorraine se fût déjà rendu maître de son esprit, ou que l'aventure de cette lettre, qui lui fit voir qu'elle était trompée, lui aidât à démêler les autres tromperies que le vidame lui avait déjà faites, il est certain qu'il ne put jamais se raccommoder sincèrement avec elle. Leur liaison se rompit ; et elle le perdit ensuite à la conjuration d'Amboise, où il se trouva embarrassé.

Après qu'on eut envoyé la lettre à madame la dauphine, M. de Clèves et M. de Nemours s'en allèrent. Madame de Clèves demeura seule, et, sitôt qu'elle ne fut plus soutenue par cette joie que donne la présence de ce que l'on aime, elle revint comme d'un songe; elle regarda avec étonnement la prodigieuse différence de l'état où elle était le soir, d'avec celui où elle se trouvait alors : elle se remit devant les yeux l'aigreur et la froideur qu'elle avait fait paraître à M. de Nemours, tant qu'elle avait cru que la lettre de madame de Thémines s'adressait à lui; quel calme et quelle douceur avait succédé à cette aigreur, sitôt qu'il l'avait persuadée que cette lettre ne le regardait pas. Quand elle pensait qu'elle s'était reprochée comme un crime, le jour précédent, de lui avoir donné des marques de sensibilité que la seule compassion pouvait avoir fait naître, et que, par son aigreur, elle lui avait fait paraître des sentimens de jalousie qui étaient des preuves certaines de passion, elle ne se reconnaissait plus elle-même. Quand elle pensait encore que M. de Nemours voyait bien qu'elle connaissait son amour; qu'il voyait bien aussi que, malgré cette connaissance, elle ne l'en traitait pas plus mal en présence même de son mari; qu'au contraire, elle ne l'avait jamais regardé si favorablement; qu'elle était cause que M. de Clèves l'avait envoyé querir, et qu'ils venaient de passer une après-dînée ensemble en particulier, elle trouvait qu'elle était d'intelligence avec M. de Nemours ; qu'elle trompait le mari du monde qui méritait le moins d'être trompé ; et elle était honteuse de paraître si peu digne d'estime aux yeux mêmes de son amant. Mais ce qu'elle pouvait moins supporter que tout le reste, était le souvenir de l'état où elle avait passé la nuit, et les cuisantes douleurs que lui avait causées la pensée que M. de Nemours aimait ailleurs, et qu'elle était trompée.

Elle avait ignoré jusqu'alors les inquiétudes mortelles de la défiance et de la jalousie ; elle n'avait pensé qu'à se défendre d'aimer M. de Nemours, et elle n'avait point encore commencé à craindre qu'il en aimât une autre. Quoique les soupçons que lui avaient donnés cette lettre fussent effacés, ils ne laissèrent pas de lui ouvrir les yeux sur le hasard d'être trompée, et de lui donner des impressions de défiance et de jalousie qu'elle n'avait jamais eues. Elle fut étonnée de n'avoir point encore pensé combien il était peu vraisemblable qu'un homme comme M. de Nemours, qui avait toujours fait paraître tant de légèreté parmi les femmes, fût capable d'un attachement sincère et durable. Elle trouva qu'il était presque impossible qu'elle pût être contente de sa passion : mais, quand je le pourrais être, disait-elle, qu'en veux-je faire? Veux-je la souffrir? Veux-je y répondre? Veux-je m'engager dans une galanterie? Veux-je manquer à M. de Clèves? Veux-je me manquer à moi-même? et veux-je enfin m'exposer aux cruels repentirs et aux mortelles douleurs que donne l'amour? Je suis vaincue et surmontée par une inclination qui m'entraîne malgré moi : toutes mes résolutions sont inutiles ; je pensai hier tout ce que je pense aujourd'hui, et je fais aujourd'hui tout le contraire de ce que je résolus hier : il faut m'arracher de la présence de M. de Nemours ; il faut m'en aller à la campagne, quelque bizarre que puisse paraître mon voyage ; et, si M. de Clèves s'opiniâtre à l'empêcher ou à vouloir en savoir les raisons, peut-être lui ferai-je le mal, et à moi-même aussi, de les lui apprendre. Elle demeura dans cette résolution, et passa tout le soir chez elle, sans aller savoir de madame la dauphine ce qui était arrivé de la fausse lettre du vidame.

Quand M. de Clèves fut revenu, elle lui dit qu'elle voulait aller à la campagne, qu'elle se trouvait mal, et qu'elle avait besoin de prendre l'air. M. de Clèves, à qui elle paraissait d'une beauté qui ne lui persuadait pas que ses maux fussent considérables, se moqua d'abord de la proposition de ce voyage, et lui répondit qu'elle oubliait que les noces des princesses et le tournoi s'allaient faire, et qu'elle n'avait pas trop de temps pour se préparer à y paraître avec la même magnificence que les autres femmes. Les raisons de son mari ne la firent pas changer de dessein; elle le pria de trouver bon que, pendant qu'il irait à Compiègne avec le roi, elle allât à Coulommiers, qui était une belle maison à une journée de Paris, qu'ils faisaient bâtir avec soin. M. de Clèves y consentit; elle y alla dans le dessein de n'en pas revenir sitôt, et le roi partit pour Compiègne, où il ne devait être que peu de jours.

M. de Nemours avait eu bien de la douleur de n'avoir point revu madame de Clèves depuis cette après-dînée qu'il avait passée avec elle si agréablement, et qui avait augmenté ses espérances. Il avait une impatience de la revoir qui ne lui donnait point de repos, de sorte que, quand le roi revint à Paris, il résolut d'aller chez sa sœur, la duchesse de Mercœur, qui était à la campagne, assez près de Coulommiers. Il proposa au vidame d'y aller avec lui; il accepta aisément cette proposition, et M. de Nemours la fit dans l'espérance de voir madame de Clèves, et d'aller chez elle avec le vidame.

Madame de Mercœur les reçut avec beaucoup de joie, et ne pensa qu'à les divertir et à leur donner tous les plaisirs de la campagne. Comme ils étaient à la chasse à courir le cerf, M. de Nemours s'égara dans la forêt. En s'enquérant du chemin qu'il devait tenir pour s'en retourner, il sut qu'il était proche de Coulommiers. A ce mot de Coulommiers, sans faire aucune réflexion, et sans savoir quel était son dessein, il alla à toute bride du côté qu'on le lui montrait. Il arriva dans la forêt, et se laissa conduire au hasard par des routes faites avec soin, qu'il jugea bien qui conduisaient vers le château. Il trouva, au bout de ces routes, un pavillon dont le dessous était un grand salon accompagné de deux cabinets, dont l'un était ouvert sur un jardin de fleurs qui n'était séparé de la forêt que par des palissades, et le second donnait sur une grande allée du parc. Il entra dans le pavillon; et il se serait arrêté à en regarder la beauté, sans qu'il vit venir par cette allée du parc, monsieur et madame de Clèves, accompagnés d'un grand nombre de domestiques. Comme il ne s'était pas attendu à trouver M. de Clèves, qu'il avait laissé auprès du roi, son premier mouvement le porta à se cacher : il entra dans le cabinet qui donnait sur le jardin de fleurs, dans la pensée d'en ressortir par une porte qui était ouverte sur la forêt; mais, voyant que madame de Clèves et son mari s'étaient assis sous le pavillon, que leurs domestiques demeuraient dans le parc, et qu'ils ne pouvaient venir à lui sans passer dans le lieu où étaient monsieur et madame de Clèves, il ne put se refuser le plaisir de voir cette princesse, ni résister à la curiosité d'écouter sa conversation avec un mari qui lui donnait plus de jalousie qu'aucun de ses rivaux.

Il entendit que M. de Clèves disait à sa femme : Mais pourquoi ne voulez-vous point revenir à Paris? Qui vous peut retenir à la campagne? Vous avez depuis quelque temps un goût pour la solitude, qui m'étonne et qui m'afflige, parce qu'il nous sépare. Je vous trouve même plus triste que de coutume, et je crains que vous n'ayez quelque sujet d'affliction. Je n'ai rien de fâcheux dans l'esprit, répondit-elle avec un air embarrassé; mais le tumulte de la cour est si grand, et il y a toujours un si grand monde chez vous, qu'il est impossible que le corps et l'esprit ne se lassent, et que l'on ne cherche du repos. Le repos, répliqua-t-il, n'est guère propre pour une personne de votre âge. Vous êtes, chez vous et dans la cour, d'une sorte à ne vous pas donner de lassitude, et je craindrais plutôt que vous ne fussiez bien aise d'être séparée de moi. Vous me feriez une grande injustice d'avoir cette pensée, reprit-elle avec un embarras qui augmentait toujours ; mais je vous supplie de me laisser ici. Si vous pouviez y demeurer, j'en aurais beaucoup de joie, pourvu que vous y demeurassiez seul, et que vous voulussiez bien n'y avoir point ce nombre infini de gens qui ne vous quittent quasi jamais. Ah ! madame, s'écria M. de Clèves, votre air et vos paroles me font voir que vous avez des raisons pour souhaiter d'être seule, que je ne sais point, et je vous conjure de me les dire. Il la pressa long-temps de les lui apprendre sans pouvoir l'y obliger ; et, après qu'elle se fut défendue d'une manière qui augmentait toujours la curiosité de son mari, elle demeura dans un profond silence, les yeux baissés ; puis, tout d'un coup, prenant la parole et le regardant : Ne me contraignez point, lui dit-elle, à vous avouer une chose que je n'ai pas la force de vous avouer, quoique j'en aye eu plusieurs fois le dessein. Songez seulement que la prudence ne veut pas qu'une femme de mon âge, et maîtresse de sa conduite, demeure exposée au milieu de la cour. Que me faites-vous envisager, madame ! s'écria M. de Clèves ; je n'oserais vous le dire de peur de vous offenser. Madame de Clèves ne répondit point; et son silence achevant de confirmer son mari dans ce qu'il avait pensé : Vous ne me dites rien, reprit-il, et c'est me dire que je ne me trompe pas. Eh bien! monsieur, lui répondit-elle en se jetant à ses genoux, je vais vous faire un aveu que l'on n'a jamais fait à son mari; mais l'innocence de ma conduite et de mes intentions m'en donne la force. Il est vrai que j'ai des raisons de m'éloigner de la cour, et que je veux éviter les périls où se trouvent quelquefois les personnes de mon âge. Je n'ai jamais donné nulle marque de faiblesse, et je ne craindrais pas d'en laisser paraître, si vous me laissiez la liberté de me retirer de la cour, ou si j'avais encore madame de Chartres pour aider à me conduire. Quelque dangereux que soit le parti que je prends, je le prends avec joie pour me conserver digne d'être à vous. Je vous demande mille pardons, si j'ai des sentimens qui vous déplaisent, du moins je ne vous déplairai jamais par mes actions. Songez que, pour faire ce que je fais, il faut avoir plus d'amitié et plus d'estime pour un mari que l'on n'en a jamais eu. Conduisez-moi, ayez pitié de moi, et aimez-moi encore si vous pouvez.

M. de Clèves était demeuré, pendant tout ce discours, la tête appuyée sur ses mains, hors de lui-même, et il n'avait pas songé à faire relever sa femme. Quand elle eut cessé de parler, qu'il jeta les yeux sur elle, qu'il la vit à ses genoux, le visage couvert de larmes, et d'une beauté si admirable, il pensa mourir de douleur, et l'embrassant en la relevant : Ayez pitié de moi, vous-même, madame, lui dit-il, j'en suis digne, et pardonnez si, dans les premiers momens d'une affliction aussi violente qu'est la mienne, je ne réponds pas comme je dois à un procédé comme le vôtre. Vous me paraissez plus digne d'estime et d'admiration que tout ce qu'il y a jamais eu de femmes au monde; mais aussi je me trouve le plus malheureux homme qui ait jamais été. Vous m'avez donné de la passion dès le premier moment que je vous ai vue; vos rigueurs et votre possession n'ont pu l'éteindre; elle dure encore : je n'ai jamais pu vous donner de l'amour, et je vois que vous craignez d'en avoir pour un autre. Et qui est-il, madame, cet homme heureux qui vous donne cette crainte? depuis quand vous plaît-il? qu'a-t-il fait pour vous plaire? quel chemin a-t-il trouvé pour aller à votre cœur ? Je m'étais consolé en quelque sorte de ne l'avoir pas touché, par la pensée qu'il était incapable de l'être; cependant un autre fait ce que je n'ai pu faire; j'ai tout ensemble la jalousie d'un mari et celle d'un amant; mais il est impossible d'avoir celle d'un mari après un procédé comme le vôtre. Il est trop noble pour ne me pas donner une sûreté entière; il me console même comme votre amant. La confiance et la sincérité que vous avez pour moi sont d'un prix infini : vous m'estimez assez pour croire que je n'abuserai pas de cet aveu. Vous avez raison, madame, je n'en abuserai pas, et je ne vous en aimerai pas moins. Vous me rendez malheureux par la plus grande marque de fidélité que jamais une femme ait donnée à son mari : mais, madame, achevez, et apprenez-moi qui est celui que vous voulez éviter. Je vous supplie de ne me le point demander, répondit-elle; je suis résolue de ne vous le pas dire, et je crois que la prudence ne veut pas que je vous le nomme. Ne craignez point, madame, reprit M. de Clèves; je connais trop le monde, pour ignorer que la considération d'un mari n'empêche pas que l'on ne soit amoureux de sa femme. On doit haïr ceux qui le sont, et non pas s'en plaindre; et, encore une fois, madame, je vous conjure de m'apprendre ce que j'ai envie de savoir. Vous m'en presseriez inutilement, répliqua-t-elle; j'ai de la force pour taire ce que je crois ne pas devoir dire. L'aveu que je vous ai fait n'a pas été par faiblesse; et il faut plus de courage pour avouer cette vérité que pour entreprendre de la cacher.

M. de Nemours ne perdait pas une parole de

cette conversation; et ce que venait de dire madame de Clèves ne lui donnait guère moins de jalousie qu'à son mari. Il était si éperdument amoureux d'elle, qu'il croyait que tout le monde avait les mêmes sentimens. Il était véritable aussi qu'il avait plusieurs rivaux; mais il s'en imaginait encore davantage, et son esprit s'égarait à chercher celui dont madame de Clèves voulait parler. Il avait cru bien des fois qu'il ne lui était pas désagréable, et il avait fait ce jugement sur des choses qui lui parurent si légères dans ce moment, qu'il ne put s'imaginer qu'il eût donné une passion qui devait être bien violente pour avoir recours à un remède si extraordinaire. Il était si transporté qu'il ne savait quasi ce qu'il voyait, et il ne pouvait pardonner à M. de Clèves de ne pas assez presser sa femme de lui dire ce nom qu'elle lui cachait.

M. de Clèves faisait néanmoins tous ses efforts pour le savoir; et, après qu'il l'en eut pressée inutilement : Il me semble, répondit-elle, que vous devez être content de ma sincérité; ne m'en demandez pas davantage, et ne me donnez point lieu de me repentir de ce que je viens de faire; contentez-vous de l'assurance que je vous donne encore qu'aucune de mes actions n'a fait paraître mes sentimens, et que l'on ne m'a jamais rien dit dont j'aie pu m'offenser. Ah! madame, reprit tout d'un coup M. de Clèves, je ne vous saurais croire. Je me souviens de l'embarras où vous fûtes le jour que votre portrait se perdit. Vous avez donné, madame, vous avez donné ce portrait qui m'était si cher, et qui m'appartenait si légitimement. Vous n'avez pu cacher vos sentimens ; vous aimez, on le sait ; votre vertu vous a, jusqu'ici, garantie du reste. Est-il possible, s'écria cette princesse, que vous puissiez penser qu'il y ait quelque déguisement dans un aveu comme le mien, qu'aucune raison ne m'obligeait à vous faire ! Fiez-vous à mes paroles : c'est par un assez grand prix que j'achète la confiance que je vous demande. Croyez, je vous en conjure, que je n'ai point donné mon portrait : il est vrai que je le vis prendre, mais je ne voulus pas faire paraître que je le voyais, de peur de m'exposer à me faire dire des choses que l'on ne m'a encore osé dire. Par où vous a-t-on donc fait voir qu'on vous aimait, reprit M. de Clèves, et quelles marques de passion vous a-t-on données ? Épargnez-moi la peine, répliqua-t-elle, de vous redire des détails qui me font honte à moi-même de les avoir remarqués, et qui ne m'ont que trop persuadée de ma faiblesse. Vous avez raison, madame, reprit-il, je suis injuste ; refusez-moi toutes les fois que je vous demanderai de pareilles choses; mais ne vous offensez pourtant pas si je vous les demande.

Dans ce moment, plusieurs de leurs gens, qui étaient demeurés dans les allées, vinrent avertir M. de Clèves, qu'un gentilhomme venait le chercher de la part du roi, pour lui ordonner de se trouver le soir à Paris. M. de Clèves fut contraint de s'en aller, et il ne put rien dire à sa femme, sinon qu'il la suppliait de venir le lendemain, et qu'il la conjurait de croire que, quoiqu'il fût affligé, il avait pour elle une tendresse et une estime dont elle devait être satisfaite.

Lorsque ce prince fut parti, que madame de Clèves demeura seule, qu'elle regarda ce qu'elle venait de faire, elle en fut si épouvantée, qu'à peine put-elle s'imaginer que ce fût une vérité. Elle trouva qu'elle s'était ôté elle-même le cœur et l'estime de son mari, et qu'elle s'était creusé un abîme dont elle ne sortirait jamais. Elle se demandait pourquoi elle avait fait une chose si hasardeuse, et elle trouvait qu'elle s'y était engagée sans en avoir presque eu le dessein. La singularité d'un pareil aveu, dont elle ne trouvait point d'exemple, lui en faisait voir tout le péril.

Mais, quand elle venait à penser que ce remède, quelque violent qu'il fût, était le seul qui la pouvait défendre contre M. de Nemours, elle trouvait qu'elle ne devait point se repentir, et qu'elle n'avait point trop hasardé. Elle passa toute la nuit, pleine d'incertitude, de trouble et de crainte : mais enfin le calme revint dans son esprit; elle trouva même de la douceur à avoir donné ce témoignage de fidélité à un mari qui le méritait si bien, qui avait tant d'estime et tant d'amitié pour elle, et qui venait de lui en donner encore des marques par la manière dont il avait reçu ce qu'elle lui avait avoué.

Cependant M. de Nemours était sorti du lieu où il avait entendu une conversation qui le touchait si sensiblement, et s'était enfoncé dans la forêt. Ce qu'avait dit madame de Clèves de son portrait lui avait redonné la vie, en lui faisant connaître que c'était lui qu'elle ne haïssait pas. Il s'abandonna d'abord à cette joie; mais elle ne fut pas longue, quand il fit réflexion que la même chose qui lui venait d'apprendre qu'il avait touché le cœur de madame de Clèves, le devait persuader aussi qu'il n'en recevrait jamais nulle marque, et qu'il était impossible d'engager une personne qui avait recours à un remède si extraordinaire. Il sentit pourtant un plaisir sensible de l'avoir réduite à cette extrémité. Il trouva de la gloire à s'être fait aimer d'une femme si différente de toutes celles de son sexe : enfin, il se trouva cent fois heureux et malheureux tout ensemble. La nuit le surprit dans la forêt, et il eut beaucoup de peine à retrouver le chemin de chez madame de Mercœur. Il y arriva à la pointe du jour. Il fut assez embarrassé de rendre compte de ce qui l'avait retenu : il s'en démêla le mieux qu'il lui fut possible, et revint ce jour même à Paris avec le vidame.

Ce prince était si rempli de sa passion, et si surpris de ce qu'il avait entendu, qu'il tomba dans une imprudence assez ordinaire, qui est de parler en termes généraux de ses sentimens particuliers, et de conter ses propres aventures sous des noms empruntés. En revenant, il tourna la conversation sur l'amour : il exagéra le plaisir d'être amoureux d'une personne digne d'être aimée; il parla des effets bizarres de cette passion; et enfin, ne pouvant renfermer en lui-même l'étonnement que lui donnait l'action de madame de Clèves, il la conta au vidame, sans lui nommer la personne, et sans lui dire qu'il y eût aucune part; mais il la conta avec tant de chaleur et avec tant d'admiration, que le vidame soupçonna aisément que cette histoire regardait ce prince. Il le pressa extrêmement de le lui

avouer : il lui dit qu'il connaissait depuis long-
temps qu'il avait quelque passion violente, et
qu'il y avait de l'injustice de se défier d'un homme qui lui avait confié le secret de sa vie. M. de
Nemours était trop amoureux pour avouer son
amour : il l'avait toujours caché au vidame,
quoique ce fût l'homme de la cour qu'il aimât
le mieux. Il lui répondit qu'un de ses amis lui
avait conté cette aventure, et lui avait fait pro-
mettre de n'en point parler, et qu'il le conjurait
aussi de garder ce secret. Le vidame l'assura
qu'il n'en parlerait point : néanmoins M. de Nemours se repentit de lui en avoir tant appris.

Cependant M. de Clèves était allé trouver le
roi, le cœur pénétré d'une douleur mortelle.
Jamais mari n'avait eu une passion si violente
pour sa femme, et ne l'avait tant estimée. Ce
qu'il venait d'apprendre ne lui ôtait pas l'estime ; mais elle lui en donnait d'une espèce différente de celle qu'il avait eue jusqu'alors. Ce
qui l'occupait le plus, était l'envie de deviner
celui qui avait su lui plaire. M. de Nemours
lui vint d'abord dans l'esprit, comme ce qu'il
y avait de plus aimable à la cour, et le chevalier de Guise et le maréchal de Saint-André,
comme deux hommes qui avaient pensé à lui
plaire, et qui lui rendaient encore beaucoup de
soins : de sorte qu'il s'arrêta à croire qu'il fallait

que ce fût l'un des trois. Il arriva au Louvre, et le roi le mena dans son cabinet, pour lui dire qu'il l'avait choisi pour conduire Madame en Espagne; qu'il avait cru que personne ne s'acquitterait mieux que lui de cette commission, et que personne aussi ne ferait tant d'honneur à la France que madame de Clèves. M. de Clèves reçut l'honneur de ce choix comme il le devait, et le regarda même comme une chose qui éloignerait sa femme de la cour, sans qu'il parût de changement dans sa conduite : néanmoins, le temps de ce départ était encore trop éloigné pour être un remède à l'embarras où il se trouvait. Il écrivit à l'heure même à madame de Clèves, pour lui apprendre ce que le roi venait de lui dire, et il lui manda encore qu'il voulait absolument qu'elle revînt à Paris. Elle y revint comme il l'ordonnait, et, lorsqu'ils se virent, ils se trouvèrent tous deux dans une tristesse extraordinaire.

M. de Clèves lui parla comme le plus honnête homme du monde, et le plus digne de ce qu'elle avait fait. Je n'ai nulle inquiétude de votre conduite, lui dit-il; vous avez plus de force et plus de vertu que vous ne pensez; ce n'est point aussi la crainte de l'avenir qui m'afflige, je ne suis affligé que de vous voir pour un autre des sentimens que je n'ai pu vous donner. Je ne sais que vous répondre, lui dit-elle; je meurs de honte en vous en parlant; épargnez-moi, je vous en conjure, de si cruelles conversations; réglez ma conduite, faites que je ne voie personne; c'est tout ce que je vous demande; mais trouvez bon que je ne vous parle plus d'une chose qui me fait paraître si peu digne de vous, et que je trouve si indigne de moi. Vous avez raison, madame, répliqua-t-il; j'abuse de votre douceur et de votre confiance; mais aussi ayez quelque compassion de l'état où vous m'avez mis, et songez que, quoi que vous m'ayez dit, vous me cachez un nom qui me donne une curiosité avec laquelle je ne saurais vivre. Je ne vous demande pourtant pas de la satisfaire; mais je ne puis m'empêcher de vous dire que je crois que celui que je dois envier est le maréchal de Saint-André, le duc de Nemours, ou le chevalier de Guise. Je ne vous répondrai rien, lui dit-elle en rougissant, et je ne vous donnerai aucun lieu par mes réponses de diminuer ni de fortifier vos soupçons; mais, si vous essayez de les éclaircir en m'observant, vous me donnerez un embarras qui paraîtra aux yeux de tout le monde. Au nom de Dieu, continua-t-elle, trouvez bon que, sur le prétexte de quelque maladie, je ne voie personne. Non, madame, répliqua-t-il; on démêlerait bientôt que ce serait une chose supposée; et, de plus, je ne me veux fier qu'à vous-même ; c'est le chemin que mon cœur me conseille de prendre, et la raison me le conseille aussi ; de l'humeur dont vous êtes, en vous laissant votre liberté, je vous donne des bornes plus étroites que je ne pourrais vous en prescrire.

M. de Clèves ne se trompait pas : la confiance qu'il témoignait à sa femme la fortifiait davantage contre M. de Nemours, et lui faisait prendre des résolutions plus austères qu'aucune contrainte n'aurait pu faire. Elle alla donc au Louvre et chez la reine-dauphine à son ordinaire; mais elle évitait la présence et les yeux de M. de Nemours, avec tant de soin, qu'elle lui ôta quasi toute la joie qu'il avait de se croire aimé d'elle. Il ne voyait rien dans ses actions qui ne lui persuadât le contraire. Il ne savait quasi si ce qu'il avait entendu n'était point un songe, tant il y trouvait peu de vraisemblance. La seule chose qui l'assurait qu'il ne s'était pas trompé, était l'extrême tristesse de madame de Clèves, quelque effort qu'elle fît pour la cacher : peut-être que des regards et des paroles obligeantes n'eussent pas tant augmenté l'amour de M. de Nemours, que faisait cette conduite austère.

Un soir que monsieur et madame de Clèves

étaient chez la reine, quelqu'un dit que le bruit courait que le roi nommerait encore un grand seigneur de la cour, pour aller conduire Madame en Espagne. M. de Clèves avait les yeux sur sa femme, dans le temps que l'on ajouta que ce serait peut-être le chevalier de Guise ou le maréchal de Saint-André. Il remarqua qu'elle n'avait point été émue de ces deux noms, ni de la proposition qu'ils fissent ce voyage avec elle. Cela lui fit croire que pas un des deux n'était celui dont elle craignait la présence; et, voulant s'éclaircir de ses soupçons, il entra dans le cabinet de la reine où était le roi. Après y avoir demeuré quelque temps, il revint auprès de sa femme, et lui dit tout bas, qu'il venait d'apprendre que ce serait M. de Nemours qui irait avec eux en Espagne.

Le nom de M. de Nemours, et la pensée d'être exposée à le voir tous les jours pendant un long voyage, en présence de son mari, donna un tel trouble à madame de Clèves, qu'elle ne le put cacher; et, voulant y donner d'autres raisons : C'est un choix bien désagréable pour vous, répondit-elle, que celui de ce prince : il partagera tous les honneurs, et il me semble que vous devriez essayer de faire choisir quelque autre. Ce n'est pas la gloire, madame, reprit M. de Clèves, qui vous fait appréhender que M. de Nemours ne vienne avec moi. Le chagrin que vous en avez vient d'une autre cause. Ce chagrin m'apprend ce que j'aurais appris d'une autre femme par la joie qu'elle en aurait eue. Mais ne craignez point; ce que je viens de vous dire n'est pas véritable, et je l'ai inventé pour m'assurer d'une chose que je ne croyais déjà que trop. Il sortit après ces paroles, ne voulant pas augmenter par sa présence l'extrême embarras où il voyait sa femme.

M. de Nemours entra dans cet instant, et remarqua d'abord l'état où était madame de Clèves. Il s'approcha d'elle, et lui dit tout bas qu'il n'osait, par respect, lui demander ce qui la rendait plus rêveuse que de coutume. La voix de M. de Nemours la fit revenir, et, le regardant sans avoir entendu ce qu'il venait de lui dire, pleine de ses propres pensées et de la crainte que son mari ne le vît auprès d'elle : Au nom de Dieu, lui dit-elle, laissez-moi en repos. Hélas! madame, répondit-il, je ne vous y laisse que trop! De quoi pouvez-vous vous plaindre? je n'ose vous parler ; je n'ose même vous regarder : je ne vous approche qu'en tremblant. Par où me suis-je attiré ce que vous venez de me dire? et pourquoi me faites-vous paraître que j'ai quelque part au chagrin où je vous vois? Madame de Clèves fut bien fâchée d'avoir donné lieu à M. de Nemours de s'expliquer plus clairement qu'il n'avait fait en toute sa vie. Elle le quitta sans lui répondre, et s'en revint chez elle, l'esprit plus agité qu'elle ne l'avait jamais eu. Son mari s'aperçut aisément de l'augmentation de son embarras. Il vit qu'elle craignait qu'il ne lui parlât de ce qui s'était passé. Il la suivit dans un cabinet où elle était entrée : Ne m'évitez point, madame, lui dit-il; je ne vous dirai rien qui puisse vous déplaire. Je vous demande pardon de la surprise que je vous ai faite tantôt : j'en suis assez puni par ce que j'ai appris. M. de Nemours était de tous les hommes celui que je craignais le plus. Je vois le péril où vous êtes : ayez du pouvoir sur vous, pour l'amour de vous-même, et, s'il est possible, pour l'amour de moi. Je ne vous le demande point comme un mari, mais comme un homme dont vous faites tout le bonheur, et qui a pour vous une passion plus tendre et plus violente que celui que votre cœur lui préfère. M. de Clèves s'attendrit en prononçant ces dernières paroles, et eut peine à les achever. Sa femme en fut pénétrée, et, fondant en larmes, elle l'embrassa avec une tendresse et une douleur qui le mirent dans un état peu différent du sien. Ils demeurèrent quelque temps sans se rien dire, et se séparèrent sans avoir la force de se parler.

Les préparatifs pour le mariage de Madame étaient achevés. Le duc d'Albe arriva pour l'épouser. Il fut reçu avec toute la magnificence et toutes les cérémonies qui se pouvaient faire dans une pareille occasion. Le roi envoya au-devant de lui le prince de Condé, les cardinaux de Lorraine et de Guise, les ducs de Lorraine, de Ferrare, d'Aumale, de Bouillon, de Guise et de Nemours. Ils avaient plusieurs gentilshommes, et grand nombre de pages vêtus de leurs livrées. Le roi attendit lui-même le duc d'Albe à la première porte du Louvre, avec deux cents gentilshommes servans, et le connétable à leur tête. Lorsque ce duc fut proche du roi, il voulut lui embrasser les genoux; mais le roi l'en empêcha, et le fit marcher à son côté jusque chez la reine et chez Madame, à qui le duc d'Albe apporta un présent magnifique de la part de son maître. Il alla ensuite chez madame Marguerite, sœur du roi, lui faire les complimens de M. de Savoie, et l'assurer qu'il arriverait dans peu de jours. L'on fit de grandes assemblées au Louvre, pour faire voir au duc d'Albe et au prince d'Orange, qui l'avait accompagné, les beautés de la cour.

Madame de Clèves n'osa se dispenser de s'y

trouver, quelque envie qu'elle en eût, par la crainte de déplaire à son mari, qui lui commanda absolument d'y aller. Ce qui l'y déterminait encore davantage, était l'absence de M. de Nemours. Il était allé au-devant de M. de Savoie; et, après que ce prince fut arrivé, il fut obligé de se tenir presque toujours auprès de lui pour lui aider à toutes les choses qui regardaient les cérémonies de ses noces; cela fit que madame de Clèves ne rencontra pas ce prince aussi souvent qu'elle avait accoutumé; et elle s'en trouvait dans quelque sorte de repos.

Le vidame de Chartres n'avait pas oublié la conversation qu'il avait eue avec M. de Nemours. Il lui était demeuré dans l'esprit que l'aventure que ce prince lui avait contée était la sienne propre, et il l'observait avec tant de soin, que peut-être aurait-il démêlé la vérité, sans que l'arrivée du duc d'Albe et celle de M. de Savoie firent un changement et une occupation dans la cour, qui l'empêcha de voir ce qui aurait pu l'éclairer. L'envie de s'éclaircir, ou plutôt la disposition naturelle que l'on a de conter tout ce que l'on sait à ce que l'on aime, fit qu'il redit à madame de Martigues l'action extraordinaire de cette personne qui avait avoué à son mari la passion qu'elle avait pour un autre. Il l'assura que M. de Nemours était celui qui avait inspiré cette violente passion, et il la conjura de lui aider à observer ce prince. Madame de Martigues fut bien aise d'apprendre ce que lui dit le vidame; et la curiosité qu'elle avait toujours vue à madame la dauphine pour ce qui regardait M. de Nemours lui donnait encore plus d'envie de pénétrer cette aventure.

Peu de jours avant celui que l'on avait choisi pour la cérémonie du mariage, la reine-dauphine donnait à souper au roi, son beau-père, et à la duchesse de Valentinois. Madame de Clèves, qui était occupée à s'habiller, alla au Louvre plus tard que de coutume. En y allant, elle trouva un gentilhomme qui la venait querir de la part de madame la dauphine. Comme elle entra dans sa chambre, cette princesse lui cria de dessus son lit, où elle était, qu'elle l'attendait avec une grande impatience. Je crois, madame, lui répondit-elle, que je ne dois pas vous remercier de cette impatience, et qu'elle est sans doute causée par quelque autre chose que par l'envie de me voir. Vous avez raison, lui répliqua la reine-dauphine : mais, néanmoins, vous devez m'en être obligée, car je veux vous apprendre une aventure que je suis assurée que vous serez bien aise de savoir.

Madame de Clèves se mit à genoux devant son lit, et, par bonheur pour elle, elle n'avait pas le jour au visage. Vous savez, lui dit cette reine, l'envie que nous avions de deviner ce qui causait le changement qui paraît au duc de Nemours : je crois le savoir, et c'est une chose qui vous surprendra. Il est éperdument amoureux et fort aimé d'une des plus belles personnes de la cour. Ces paroles, que madame de Clèves ne pouvait s'attribuer, puisqu'elle ne croyait pas que personne sût qu'elle aimait ce prince, lui causèrent une douleur qu'il est aisé de s'imaginer. Je ne vois rien en cela, répondit-elle, qui doive surprendre d'un homme de l'âge de M. de Nemours, et fait comme il est. Ce n'est pas aussi, reprit madame la dauphine, ce qui vous doit étonner ; mais c'est de savoir que cette femme, qui aime M. de Nemours, ne lui en a jamais donné aucune marque, et que la peur qu'elle a eue de n'être pas toujours maîtresse de sa passion a fait qu'elle l'a avouée à son mari, afin qu'il l'ôtât de la cour. Et c'est M. de Nemours lui-même qui a conté ce que je vous dis.

Si madame de Clèves avait eu d'abord de la douleur, par la pensée qu'elle n'avait aucune part à cette aventure, les dernières paroles de madame la dauphine lui donnèrent du désespoir, par la certitude de n'y en avoir que trop. Elle ne put répondre, et demeura la tête penchée sur le lit, pendant que la reine continuait de parler, si occupée de ce qu'elle disait, qu'elle ne prenait pas garde à cet embarras. Lorsque madame de Clèves fut un peu remise : Cette histoire ne me parait guère vraisemblable, madame, répondit-elle, et je voudrais bien savoir qui vous l'a contée. C'est madame de Martigues, répliqua madame la dauphine, qui l'a apprise du vidame de Chartres. Vous savez qu'il en est amoureux : il la lui a confiée comme un secret, et il la sait du duc de Nemours lui-même : il est vrai que le duc de Nemours ne lui a pas dit le nom de la dame, et ne lui a pas même avoué que ce fût lui qui en fût aimé, mais le vidame de Chartres n'en doute point.

Comme la reine-dauphine achevait ces paroles, quelqu'un s'approcha du lit. Madame de Clèves était tournée d'une sorte qui l'empêchait de voir qui c'était; mais elle n'en douta pas, lorsque madame la dauphine se récria avec un air de gaieté et de surprise : Le voilà lui-même, et je veux lui demander ce qui en est. Madame de Clèves connut bien que c'était le duc de Nemours, comme ce l'était en effet. Sans se tourner de son côté, elle s'avança avec précipitation vers madame la dauphine, et lui dit tout bas qu'il fallait bien se garder de lui parler de cette aventure; qu'il l'avait confiée au vidame de Chartres, et que ce serait une chose capable de les brouiller. Madame la dauphine lui répondit, en riant, qu'elle était trop prudente, et se retourna vers M. de Nemours. Il était paré pour l'assemblée du soir ; et, prenant la parole avec cette grâce qui lui était si naturelle : Je crois, madame, dit-il, que je puis penser, sans témérité, que vous parliez de moi quand je suis entré, que vous aviez dessein de me demander quelque chose, et que madame de Clèves s'y oppose. Il est vrai, répondit madame la dauphine ; mais je n'aurai pas pour elle la complaisance que j'ai accoutumé d'avoir. Je veux savoir de vous si une histoire que l'on m'a contée est véritable, et si vous n'êtes pas celui qui êtes amoureux et aimé d'une femme de la cour qui vous cache sa passion avec soin, et qui l'a avouée à son mari.

Le trouble et l'embarras de madame de Clèves étaient au delà de tout ce que l'on peut s'imaginer ; et si la mort se fût présentée pour la tirer de cet état, elle l'aurait trouvée agréable. Mais M. de Nemours était encore plus embarrassé, s'il est possible : le discours de madame la dauphine, dont il avait eu lieu de croire qu'il n'était pas haï, en présence de madame de Clèves, qui était la personne de la cour en qui elle avait le plus de confiance, et qui en avait aussi le plus en elle, lui donnait une si grande confusion de pensées bizarres, qu'il lui fut impossible d'être maître de son visage. L'embarras où il voyait madame de Clèves par sa faute, et la pensée du juste sujet qu'il lui donnait de le haïr, lui causèrent un saisissement qui ne lui permit pas de répondre. Madame la dauphine voyant à quel point il était interdit : Regardez-le, regardez-le, dit-elle à madame de Clèves, et jugez si cette aventure n'est pas la sienne.

Cependant M. de Nemours, revenant de son premier trouble, et voyant l'importance de sortir d'un pas si dangereux, se rendit maître tout d'un coup de son esprit et de son visage. J'avoue, madame, dit-il, que l'on ne peut être plus surpris et plus affligé que je le suis de l'infidélité que m'a faite le vidame de Chartres, en racontant l'aventure d'un de mes amis que je lui avais confiée. Je pourrais m'en venger, continua-t-il en souriant, avec un air tranquille qui ôta quasi à madame la dauphine les soupçons qu'elle venait d'avoir : il m'a confié des choses qui ne sont pas d'une médiocre importance. Mais, je ne sais, madame, poursuivit-il, pourquoi vous me faites l'honneur de me mêler à cette aventure. Le vidame ne peut pas dire qu'elle me regarde, puisque je lui ai dit le contraire. La qualité d'un homme amoureux me peut convenir; mais, pour celle d'un homme aimé, je ne crois pas, madame, que vous puissiez me la donner. Ce prince fut bien aise de dire quelque chose à madame la dauphine qui eût du rapport à ce qu'il lui avait fait paraître en d'autres temps, afin de lui détourner l'esprit des pensées qu'elle avait pu avoir. Elle crut bien aussi entendre ce qu'il disait ; mais, sans y répondre, elle continua à lui faire la guerre de son embarras. J'ai été troublé, madame, lui répondit-il, pour l'intérêt de mon ami, et par les justes reproches qu'il me pourrait faire d'avoir redit une chose qui lui est plus chère que la vie. Il ne me l'a néanmoins confiée qu'à demi, et il ne m'a pas nommé la personne qu'il aime : je sais seulement qu'il est l'homme du monde le plus amoureux et le plus à plaindre. Le trouvez-vous si à plaindre, répliqua madame la dauphine, puisqu'il est aimé ? Croyez-vous qu'il le soit, madame, reprit-il, et qu'une personne qui aurait une véritable passion pût la découvrir à son mari ? Cette personne ne connaît pas sans doute l'amour, et elle a pris pour lui une légère reconnaissance de l'attachement que l'on a pour elle. Mon ami ne se peut flatter d'aucune espérance ; mais, tout malheureux qu'il est, il se trouve heureux d'avoir du moins donné la peur de l'aimer, et il ne changerait pas son état contre celui du plus heureux amant du monde. Votre ami a une passion bien aisée à satisfaire, dit madame la dauphine, et je commence à croire que ce n'est pas vous dont vous parlez. Il ne s'en faut guère, continua-t-elle, que je ne sois de l'avis de madame de Clèves, qui soutient que cette aventure ne peut être véritable. Je ne crois pas en effet qu'elle le puisse être, reprit madame de Clèves, qui n'avait point encore parlé; et, quand il serait possible qu'elle le fût, par où l'aurait-on pu savoir? Il n'y a pas d'apparence qu'une femme capable d'une chose si extraordinaire eût la faiblesse de la raconter : apparemment son mari ne l'aurait pas racontée non plus, ou ce serait un mari bien indigne du procédé que l'on aurait eu avec lui. M. de Nemours, qui vit les soupçons de madame de Clèves sur son mari, fut bien aise de les lui confirmer; il savait que c'était le plus redoutable rival qu'il eût à détruire. La jalousie, répondit-il, et la curiosité d'en savoir peut-être davantage que l'on ne lui en a dit, peuvent faire faire bien des imprudences à un mari.

Madame de Clèves était à la dernière épreuve de sa force et de son courage, et, ne pouvant plus soutenir la conversation, elle allait dire qu'elle se trouvait mal, lorsque, par bonheur pour elle, la duchesse de Valentinois entra, qui dit à madame la dauphine que le roi allait arriver. Cette reine passa dans son cabinet pour s'habiller. M. de Nemours s'approcha de madame de Clèves, comme elle la voulait suivre. Je donnerais ma vie, madame, lui dit-il, pour vous parler un moment ; mais, de tout ce que j'aurais d'important à vous dire, rien ne me le paraît davantage que de vous supplier de croire que, si j'ai dit quelque chose où madame la dauphine puisse prendre part, je l'ai fait par des raisons qui ne la regardent pas. Madame de Clèves ne fit pas semblant d'entendre M. de Nemours ; elle le quitta sans le regarder, et se mit à suivre le roi, qui venait d'entrer. Comme il y avait beaucoup de monde, elle s'embarrassa dans sa robe, et fit un faux pas : elle se servit de ce prétexte pour sortir d'un lieu où elle n'avait pas la force de demeurer, et, feignant de ne se pouvoir soutenir, elle s'en alla chez elle.

M. de Clèves vint au Louvre, et fut étonné de n'y pas trouver sa femme : on lui dit l'accident qui lui était arrivé. Il s'en retourna à l'heure même, pour apprendre de ses nouvelles : il la trouva au lit, et il sut que son mal n'était pas considérable. Quand il eut été quelque temps auprès d'elle, il s'aperçut qu'elle était dans une tristesse si excessive qu'il en fut surpris. Qu'avez-vous, madame ? lui dit-il.

Il me paraît que vous avez quelque autre douleur que celle dont vous vous plaignez. J'ai la plus sensible affliction que je pouvais jamais avoir, répondit-elle. Quel usage avez-vous fait de la confiance extraordinaire, ou pour mieux dire folle, que j'ai eue en vous? Ne méritais-je pas le secret? et, quand je ne l'aurais pas mérité, votre propre intérêt ne vous y engageait-il pas? Fallait-il que la curiosité de savoir un nom que je ne dois pas vous dire vous obligeât à vous confier à quelqu'un pour tâcher de le découvrir? Ce ne peut être que cette seule curiosité qui vous ait fait faire une si cruelle imprudence. Les suites en sont aussi fâcheuses qu'elles pouvaient l'être : cette aventure est sue, et on me la vient de conter, ne sachant pas que j'y eusse le principal intérêt. Que me dites-vous, madame? lui répondit-il. Vous m'accusez d'avoir conté ce qui s'est passé entre vous et moi, et vous m'apprenez que la chose est sue. Je ne me justifie pas de l'avoir redite; vous ne le sauriez croire, et il faut, sans doute, que vous ayez pris pour vous ce que l'on vous a dit de quelque autre. Ah! monsieur, reprit-elle, il n'y a pas dans le monde une autre aventure pareille à la mienne; il n'y a point une autre femme capable de la même chose. Le hasard ne peut l'avoir fait inventer; on ne l'a jamais imaginée; et cette pensée n'est jamais tombée dans un autre esprit que le mien. Madame la dauphine vient de me conter toute cette aventure; elle l'a sue par le vidame de Chartres, qui la sait de M. de Nemours. M. de Nemours! s'écria M. de Clèves, avec une action qui marquait du transport et du désespoir. Quoi! M. de Nemours sait que vous l'aimez, et que je le sais! Vous voulez toujours choisir M. de Nemours plutôt qu'un autre, répliqua-t-elle : je vous ai dit que je ne vous répondrais jamais sur vos soupçons. J'ignore si M. de Nemours sait la part que j'ai dans cette aventure, et celle que vous lui avez donnée; mais il l'a contée au vidame de Chartres, et lui a dit qu'il la savait d'un de ses amis, qui ne lui avait pas nommé la personne. Il faut que cet ami de M. de Nemours soit des vôtres, et que vous vous soyez fié à lui pour tâcher de vous éclaircir. A-t-on un ami au monde à qui on voulût faire une telle confidence, reprit M. de Clèves, et voudrait-on éclaircir ses soupçons, au prix d'apprendre à quelqu'un ce que l'on souhaiterait de se cacher à soi-même? Songez plutôt, madame, à qui vous avez parlé. Il est plus vraisemblable que ce soit par vous que par moi que ce secret soit échappé. Vous n'avez pu soutenir toute seule l'embarras où vous

vous êtes trouvée, et vous avez cherché le soulagement de vous plaindre avec quelque confidente qui vous a trahie. N'achevez point de m'accabler, s'écria-t-elle, et n'ayez point la dureté de m'accuser d'une faute que vous avez faite. Pouvez-vous m'en soupçonner, et, puisque j'ai été capable de vous parler, suis-je capable de parler à quelque autre ?

L'aveu que madame de Clèves avait fait à son mari était une si grande marque de sa sincérité, et elle niait si fortement de s'être confiée à personne, que M. de Clèves ne savait que penser. D'un autre côté, il était assuré de n'avoir rien redit ; c'était une chose que l'on ne pouvait avoir devinée : elle était sue ; ainsi il fallait que ce fût par l'un des deux : mais ce qui lui causait une douleur violente, était de savoir que ce secret était entre les mains de quelqu'un, et qu'apparemment il serait bientôt divulgué.

Madame de Clèves pensait à peu près les mêmes choses ; elle trouvait également impossible que son mari eût parlé, et qu'il n'eût pas parlé : ce qu'avait dit M. de Nemours, que la curiosité pouvait faire faire des imprudences à un mari, lui paraissait se rapporter si juste à l'état de M. de Clèves, qu'elle ne pouvait croire que ce fût une chose que le hasard eût fait dire ; et cette vraisemblance la déterminait à croire que M. de Clèves avait abusé de la confiance qu'elle avait en lui. Ils étaient si occupés l'un et l'autre de leurs pensées, qu'ils furent long-temps sans parler, et ils ne sortirent de ce silence que pour redire les mêmes choses qu'ils avaient déjà dites plusieurs fois, et demeurèrent le cœur et l'esprit plus éloignés et plus altérés qu'ils ne les avaient encore eus.

Il est aisé de s'imaginer en quel état ils passèrent la nuit. M. de Clèves avait épuisé toute sa constance à soutenir le malheur de voir une femme qu'il adorait touchée de passion pour un autre. Il ne lui restait plus de courage : il croyait même n'en devoir pas trouver dans une chose où sa gloire et son honneur étaient si vivement blessés. Il ne savait plus que penser de sa femme : il ne voyait plus quelle conduite il lui devait faire prendre, ni comment il se devait conduire lui-même; et il ne trouvait de tous côtés que des précipices et des abîmes. Enfin, après une agitation et une incertitude très-longues, voyant qu'il devait bientôt s'en aller en Espagne, il prit le parti de ne rien faire qui pût augmenter les soupçons ou la connaissance de son malheureux état. Il alla trouver madame de Clèves, et lui dit qu'il ne s'agissait pas de démêler entre eux qui avait manqué au secret ; mais qu'il s'agissait de faire voir que l'histoire que l'on avait contée était une fable où elle n'avait aucune part ; qu'il dépendait d'elle de le persuader à M. de Nemours et aux autres ; qu'elle n'avait qu'à agir avec lui avec la sévérité et la froideur qu'elle devait avoir pour un homme qui lui témoignait de l'amour ; que, par ce procédé, elle lui ôterait aisément l'opinion qu'elle eût de l'inclination pour lui ; qu'ainsi, il ne fallait pas s'affliger de tout ce qu'il aurait pu penser, parce que, si dans la suite elle ne faisait paraître aucune faiblesse, toutes ses pensées se détruiraient aisément ; et que, surtout, il fallait qu'elle allât au Louvre et aux assemblées, comme à l'ordinaire.

Après ces paroles, M. de Clèves quitta sa femme, sans attendre sa réponse. Elle trouva beaucoup de raison dans tout ce qu'il lui dit ; et la colère où elle était contre M. de Nemours lui fit croire qu'elle trouverait aussi beaucoup de facilité à l'exécuter ; mais il lui parut difficile de se trouver à toutes les cérémonies du mariage, et d'y paraître avec un visage tranquille et un esprit libre. Néanmoins, comme elle devait porter la robe de madame la dauphine, et que c'était une chose où elle avait été préférée à plusieurs autres princesses, il n'y avait pas moyen d'y renoncer, sans faire beaucoup de bruit, et sans en faire chercher des raisons. Elle se résolut donc de faire un effort sur elle-même; mais elle prit le reste du jour pour s'y préparer, et pour s'abandonner à tous les sentimens dont elle était agitée. Elle s'enferma seule dans son cabinet. De tous ses maux, celui qui se présentait à elle avec le plus de violence, était d'avoir sujet de se plaindre de M. de Nemours, et de ne trouver aucun moyen de le justifier. Elle ne pouvait douter qu'il n'eût conté cette aventure au vidame de Chartres; il l'avait avoué; et elle ne pouvait douter aussi, par la manière dont il avait parlé, qu'il ne sût que l'aventure la regardait. Comment excuser une si grande imprudence, et qu'était devenue l'extrême discrétion de ce prince, dont elle avait été si touchée? Il a été discret, disait-elle, tant qu'il a cru être malheureux; mais une pensée d'un bonheur, même incertain, a fini sa discrétion. Il n'a pu s'imaginer qu'il était aimé, sans vouloir qu'on le sût. Il a dit tout ce qu'il pouvait dire; je n'ai pas avoué que c'était lui que j'aimais; il l'a soupçonné, et il a laissé voir ses soupçons. S'il eût eu des certitudes, il en aurait usé de la même sorte. J'ai eu tort de croire qu'il y eût un homme capable de cacher ce qui flatte sa gloire. C'est pourtant pour cet homme que j'ai cru si différent du reste des hommes, que je me trouve comme les autres femmes, étant si éloignée de leur ressembler. J'ai perdu le cœur et l'estime d'un mari qui devait faire ma félicité : je serai bientôt regardée de tout le monde comme une personne qui a une folle et violente passion : celui pour qui je l'ai ne l'ignore plus ; et c'est pour éviter ces malheurs que j'ai hasardé tout mon repos et même ma vie. Ces tristes réflexions étaient suivies d'un torrent de larmes ; mais, quelque douleur dont elle se trouvât accablée, elle sentait bien qu'elle aurait eu la force de les supporter, si elle avait été satisfaite de M. de Nemours.

Ce prince n'était pas dans un état plus tranquille. L'imprudence qu'il avait faite d'avoir parlé au vidame de Chartres, et les cruelles suites de cette imprudence, lui donnaient un déplaisir mortel. Il ne pouvait se représenter, sans être accablé, l'embarras, le trouble et l'affliction où il avait vu madame de Clèves. Il était inconsolable de lui avoir dit des choses sur cette aventure, qui, bien que galantes par elles-mêmes, lui paraissaient dans ce moment grossières et peu polies, puisqu'elles avaient fait entendre à madame de Clèves qu'il n'ignorait pas qu'elle était cette femme qui avait une passion violente, et qu'il était celui pour qui elle l'avait. Tout ce qu'il eût pu souhaiter, eût été une conversation avec elle; mais il trouvait qu'il la devait craindre plutôt que de la désirer. Qu'aurais-je à lui dire? s'écriait-il. Irais-je encore lui montrer ce que je ne lui ai déjà que trop fait connaître? Lui ferai-je voir que je sais qu'elle m'aime, moi qui n'ai jamais seulement osé lui dire que je l'aimais? Commencerai-je à lui parler ouvertement de ma passion, afin de lui paraître un homme devenu hardi par des espérances? Puis-je penser seulement à l'approcher, et oserais-je lui donner l'embarras de soutenir ma vue? Par où pourrais-je me justifier? Je n'ai point d'excuse : je suis indigne d'être regardé de madame de Clèves, et je n'espère pas aussi qu'elle me regarde jamais. Je lui ai donné, par ma faute, de meilleurs moyens pour se défendre contre moi que tous ceux qu'elle cherchait, et qu'elle eût peut-être cherchés inutilement. Je perds, par mon imprudence, le bonheur et la gloire d'être aimé de la plus aimable et de la plus estimable personne du monde; mais, si j'avais perdu ce bonheur sans qu'elle en eût souffert, et sans lui avoir donné une douleur mortelle, ce me serait une consolation; et je sens plus dans ce moment le mal que je lui ai fait, que celui que je me suis fait auprès d'elle.

M. de Nemours fut long-temps à s'affliger et à penser les mêmes choses. L'envie de parler à madame de Clèves lui venait toujours dans l'esprit. Il songea à en trouver les moyens ; il pensa à lui écrire ; mais enfin, il trouva qu'après la faute qu'il avait faite, et de l'humeur dont elle était, le mieux qu'il pût faire était de lui témoigner un profond respect, par son affliction et par son silence, de lui faire voir même qu'il n'osait se présenter devant elle, et d'attendre ce que le temps, le hasard et l'inclination qu'elle avait pour lui pourraient faire en sa faveur. Il résolut aussi de ne point faire de reproches au vidame de Chartres de l'infidélité qu'il lui avait faite, de peur de fortifier ses soupçons.

Les fiançailles de Madame, qui se faisaient le lendemain, et le mariage, qui se faisait le jour suivant, occupaient tellement toute la cour, que madame de Clèves et M. de Nemours cachèrent aisément au public leur tristesse et leur trouble. Madame la dauphine ne parla même qu'en passant à madame de Clèves de la conversation qu'elles avaient eue avec M. de Nemours ; et M. de Clèves affecta de ne plus parler à sa femme de tout ce qui s'était passé ; de sorte qu'elle ne se trouva pas dans un aussi grand embarras qu'elle l'avait imaginé.

Les fiançailles se firent au Louvre, et, après le festin et le bal, toute la maison royale alla coucher à l'Évêché, comme c'était la coutume. Le matin, le duc d'Albe, qui n'était jamais vêtu que fort simplement, mit un habit de drap d'or, mêlé de couleur de feu, de jaune et de noir, tout couvert de pierreries, et il avait une couronne fermée sur la tête. Le prince d'Orange, habillé aussi magnifiquement, avec ses livrées, et tous les Espagnols suivis des leurs, vinrent prendre le duc d'Albe à l'hôtel de Villeroy, où il était logé, et partirent, marchant quatre à quatre, pour venir à l'Évêché. Sitôt qu'il fut arrivé, on alla par ordre à l'église : le roi menait Madame, qui avait aussi une couronne fermée, et sa robe portée par mesdemoiselles de Montpensier et de Longueville; la reine marchait ensuite, mais sans couronne; après elle, venait la reine-dauphine, Madame, sœur du roi, madame de Lorraine, et la reine de Navarre, leurs robes portées par des princesses. Les reines et les princesses avaient toutes leurs filles magnifiquement habillées des mêmes couleurs qu'elles étaient vêtues; en sorte que l'on connaissait à qui étaient les filles par la couleur de leurs habits. On monta sur l'échafaud qui était préparé dans l'église, et l'on fit la cérémonie des mariages.

On retourna ensuite dîner à l'Évêché ; et, sur les cinq heures, on en partit pour aller au palais, où se faisait le festin, et où le parlement, les cours souveraines, et la maison de ville étaient priées d'assister. Le roi, les reines, les princes et princesses mangèrent sur la table de marbre dans la grande salle du palais, le duc d'Albe assis auprès de la nouvelle reine d'Espagne. Au-dessous des degrés de la table de marbre, et à la main droite du roi, était une table pour les ambassadeurs, les archevêques et les chevaliers de l'ordre, et de l'autre côté une table pour messieurs du parlement.

Le duc de Guise, vêtu d'une robe de drap d'or frisé, servait au roi de grand-maître ; M. le prince de Condé, de panetier ; et le duc de Nemours, d'échanson. Après que les tables furent levées, le bal commença ; il fut interrompu par des ballets et par des machines extraordinaires : on le reprit ensuite ; et enfin, après minuit, le roi et toute la cour s'en retournèrent au Louvre. Quelque triste que fût madame de Clèves, elle ne laissa pas de paraître aux yeux de tout le monde, et surtout aux yeux de M. de Nemours, d'une beauté incomparable. Il n'osa lui parler, quoique l'embarras de cette cérémonie lui en donnât plusieurs moyens ; mais il lui fit voir tant de tristesse, et une crainte si respectueuse de l'approcher, qu'elle ne le trouva plus si coupable, quoiqu'il ne lui eût rien dit pour se justifier. Il eut la même conduite les jours suivans, et cette conduite fit aussi le même effet sur le cœur de madame de Clèves.

Enfin le jour du tournoi arriva. Les reines se rendirent dans les galeries et sur les échafauds qui leur avaient été destinés. Les quatre tenans parurent au bout de la lice, avec une quantité de chevaux et de livrées qui faisaient le plus magnifique spectacle qui eût jamais paru en France.

Le roi n'avait point d'autres couleurs que le blanc et le noir, qu'il portait toujours à cause de madame de Valentinois, qui était veuve. M. de Ferrare, et toute sa suite, avaient du jaune et du rouge. M. de Guise parut avec de l'incarnat et du blanc : on ne savait d'abord par quelle raison il avait ces couleurs, mais on se souvint que c'étaient celles d'une belle personne qu'il avait aimée pendant qu'elle était fille, et qu'il aimait encore, quoiqu'il n'osât plus le lui faire paraître. M. de Nemours avait du jaune et du noir ; on en chercha inutilement la raison. Madame de Clèves n'eut pas de peine à la deviner : elle se souvint d'avoir dit devant lui qu'elle aimait le jaune, et qu'elle était fâchée d'être blonde, parce qu'elle n'en pouvait mettre.

Ce prince crut pouvoir paraître avec cette couleur, sans indiscrétion, puisque, madame de Clèves n'en mettant point, on ne pouvait soupçonner que ce fût la sienne.

Jamais on n'a fait voir tant d'adresse que les quatre tenans en firent paraître. Quoique le roi fût le meilleur homme de cheval de son royaume, on ne savait à qui donner l'avantage. M. de Nemours avait un agrément dans toutes ses actions, qui pouvait faire pencher en sa faveur des personnes moins intéressées que madame de Clèves. Sitôt qu'elle le vit paraître au bout de la lice, elle sentit une émotion extraordinaire; et, à toutes les courses de ce prince, elle avait de la peine à cacher sa joie, lorsqu'il avait heureusement fourni sa carrière.

Sur le soir, comme tout était presque fini, et que l'on était près de se retirer, le malheur de l'état fit que le roi voulut encore rompre une lance. Il manda au comte de Montgomery, qui était extrêmement adroit, qu'il se mît sur la lice. Le comte supplia le roi de l'en dispenser, et allégua toutes les excuses dont il put s'aviser; mais le roi, quasi en colère, lui fit dire qu'il le voulait absolument. La reine manda au roi qu'elle le conjurait de ne plus courir, qu'il avait si bien fait qu'il devait être content, et qu'elle le suppliait de revenir auprès d'elle. Il répondit que c'était pour l'amour d'elle qu'il allait courir encore, et entra dans la barrière. Elle lui renvoya M. de Savoie, pour le prier une seconde fois de revenir; mais tout fut inutile. Il courut, les lances se brisèrent, et un éclat de celle du comte de Montgomery lui donna dans l'œil, et y demeura. Ce prince tomba du coup. Ses écuyers, et M. de Montmorency, qui était un des maréchaux de camp, coururent à lui. Ils furent étonnés de le voir si blessé; mais le roi ne s'étonna point : il dit que c'était peu de chose, et qu'il pardonnait au comte de Montgomery. On peut juger quel trouble et quelle affliction apporta un accident si funeste dans une journée destinée à la joie. Sitôt que l'on eut porté le roi dans son lit, et que les chirurgiens eurent visité sa plaie, ils la trouvèrent très-considérable. M. le connétable se souvint dans ce moment de la prédiction que l'on avait faite au roi, qu'il serait tué dans un combat singulier; et il ne douta point que la prédiction ne fût accomplie.

Le roi d'Espagne, qui était alors à Bruxelles, étant averti de cet accident, envoya son médecin, qui était un homme d'une grande réputation; mais il jugea le roi sans espérance.

Une cour aussi partagée et aussi remplie d'intérêts opposés n'était pas dans une médiocre agitation à la veille d'un si grand événement; néanmoins, tous les mouvemens étaient cachés, et l'on ne paraissait occupé que de l'unique inquiétude de la santé du roi. Les reines, les princes et les princesses ne sortaient presque point de son antichambre.

Madame de Clèves, sachant qu'elle était obligée d'y être, qu'elle y verrait M. de Nemours, qu'elle ne pourrait cacher à son mari l'embarras que lui causait cette vue, connaissant aussi que la seule présence de ce prince le justifiait à ses yeux, et détruisait toutes ses résolutions, prit le parti de feindre d'être malade. La cour était trop occupée pour avoir de l'attention à sa conduite, et pour démêler si son mal était faux ou véritable. Son mari seul pouvait en connaître la vérité; mais elle n'était pas fâchée qu'il la connût : ainsi elle demeura chez elle, peu occupée du grand changement qui se préparait; et, remplie de ses propres pensées, elle avait toute la liberté de s'y abandonner. Tout le monde était chez le roi. M. de Clèves venait à de certaines heures lui en dire des nouvelles. Il conservait avec elle le même procédé qu'il avait toujours eu, hors que, quand ils étaient seuls, il y avait quelque chose d'un peu plus froid et de moins libre. Il ne lui avait point reparlé de tout ce qui s'était passé; et elle n'avait pas eu la force, et n'avait pas même jugé à propos de reprendre cette conversation.

M. de Nemours, qui s'était attendu à trouver quelques momens à parler à madame de Clèves, fut bien surpris et bien affligé de n'avoir pas seulement le plaisir de la voir. Le mal du roi se trouva si considérable, que le septième jour il fut désespéré des médecins. Il reçut la certitude de sa mort avec une fermeté extraordinaire, et d'autant plus admirable, qu'il perdait la vie par un accident si malheureux, qu'il mourait à la fleur de son âge, heureux, adoré de ses peuples, et aimé d'une maîtresse qu'il aimait éperdument. La veille de sa mort, il fit faire le mariage de Madame, sa sœur, avec M. de Savoie, sans cérémonie. L'on peut juger en quel état était la duchesse de Valentinois. La reine ne permit point qu'elle vît le roi, et lui envoya demander les cachets de ce prince, et les pierreries de la couronne qu'elle avait en garde. Cette duchesse s'enquit si le roi était mort; et, comme on lui eut répondu que non : Je n'ai donc point encore de maître, répondit-elle, et personne ne peut m'obliger à rendre ce que sa confiance m'a mis entre les mains. Sitôt qu'il fut expiré au château des Tournelles, le duc de Ferrare, le duc de Guise et le duc de Nemours conduisirent au Louvre la reine-mère, le roi et la reine sa femme. M. de Nemours menait la reine-mère. Comme ils commençaient à marcher, elle se recula de quelques pas, et dit à la reine, sa belle-fille, que c'était à elle à passer la première; mais il fut aisé de voir qu'il y avait plus d'aigreur que de bienséance dans ce compliment.

FIN DE LA TROISIÈME PARTIE.

LA PRINCESSE DE CLÈVES.

QUATRIÈME PARTIE.

Le cardinal de Lorraine s'était rendu maître absolu de l'esprit de la reine-mère : le vidame de Chartres n'avait plus aucune part dans ses bonnes grâces, et l'amour qu'il avait pour madame de Martigues et pour la liberté l'avait même empêché de sentir cette perte autant qu'elle méritait d'être sentie. Ce cardinal, pendant les dix jours de la maladie du roi, avait eu le loisir de former ses desseins, et de faire prendre à la reine des résolutions conformes à ce qu'il avait projeté; de sorte que, sitôt que le roi fut mort, la reine ordonna au connétable de demeurer aux Tournelles, auprès du corps du feu roi, pour faire les cérémonies ordinaires. Cette commission l'éloignait de tout, et lui ôtait la liberté d'agir. Il envoya un courrier au roi de Navarre, pour le faire venir en diligence, afin de s'opposer ensemble à la grande élévation où il voyait que MM. de Guise allaient parvenir. On donna le commandement des armées au duc de Guise, et les finances au cardinal de Lorraine : la duchesse de Valentinois fut chassée de la cour ; on fit revenir le cardinal de Tournon, ennemi déclaré du connétable, et le chancelier Olivier, ennemi déclaré de la duchesse de Valentinois ; enfin la cour changea entièrement de face. Le duc de Guise prit le même rang que les princes du sang à porter le manteau du roi aux cérémonies des funérailles; lui et ses frères furent entièrement les maîtres, non-seulement par le crédit du cardinal sur l'esprit de la reine, mais parce que cette princesse crut qu'elle pourrait les éloigner, s'ils lui donnaient de l'ombrage, et qu'elle ne pourrait éloigner le connétable, qui était appuyé des princes du sang.

Lorsque les cérémonies du deuil furent achevées, le connétable vint au Louvre, et fut reçu du roi avec beaucoup de froideur. Il voulut lui parler en particulier, mais le roi appela MM. de Guise, et lui dit devant eux qu'il lui conseillait de se reposer ; que les finances et le commandement des armées étaient donnés ; et que, lorsqu'il aurait besoin de ses conseils, il l'appellerait auprès de sa personne. Il fut reçu de la reine-mère encore plus froidement que du roi, et elle lui fit même des reproches de ce qu'il avait dit au feu roi, que ses enfans ne lui ressemblaient point. Le roi de Navarre arriva, et ne fut pas mieux reçu. Le prince de Condé, moins endurant que son frère, se plaignit hautement; ses plaintes furent inutiles : on l'éloigna de la cour sous le prétexte de l'envoyer en Flandre signer la ratification de la paix. On fit voir au roi de Navarre une fausse lettre du roi d'Espagne, qui l'accusait de faire des entreprises sur ses places; on lui fit craindre pour ses terres; enfin on lui inspira le dessein de s'en aller en Béarn. La reine lui en fournit un moyen, en lui donnant la conduite de madame Élisabeth, et l'obligea même à partir devant cette princesse; et ainsi il ne demeura personne à la cour qui pût balancer le pouvoir de la maison de Guise.

Quoique ce fût une chose fâcheuse pour M. de Clèves de ne pas conduire madame Élisabeth, néanmoins il ne put s'en plaindre, par la grandeur de celui qu'on lui préférait; mais il regrettait moins cet emploi par l'honneur qu'il en eût reçu, que parce que c'était une chose qui éloignait sa femme de la cour, sans qu'il parût qu'il eût dessein de l'en éloigner.

Peu de jours après la mort du roi, on résolut d'aller à Reims pour le sacre. Sitôt qu'on parla de ce voyage, madame de Clèves, qui avait toujours demeuré chez elle, feignant d'être malade, pria son mari de trouver bon qu'elle ne suivît point la cour, et qu'elle s'en allât à Coulommiers prendre l'air et songer à sa santé. Il lui répondit qu'il ne voulait point pénétrer si c'était la raison de sa santé qui l'obligeait à ne pas faire le voyage, mais qu'il consentait qu'elle ne le fît point. Il n'eut pas de peine à consentir à une chose qu'il avait déjà résolue. Quelque bonne opinion qu'il eût de la vertu de sa femme, il voyait bien que la prudence ne voulait pas qu'il l'exposât plus long-temps à la vue d'un homme qu'elle aimait.

M. de Nemours sut bientôt que madame de Clèves ne devait pas suivre la cour : il ne put se résoudre à partir sans la voir; et, la veille du départ, il alla chez elle aussi tard que la bienséance le pouvait permettre, afin de la trouver seule. La fortune favorisa son intention. Comme il entra dans la cour, il trouva madame de Nevers et madame de Martigues qui en sortaient, et qui lui dirent qu'elles l'avaient laissée seule. Il monta avec une agitation et un trouble qui ne se peut comparer qu'à celui qu'eut madame de Clèves, quand on lui dit que M. de Nemours venait pour la voir. La crainte qu'elle eut qu'il ne lui parlât de sa passion, l'appréhension de

lui répondre trop favorablement, l'inquiétude
que cette visite pouvait donner à son mari, la
peine de lui en rendre compte ou de lui cacher
toutes ces choses, se présentèrent en un moment à son esprit, et lui firent un si grand embarras, qu'elle prit la résolution d'éviter la chose
du monde qu'elle souhaitait peut-être le plus.
Elle envoya une de ses femmes à M. de Nemours, qui était dans son antichambre, pour
lui dire qu'elle venait de se trouver mal, et
qu'elle était bien fâchée de ne pouvoir recevoir
l'honneur qu'il lui voulait faire. Quelle douleur
pour ce prince de ne pas voir madame de Clèves, et de ne la pas voir parce qu'elle ne voulait
pas qu'il la vît! Il s'en allait le lendemain; il
n'avait plus rien à espérer du hasard; il ne lui
avait rien dit depuis cette conversation de chez
madame la dauphine, et il avait lieu de croire
que la faute d'avoir parlé au vidame avait dé-
truit toutes ses espérances; enfin, il s'en allait
avec tout ce qui peut aigrir une vive douleur.

Sitôt que madame de Clèves fut un peu remise du trouble que lui avait donné la pensée
de la visite de ce prince, toutes les raisons qui
la lui avaient fait refuser disparurent; elle
trouva même qu'elle avait fait une faute; et,
si elle eût osé, ou qu'il eût encore été assez à
temps, elle l'aurait fait rappeler.

Mesdames de Nevers et de Martigues, en sortant de chez elle, allèrent chez la reine-dauphine ; M. de Clèves y était. Cette princesse leur demanda d'où elles venaient ; elles lui dirent qu'elles venaient de chez M. de Clèves, où elles avaient passé une partie de l'après-dinée avec beaucoup de monde, et qu'elles n'y avaient laissé que M. de Nemours. Ces paroles, qu'elles croyaient si indifférentes, ne l'étaient pas pour M. de Clèves, quoiqu'il dût bien s'imaginer que M. de Nemours pouvait trouver souvent des occasions de parler à sa femme. Néanmoins, la pensée qu'il était chez elle, qu'il y était seul, et qu'il lui pouvait parler de son amour, lui parut dans ce moment une chose si nouvelle et si insupportable, que la jalousie s'alluma dans son cœur avec plus de violence qu'elle n'avait encore fait. Il lui fut impossible de demeurer chez la reine ; il s'en revint, ne sachant pas même pourquoi il revenait, et s'il avait dessein d'aller interrompre M. de Nemours. Sitôt qu'il approcha de chez lui, il regarda s'il ne verrait rien qui lui pût faire juger si ce prince y était encore : il sentit du soulagement en voyant qu'il n'y était plus, et il trouva de la douceur à penser qu'il ne pouvait y avoir demeuré long-temps. Il s'imagina que ce n'était peut-être pas M. de Nemours dont il devait être jaloux ; et, quoiqu'il n'en doutât point, il cherchait à en douter : mais tant de choses l'en auraient persuadé, qu'il ne demeurait pas long-temps dans cette incertitude qu'il désirait. Il alla d'abord dans la chambre de sa femme ; et, après lui avoir parlé quelque temps de choses indifférentes, il ne put s'empêcher de lui demander ce qu'elle avait fait, et qui elle avait vu : elle lui en rendit compte. Comme il vit qu'elle ne lui nommait point M. de Nemours, il lui demanda en tremblant si c'était tout ce qu'elle avait vu, afin de lui donner lieu de nommer ce prince, et de n'avoir pas la douleur qu'elle lui en fît une finesse. Comme elle ne l'avait point vu, elle ne le lui nomma point, et M. de Clèves reprenant la parole avec un ton qui marquait son affliction : Et M. de Nemours, lui dit-il, ne l'avez-vous point vu, ou l'avez-vous oublié ? Je ne l'ai point vu en effet, répondit-elle ; je me trouvais mal, et j'ai envoyé une de mes femmes lui faire des excuses. Vous ne vous trouviez donc mal que pour lui, reprit M. de Clèves, puisque vous avez vu tout le monde ? Pourquoi des distinctions pour M. de Nemours ? Pourquoi ne vous est-il pas comme un autre ? Pourquoi faut-il que vous craigniez sa vue ? Pourquoi lui laissez-vous voir que vous la craignez ? Pourquoi lui faites-vous connaître que vous vous servez du pouvoir que sa passion vous donne sur lui? Oseriez-vous refuser de le voir, si vous ne saviez bien qu'il distingue vos rigueurs de l'incivilité? Mais pourquoi faut-il que vous ayez des rigueurs pour lui? D'une personne comme vous, madame, tout est des faveurs hors l'indifférence. Je ne croyais pas, reprit madame de Clèves, quelque soupçon que vous ayez sur M. de Nemours, que vous pussiez me faire des reproches de ne l'avoir pas vu. Je vous en fais pourtant, madame, répliqua-t-il, et ils sont bien fondés : pourquoi ne le pas voir, s'il ne vous a rien dit? Mais, madame, il vous a parlé; si son silence seul vous avait témoigné sa passion, elle n'aurait pas fait en vous une si grande impression; vous n'avez pu me dire la vérité toute entière, vous m'en avez caché la plus grande partie; vous vous êtes repentie même du peu que vous m'avez avoué, et vous n'avez pas eu la force de continuer. Je suis plus malheureux que je ne l'ai cru, et je suis le plus malheureux de tous les hommes. Vous êtes ma femme, je vous aime comme ma maîtresse, et je vous en vois aimer un autre! cet autre est le plus aimable de la cour, et il vous voit tous les jours, il sait que vous l'aimez. Et j'ai pu croire, s'écria-t-il, que vous surmonteriez la passion que vous avez pour lui! Il faut que j'aie perdu la raison pour avoir cru qu'il fût possible. Je ne sais, reprit tristement madame de Clèves, si vous avez eu tort de juger favorablement d'un procédé aussi extraordinaire que le mien; mais je ne sais si je ne me suis trompée d'avoir cru que vous me feriez justice? N'en doutez pas, madame, répliqua M. de Clèves, vous vous êtes trompée; vous avez attendu de moi des choses aussi impossibles que celles que j'attendais de vous. Comment pouviez-vous espérer que je conservasse de la raison? Vous aviez donc oublié que je vous aimais éperdument, et que j'étais votre mari? L'un des deux peut porter aux extrémités; que ne peuvent point les deux ensemble! Eh! que ne sont-ils point aussi! continua-t-il. Je n'ai que des sentimens violens et incertains dont je ne suis pas le maître : je ne me trouve plus digne de vous; vous ne me paraissez plus digne de moi; je vous adore, je vous hais; je vous offense, je vous demande pardon; je vous admire, j'ai honte de vous admirer; enfin, il n'y a plus en moi ni de calme ni de raison. Je ne sais comment j'ai pu vivre depuis que vous me parlâtes à Coulommiers, et depuis le jour que vous apprîtes de madame la dauphine que l'on savait votre aventure. Je ne saurais démêler par où elle a été sue, ni ce qui se passa entre M. de Nemours et vous sur ce sujet : vous ne me l'expliquerez jamais, et je ne vous demande point de me l'expliquer : je vous demande seulement de vous souvenir que vous m'avez rendu le plus malheureux homme du monde.

M. de Clèves sortit de chez sa femme après ces paroles, et partit le lendemain sans la voir; mais il lui écrivit une lettre pleine d'affliction, d'honnêteté et de douceur. Elle y fit une réponse si touchante et si remplie d'assurance de sa conduite passée, et de celle qu'elle aurait à l'avenir, que, comme ses assurances étaient fondées sur la vérité, et que c'étaient en effet ses sentimens, cette lettre fit de l'impression sur M. de Clèves, et lui donna quelque calme : joint que M. de Nemours allant trouver le roi, aussi-bien que lui, il avait le repos de savoir qu'il ne serait pas au même lieu que madame de Clèves. Toutes les fois que cette princesse parlait à son mari, la passion qu'il lui témoignait, l'honnêteté de son procédé, l'amitié qu'elle avait pour lui, et ce qu'elle lui devait, faisaient des impressions dans son cœur qui affaiblissaient l'idée de M. de Nemours; mais ce n'était que pour quelque temps, et cette idée revenait bientôt plus vive et plus présente qu'auparavant.

Les premiers jours du départ de ce prince, elle ne sentit quasi pas son absence; ensuite elle lui parut cruelle : depuis qu'elle l'aimait, il ne s'était point passé de jour qu'elle n'eût craint ou espéré de le rencontrer ; et elle trouva une grande peine à penser qu'il n'était plus au pouvoir du hasard de faire qu'elle le rencontrât.

Elle s'en alla à Coulommiers, et, en y allant, elle eut soin d'y faire porter de grands tableaux qu'elle avait fait copier sur des originaux qu'avait fait faire madame de Valentinois pour sa belle maison d'Annet. Toutes les actions remarquables qui s'étaient passées du règne du roi étaient dans ces tableaux. Il y avait entre autres le siége de Metz, et tous ceux qui s'y étaient distingués étaient peints fort ressemblans : M. de Nemours était de ce nombre, et c'était peut-être ce qui avait donné envie à madame de Clèves d'avoir ces tableaux.

Madame de Martigues, qui n'avait pu partir avec la cour, lui promit d'aller passer quelques jours à Coulommiers. La faveur de la reine, qu'elles partageaient, ne leur avait point donné d'envie ni d'éloignement l'une de l'autre : elles étaient amies, sans néanmoins se confier leurs sentimens. Madame de Clèves savait que madame de Martigues aimait le vidame ; mais madame de Martigues ne savait pas que madame de Clèves aimât M. de Nemours, ni qu'elle en fût aimée. La qualité de nièce du vidame rendait madame de Clèves plus chère à madame de Martigues, et madame de Clèves l'aimait aussi comme une personne qui avait une passion aussi-bien qu'elle, et qui l'avait pour l'ami intime de son amant.

Madame de Martigues vint à Coulommiers, comme elle l'avait promis à madame de Clèves : elle la trouva dans une vie fort solitaire. Cette princesse avait même cherché le moyen d'être dans une solitude entière, et de passer les soirs dans les jardins, sans être accompagnée de ses domestiques. Elle venait dans ce pavillon où M. de Nemours l'avait écoutée; elle entrait dans le cabinet qui était ouvert sur le jardin. Ses femmes et ses domestiques demeuraient dans l'autre cabinet, ou sous le pavillon, et ne venaient point à elle qu'elle ne les appelât. Madame de Martigues n'avait jamais vu Coulommiers : elle fut surprise de toutes les beautés qu'elle y trouva, et surtout de l'agrément de ce pavillon; madame de Clèves et elle y passaient tous les soirs. La liberté de se trouver seules, la nuit, dans le plus beau lieu du monde, ne laissait pas finir la conversation entre deux jeunes personnes qui avaient des passions violentes dans le cœur; et, quoiqu'elles ne s'en fissent point de confidence, elles trouvaient un grand plaisir à se parler. Madame de Martigues aurait eu de la peine à quitter Coulommiers, si, en le quittant, elle n'eut dû aller dans un lieu où était le vidame : elle partit pour aller à Chambort, où la cour était alors.

Le sacre avait été fait à Reims par le cardinal de Lorraine, et l'on devait passer le reste de l'été dans le château de Chambort, qui était nouvellement bâti. La reine témoigna une grande joie de revoir madame de Martigues ; et, après lui en avoir donné plusieurs marques, elle lui demanda des nouvelles de madame de Clèves et de ce qu'elle faisait à la campagne. M. de Nemours et M. de Clèves étaient alors chez cette reine. Madame de Martigues, qui avait trouvé Coulommiers admirable, en conta toutes les beautés, et elle s'étendit extrêmement sur la description de ce pavillon de la forêt, et sur le plaisir qu'avait madame de Clèves de s'y promener seule une partie de la nuit. M. de Nemours, qui connaissait assez le lieu pour entendre ce qu'en disait madame de Martigues, pensa qu'il n'était pas impossible qu'il y pût voir madame de Clèves sans être vu que d'elle. Il fit quelques questions à madame de Martigues, pour s'en éclaircir encore ; et M. de Clèves, qui l'avait toujours regardé pendant que madame de Martigues avait parlé, crut voir dans ce moment ce qui lui passait dans l'esprit. Les questions que fit ce prince le confirmèrent encore dans cette pensée : en sorte qu'il ne douta point qu'il n'eût dessein d'aller voir sa femme. Il ne se trompait pas dans ses soupçons : ce dessein entra si fortement dans l'esprit de M. de Nemours, qu'après avoir passé la nuit à songer aux moyens de l'exécuter, dès le lendemain matin il demanda congé au roi, pour aller à Paris, sur quelque prétexte qu'il inventa.

M. de Clèves ne douta point du sujet de ce voyage; mais il résolut de s'éclaircir de la conduite de sa femme, et de ne pas demeurer dans une cruelle incertitude. Il eut envie de partir en même temps que M. de Nemours, et de venir lui-même, caché, découvrir quel succès aurait ce voyage; mais, craignant que son départ ne parût extraordinaire, et que M. de Nemours, en étant averti, ne prît d'autres mesures, il résolut de se fier à un gentilhomme qui était à lui, dont il connaissait la fidélité et l'esprit. Il lui conta dans quel embarras il se trouvait : il lui dit quelle avait été jusqu'alors la vertu de madame de Clèves, et lui ordonna de partir sur les pas de M. de Nemours, de l'observer exactement, de voir s'il n'irait point à Coulommiers, et s'il n'entrerait point la nuit dans le jardin.

Le gentilhomme, qui était très-capable d'une telle commission, s'en acquitta avec toute l'exactitude imaginable. Il suivit M. de Nemours jusqu'à un village, à une demi-lieue de Coulommiers, où ce prince s'arrêta, et le gentilhomme devina aisément que c'était pour y attendre la nuit. Il ne crut pas à propos de l'y attendre aussi; il passa le village, et alla dans la forêt à l'endroit par où il jugeait que M. de Nemours pouvait passer. Il ne se trompa point dans tout ce qu'il avait pensé : sitôt que la nuit fut venue, il entendit marcher, et, quoiqu'il fît obscur, il reconnut aisément M. de Nemours : il le vit faire le tour du jardin, comme pour écouter s'il n'y entendrait personne, et pour choisir le lieu par où il pourrait passer le plus aisément. Les palissades étaient fort hautes, et il y en avait encore derrière, pour empêcher qu'on ne pût entrer; en sorte qu'il était assez difficile de se faire passage. M. de Nemours en vint à bout néanmoins; sitôt qu'il fut dans ce jardin, il n'eut pas de peine à démêler où était madame de Clèves; il vit beaucoup de lumières dans le cabinet; toutes les fenêtres en étaient ouvertes; et, en se glissant le long des palissades, il s'en approcha avec un trouble et une émotion qu'il est aisé de se représenter. Il se rangea derrière une des fenêtres qui servaient de porte, pour voir ce que faisait madame de Clèves. Il vit qu'elle était seule; mais il la vit d'une si admirable beauté, qu'à peine fut-il maître du transport que lui donna cette vue. Il faisait chaud, et elle n'avait rien sur sa tête et sur sa gorge, que ses cheveux confusément rattachés. Elle était sur un lit de repos, avec une table devant elle, où il y avait plusieurs corbeilles pleines de rubans; elle en choisit quelques-uns, et M. de Nemours remarqua que c'était des mêmes couleurs qu'il avait portées au tournoi. Il vit qu'elle en faisait des nœuds à une canne des Indes fort extraordinaire, qu'il avait portée quelque temps, et qu'il avait donnée à sa sœur, à qui madame de Clèves l'avait prise sans faire semblant de la reconnaître pour avoir été à M. de Nemours. Après qu'elle eut achevé son ouvrage avec une grâce et une douceur que répandaient sur son visage les sentimens qu'elle avait dans le cœur, elle prit un flambeau et s'en alla proche d'une grande table, vis-à-vis du tableau du siége de Metz, où était le portrait de M. de Nemours; elle s'assit, et se mit à regarder ce portrait avec une attention et une rêverie que la passion seule peut donner.

On ne peut exprimer ce que sentit M. de Nemours dans ce moment. Voir, au milieu de la nuit, dans le plus beau lieu du monde, une personne qu'il adorait; la voir sans qu'elle sût qu'il la voyait; et la voir tout occupée de choses qui avaient du rapport à lui et à la passion qu'elle lui cachait ; c'est ce qui n'a jamais été goûté ni imaginé par nul autre amant.

Ce prince était aussi tellement hors de lui-même, qu'il demeurait immobile à regarder madame de Clèves, sans songer que les momens lui étaient précieux. Quand il fut un peu remis, il pensa qu'il devait attendre à lui parler qu'elle allât dans le jardin ; il crut qu'il le pourrait faire avec plus de sûreté, parce qu'elle serait plus éloignée de ses femmes ; mais, voyant qu'elle demeurait dans le cabinet, il prit la résolution d'y entrer. Quand il voulut l'exécuter, quel trouble n'eut-il point ! Quelle crainte de lui déplaire ! Quelle peur de faire changer ce visage où il y avait tant de douceur, et de le voir devenir plein de sévérité et de colère !

Il trouva qu'il y avait eu de la folie, non pas à venir voir madame de Clèves sans être vu, mais à penser de s'en faire voir ; il vit tout ce qu'il n'avait point encore envisagé. Il lui parut de l'extravagance dans sa hardiesse de venir surprendre, au milieu de la nuit, une personne à qui il n'avait encore jamais parlé de son amour. Il pensa qu'il ne devait pas prétendre qu'elle le voulût écouter, et qu'elle aurait une juste colère du péril où il l'exposait par les accidens qui pouvaient arriver. Tout son courage l'abandonna, et il fut prêt plusieurs fois à prendre la résolu-

tion de s'en retourner sans se faire voir. Poussé
néanmoins par le désir de lui parler, et rassuré
par les espérances que lui donnait tout ce qu'il
avait vu, il avança quelques pas, mais avec
tant de trouble, qu'une écharpe qu'il avait s'embarrassa dans la fenêtre, en sorte qu'il fit du bruit.
Madame de Clèves tourna la tête, et, soit qu'elle
eût l'esprit rempli de ce prince, où qu'il fût dans
un lieu où la lumière donnait assez pour qu'elle
le pût distinguer, elle crut le reconnaître ; et,
sans balancer ni se retourner du côté où il était,
elle entra dans le lieu où étaient ses femmes.
Elle y entra avec tant de trouble, qu'elle fut
contrainte, pour le cacher, de dire qu'elle se
trouvait mal ; et elle le dit aussi pour occuper
tous ses gens, et pour donner le temps à M. de
Nemours de se retirer. Quand elle eut fait quelque réflexion, elle pensa qu'elle s'était trompée,
et que c'était un effet de son imagination d'avoir
cru voir M. de Nemours. Elle savait qu'il était à
Chambort ; elle ne trouvait nulle apparence qu'il
eût entrepris une chose si hasardeuse ; elle eut
envie plusieurs fois de rentrer dans le cabinet, et
d'aller voir dans le jardin s'il y avait quelqu'un.
Peut-être souhaitait-elle, autant qu'elle le craignait, d'y trouver M. de Nemours : mais, enfin,
la raison et la prudence l'emportèrent sur tous
ses autres sentimens, et elle trouva qu'il valait

mieux demeurer dans le doute où elle était, que de prendre le hasard de s'en éclaircir. Elle fut long-temps à se résoudre à sortir d'un lieu dont elle pensait que ce prince était peut-être si proche, et il était quasi jour quand elle revint au château.

M. de Nemours était demeuré dans le jardin tant qu'il avait vu de la lumière; il n'avait pu perdre l'espérance de revoir madame de Clèves, quoiqu'il fût persuadé qu'elle l'avait reconnu, et qu'elle n'était sortie que pour l'éviter : mais, voyant qu'on fermait les portes, il jugea bien qu'il n'avait plus rien à espérer. Il vint reprendre son chemin tout proche du lieu où attendait le gentilhomme de M. de Clèves. Ce gentilhomme le suivit jusqu'au même village d'où il était parti le soir. M. de Nemours se résolut d'y passer tout le jour, afin de retourner la nuit à Coulommiers, pour voir si madame de Clèves aurait encore la cruauté de le fuir, ou celle de ne se pas exposer à être vue. Quoiqu'il eût une joie sensible de l'avoir trouvée si remplie de son idée, il était néanmoins très-affligé de lui avoir vu un mouvement si naturel de le fuir.

La passion n'a jamais été si tendre et si violente qu'elle l'était alors en ce prince. Il s'en alla sous des saules, le long d'un petit ruisseau qui coulait derrière la maison où il était caché.

Il s'éloigna le plus qu'il lui fut possible, pour n'être vu ni entendu de personne ; il s'abandonna aux transports de son amour, et son cœur en fut tellement pressé, qu'il fut contraint de laisser couler quelques larmes ; mais ces larmes n'étaient pas de celles que la douleur seule fait répandre : elles étaient mêlées de douceur et de ce charme qui ne se trouve que dans l'amour.

Il se mit à repasser toutes les actions de madame de Clèves, depuis qu'il en était amoureux : quelle rigueur honnête et modeste elle avait toujours eue pour lui, quoiqu'elle l'aimât ! Car enfin elle m'aime, disait-il, elle m'aime, je n'en saurais douter; les plus grands engagemens et les plus grandes faveurs ne sont pas des marques si assurées que celles que j'en ai eues : cependant je suis traité avec la même rigueur que si j'étais haï. J'ai espéré au temps ; je n'en dois plus rien attendre : je la vois toujours se défendre également contre moi et contre elle-même. Si je n'étais point aimé, je songerais à plaire; mais je plais, on m'aime et on me le cache. Que puis-je donc espérer, et quel changement dois-je attendre dans ma destinée ? Quoi! je serai aimé de la plus aimable personne du monde, et je n'aurai cet excès d'amour que donnent les premières certitudes d'être aimé, que pour mieux sentir la douleur d'être maltraité! Laissez-moi voir que vous m'aimez, belle princesse, s'écria-t-il; laissez-moi voir vos sentimens; pourvu que je les connaisse par vous une fois en ma vie, je consens que vous repreniez pour toujours ces rigueurs dont vous m'accabliez. Regardez-moi du moins avec ces mêmes yeux dont je vous ai vue cette nuit regarder mon portrait. Pouvez-vous l'avoir regardé avec tant de douceur, et m'avoir fui moi-même si cruellement? Que craignez-vous? Pourquoi mon amour vous est-il si redoutable? Vous m'aimez, vous me le cachez inutilement; vous-même m'en avez donné des marques involontaires. Je sais mon bonheur; laissez-m'en jouir, et cessez de me rendre malheureux. Est-il possible, reprenait-il, que je sois aimé de madame de Clèves, et que je sois malheureux? Qu'elle était belle cette nuit! Comment ai-je pu résister à l'envie de me jeter à ses pieds? Si je l'avais fait, je l'aurais peut-être empêchée de me fuir; mon respect l'aurait rassurée : mais peut-être elle ne m'a pas reconnu ; je m'afflige plus que je ne dois, et la vue d'un homme à une heure si extraordinaire l'a effrayée.

Ces mêmes pensées occupèrent tout le jour M. de Nemours. Il attendit la nuit avec impatience; et, quand elle fut venue, il reprit le chemin de Coulommiers. Le gentilhomme de

M. de Clèves, qui s'était déguisé afin d'être moins remarqué, le suivit jusqu'au lieu où il l'avait suivi le soir d'auparavant, et le vit entrer dans le même jardin. Ce prince connut bientôt que madame de Clèves n'avait pas voulu hasarder qu'il essayât encore de la voir : toutes les portes étaient fermées. Il tourna de tous les côtés pour découvrir s'il ne verrait point de lumières ; mais ce fut inutilement.

Madame de Clèves, s'étant douté que M. de Nemours pourrait revenir, était demeurée dans sa chambre ; elle avait appréhendé de n'avoir pas toujours la force de le fuir, et elle n'avait pas voulu se mettre au hasard de lui parler d'une manière si peu conforme à la conduite qu'elle avait eue jusqu'alors.

Quoique M. de Nemours n'eût aucune espérance de la voir, il ne put se résoudre à sortir sitôt d'un lieu où elle était si souvent. Il passa la nuit entière dans le jardin, et trouva quelque consolation à voir du moins les mêmes objets qu'elle voyait tous les jours. Le soleil était levé devant qu'il pensât à se retirer ; mais enfin la crainte d'être découvert l'obligea à s'en aller.

Il lui fut impossible de s'éloigner sans voir madame de Clèves, et il alla chez madame de Mercœur, qui était alors dans cette maison qu'elle avait proche de Coulommiers. Elle fut extrêmement surprise de l'arrivée de son frère. Il inventa une cause de son voyage assez vraisemblable pour la tromper; et enfin il conduisit si habilement son dessein, qu'il l'obligea à lui proposer d'elle-même d'aller chez madame de Clèves. Cette proposition fut exécutée dès le même jour, et M. de Nemours dit à sa sœur qu'il la quitterait à Coulommiers, pour s'en retourner en diligence trouver le roi. Il fit ce dessein de la quitter à Coulommiers, dans la pensée de l'en laisser partir la première; et il crut avoir trouvé un moyen infaillible de parler à madame de Clèves.

Comme ils arrivèrent, elle se promenait dans une grande allée qui borde le parterre. La vue de M. de Nemours ne lui causa pas un médiocre trouble, et ne lui laissa plus douter que ce ne fût lui qu'elle avait vu la nuit précédente. Cette certitude lui donna quelque mouvement de colère, par la hardiesse et l'imprudence qu'elle trouvait dans ce qu'il avait entrepris. Ce prince remarqua une impression de froideur sur son visage, qui lui donna une sensible douleur. La conversation fut de choses indifférentes; et néanmoins il trouva l'art d'y faire paraître tant d'esprit, tant de complaisance, et tant d'admiration pour madame de Clèves, qu'il dissipa malgré elle une partie de la froideur qu'elle avait eue d'abord.

Lorsqu'il se sentit rassuré de sa première crainte, il témoigna une extrême curiosité d'aller voir le pavillon de la forêt : il en parla comme du plus agréable lieu du monde, et en fit même une description si particulière, que madame de Mercœur lui dit qu'il fallait qu'il y eût été plusieurs fois pour en connaître si bien toutes les beautés. Je ne crois pourtant pas, reprit madame de Clèves, que M. de Nemours y ait jamais entré, c'est un lieu qui n'est achevé que depuis peu. Il n'y a pas long-temps aussi que j'y ai été, reprit M. de Nemours en la regardant, et je ne sais si je ne dois point être bien aise que vous ayez oublié de m'y avoir vu. Madame de Mercœur, qui regardait la beauté des jardins, n'avait point d'attention à ce que disait son frère. Madame de Clèves rougit ; et, baissant les yeux sans regarder M. de Nemours : Je ne me souviens point, lui dit-elle, de vous y avoir vu ; et, si vous y avez été, c'est sans que je l'aie su. Il est vrai, madame, répliqua M. de Nemours, que j'y ai été sans vos ordres, et j'y ai passé les plus doux et les plus cruels momens de ma vie.

Madame de Clèves entendait trop bien tout ce que disait ce prince ; mais elle n'y répondit point : elle songea à empêcher madame de Mercœur d'aller dans ce cabinet, parce que le portrait de M. de Nemours y était, et qu'elle ne voulait pas qu'elle l'y vît. Elle fit si bien, que le temps se passa insensiblement, et madame de Mercœur parla de s'en retourner ; mais, quand madame de Clèves vit que M. de Nemours et sa sœur ne s'en allaient pas ensemble, elle jugea bien à quoi elle allait être exposée : elle se trouva dans le même embarras où elle s'était trouvée à Paris, et elle prit aussi le même parti. La crainte que cette visite ne fût encore une confirmation des soupçons qu'avait son mari, ne contribua pas peu à la déterminer ; et, pour éviter que M. de Nemours ne demeurât seul avec elle, elle dit à madame de Mercœur qu'elle l'allait conduire jusques au bord de la forêt, et elle ordonna que son carrosse la suivît. La douleur qu'eut ce prince de trouver toujours cette même continuation de rigueurs en madame de Clèves fut si violente, qu'il en pâlit dans le même moment. Madame de Mercœur lui demanda s'il se trouvait mal ; mais il regarda madame de Clèves, sans que personne s'en aperçût, et il lui fit juger, par ses regards, qu'il n'avait d'autre mal que son désespoir. Cependant il fallut qu'il les laissât partir sans oser les suivre ; et après ce qu'il avait dit, il ne pouvait plus retourner avec sa sœur : ainsi il revint à Paris, et en partit le lendemain.

Le gentilhomme de M. de Clèves l'avait toujours observé : il revint aussi à Paris; et, comme il vit M. de Nemours parti pour Chambort, il prit la poste, afin d'y arriver devant lui, et de rendre compte de son voyage. Son maître attendait son retour comme ce qui allait décider du malheur de toute sa vie.

Sitôt qu'il le vit, il jugea, par son visage et par son silence, qu'il n'avait que des choses fâcheuses à lui apprendre. Il demeura quelque temps saisi d'affliction, la tête baissée, sans pouvoir parler; enfin, il lui fit signe de la main de se retirer. Allez, lui dit-il, je vois ce que vous avez à me dire; mais je n'ai pas la force de l'écouter. Je n'ai rien à vous apprendre, lui répondit le gentilhomme, sur quoi on puisse faire de jugement assuré : il est vrai que M. de Nemours a entré deux nuits de suite dans le jardin de la forêt, et qu'il a été le jour d'après à Coulommiers avec madame de Mercœur. C'est assez, répliqua M. de Clèves, c'est assez, en lui faisant encore signe de se retirer, et je n'ai pas besoin d'un plus grand éclaircissement. Le gentilhomme fut contraint de laisser son maître abandonné à son désespoir. Il n'y en a peut-être jamais eu un plus violent, et peu d'hommes d'un aussi grand courage et d'un cœur aussi passionné que M. de Clèves ont ressenti en même temps la douleur que cause l'infidélité d'une maîtresse, et la honte d'être trompé par une femme.

M. de Clèves ne put résister à l'accablement où il se trouva. La fièvre lui prit dès la nuit même, et avec de si grands accidens, que dès ce moment sa maladie parut très-dangereuse : on en donna avis à madame de Clèves; elle vint en diligence. Quand elle arriva, il était encore plus mal, elle lui trouva quelque chose de si froid et de si glacé pour elle, qu'elle en fut extrêmement surprise et affligée. Il lui parut même qu'il recevait avec peine les services qu'elle lui rendait; mais enfin elle pensa que c'était peut-être un effet de sa maladie.

D'abord qu'elle fut à Blois, où la cour était alors, M. de Nemours ne put s'empêcher d'avoir de la joie de savoir qu'elle était dans le même lieu que lui. Il essaya de la voir, et alla tous les jours chez M. de Clèves, sur le prétexte de savoir de ses nouvelles; mais ce fut inutilement. Elle ne sortait point de la chambre de son mari, et avait une douleur violente de l'état où elle le voyait. M. de Nemours était désespéré qu'elle fût si affligée; il jugeait aisément combien cette affliction renouvelait l'amitié qu'elle avait pour

M. de Clèves, et combien cette amitié faisait une diversion dangereuse à la passion qu'elle avait dans le cœur. Ce sentiment lui donna un chagrin mortel pendant quelque temps; mais l'extrémité du mal de M. de Clèves lui ouvrit de nouvelles espérances. Il vit que madame de Clèves serait peut-être en liberté de suivre son inclination, et qu'il pourrait trouver dans l'avenir une suite de bonheur et de plaisirs durables. Il ne pouvait soutenir cette pensée, tant elle lui donnait de troubles et de transports, et il en éloignait son esprit par la crainte de se trouver trop malheureux, s'il venait à perdre ses espérances.

Cependant M. de Clèves était presque abandonné des médecins. Un des derniers jours de son mal, après avoir passé une nuit très-fâcheuse, il dit, sur le matin, qu'il voulait reposer. Madame de Clèves demeura seule dans sa chambre. Il lui parut qu'au lieu de reposer, il avait beaucoup d'inquiétude : elle s'approcha, et se vint mettre à genoux devant son lit, le visage tout couvert de larmes. M. de Clèves avait résolu de ne lui point témoigner le violent chagrin qu'il avait contre elle; mais les soins qu'elle lui rendait, et son affliction, qui lui paraissait quelquefois véritable, et qu'il regardait aussi quelquefois comme des marques de dissimulation et de perfidie, lui causaient des sentimens si opposés et si douloureux, qu'il ne les put renfermer en lui-même.

Vous versez bien des pleurs, madame, lui dit-il, pour une mort que vous causez, et qui ne vous peut donner la douleur que vous faites paraître. Je ne suis plus en état de vous faire des reproches, continua-t-il avec une voix affaiblie par la maladie et par la douleur; mais je meurs du cruel déplaisir que vous m'avez donné. Fallait-il qu'une action aussi extraordinaire que celle que vous aviez faite de me parler à Coulommiers eût si peu de suite? Pourquoi m'éclairer sur la passion que vous aviez pour M. de Nemours, si votre vertu n'avait pas plus d'étendue pour y résister? Je vous aimais jusqu'à être bien aise d'être trompé, je l'avoue à ma honte; j'ai regretté ce faux repos dont vous m'avez tiré. Que ne me laissiez-vous dans cet aveuglement tranquille dont jouissent tant de maris? j'eusse peut-être ignoré, toute ma vie, que vous aimiez M. de Nemours. Je mourrai, ajouta-t-il; mais sachez que vous me rendez la mort agréable, et qu'après m'avoir ôté l'estime et la tendresse que j'avais pour vous, la vie me ferait horreur. Que ferais-je de la vie, reprit-il, pour la passer avec une personne que j'ai tant aimée, et dont j'ai été si cruellement trompé, ou pour vivre séparé de cette même personne, et en venir à un éclat et à des violences si opposées à mon humeur et à la passion que j'avais pour vous? Elle a été au delà de ce que vous en avez vu, madame; je vous en ai caché la plus grande partie, par la crainte de vous importuner, ou de perdre quelque chose de votre estime, par des manières qui ne convenaient pas à un mari; enfin je méritais votre cœur : encore une fois, je meurs sans regret, puisque je n'ai pu l'avoir, et que je ne puis plus le désirer. Adieu, madame. Vous regretterez quelque jour un homme qui vous aimait d'une passion véritable et légitime. Vous sentirez le chagrin que trouvent les personnes raisonnables dans ces engagemens, et vous connaîtrez la différence d'être aimée comme je vous aimais, à l'être par des gens qui, en vous témoignant de l'amour, ne cherchent que l'honneur de vous séduire : mais ma mort vous laissera en liberté, ajouta-t-il, et vous pourrez rendre M. de Nemours heureux, sans qu'il vous en coûte des crimes. Qu'importe, reprit-il, ce qui arrivera quand je ne serai plus, et faut-il que j'aie la faiblesse d'y jeter les yeux!

Madame de Clèves était si éloignée de s'imaginer que son mari pût avoir des soupçons contre elle, qu'elle écouta toutes ces paroles sans les comprendre, et sans avoir d'autre idée, sinon qu'il lui reprochait son inclination pour M. de Nemours : enfin, sortant tout d'un coup de son aveuglement : Moi, des crimes! s'écria-t-elle, la pensée même m'en est inconnue. La vertu la plus austère ne peut inspirer d'autre conduite que celle que j'ai eue; et je n'ai jamais fait d'action dont je n'eusse souhaité que vous eussiez été témoin. Eussiez-vous souhaité, répliqua M. de Clèves en la regardant avec dédain, que je l'eusse été des nuits que vous avez passées avec M. de Nemours? Ah! madame, est-ce vous dont je parle, quand je parle d'une femme qui a passé des nuits avec un homme? Non, monsieur, reprit-elle; non, ce n'est pas moi dont vous parlez : je n'ai jamais passé ni de nuits ni de momens avec M. de Nemours : il ne m'a jamais vue en particulier; je ne l'ai jamais souffert ni écouté, et j'en ferais tous les sermens... N'en dites pas davantage, interrompit M. de Clèves; de faux sermens ou un aveu me feraient peut-être une égale peine. Madame de Clèves ne pouvait répondre; ses larmes et sa douleur lui ôtaient la parole; enfin, faisant un effort : Regardez-moi, du moins; écoutez-moi, lui dit-elle; s'il n'y allait que de mon intérêt, je souffrirais ces reproches; mais il y va de votre vie : écoutez-moi, pour l'amour de vous-même :

il est impossible qu'avec tant de vérité, je ne vous persuade mon innocence. Plût à Dieu que vous me la puissiez persuader! s'écria-t-il; mais que me pouvez-vous dire? M. de Nemours n'a-t-il pas été à Coulommiers avec sa sœur? et n'avait-il pas passé les deux nuits précédentes avec vous dans le jardin de la forêt? Si c'est là mon crime, répliqua-t-elle, il m'est aisé de me justifier: je ne vous demande point de me croire; mais croyez tous vos domestiques, et sachez si j'allai dans le jardin de la forêt la veille que M. de Nemours vint à Coulommiers, et si je n'en sortis pas le soir d'auparavant deux heures plus tôt que je n'avais accoutumé. Elle lui conta ensuite comme elle avait cru voir quelqu'un dans ce jardin : elle lui avoua qu'elle avait cru que c'était M. de Nemours. Elle lui parla avec tant d'assurance, et la vérité se persuade si aisément, lors même qu'elle n'est pas vraisemblable, que M. de Clèves fut presque convaincu de son innocence. Je ne sais, lui dit-il, si je me dois laisser aller à vous croire? Je me sens si proche de la mort, que je ne veux rien voir de ce qui me pourrait faire regretter la vie. Vous m'avez éclairci trop tard; mais ce me sera toujours un soulagement d'emporter la pensée que vous êtes digne de l'estime que j'ai eue pour vous. Je vous prie que je puisse encore avoir la consolation de croire que ma mémoire vous sera chère, et que, s'il eût dépendu de vous, vous eussiez eu pour moi les sentimens que vous avez pour un autre. Il voulut continuer ; mais une faiblesse lui ôta la parole. Madame de Clèves fit venir les médecins ; ils le trouvèrent presque sans vie. Il languit néanmoins encore quelques jours, et mourut enfin avec une constance admirable.

Madame de Clèves demeura dans une affliction si violente, qu'elle perdit quasi l'usage de la raison. La reine la vint voir avec soin, et la mena dans un couvent, sans qu'elle sût où on la conduisait. Ses belles-sœurs la ramenèrent à Paris, qu'elle n'était pas encore en état de sentir distinctement sa douleur. Quand elle commença d'avoir la force de l'envisager, et qu'elle vit quel mari elle avait perdu, qu'elle considéra qu'elle était la cause de sa mort, et que c'était par la passion qu'elle avait eue pour un autre qu'elle en était cause, l'horreur qu'elle eut pour elle-même et pour M. de Nemours ne se peut représenter.

Ce prince n'osa, dans ces commencemens, lui rendre d'autres soins que ceux que lui ordonnait la bienséance. Il connaissait assez madame de Clèves pour croire qu'un plus grand empressement lui serait désagréable ; mais ce qu'il apprit ensuite lui fit bien voir qu'il devait avoir long-temps la même conduite.

Un écuyer qu'il avait lui conta que le gentilhomme de M. de Clèves, qui était son ami intime, lui avait dit, dans sa douleur de la perte de son maître, que le voyage de M. de Nemours à Coulommiers était cause de sa mort. M. de Nemours fut extrêmement surpris de ce discours; mais, après y avoir fait réflexion, il devina une partie de la vérité, et il jugea bien quels seraient d'abord les sentimens de madame de Clèves, et quel éloignement elle aurait de lui, si elle croyait que le mal de son mari eût été causé par la jalousie. Il crut qu'il ne fallait pas même la faire sitôt souvenir de son nom; et il suivit cette conduite, quelque pénible qu'elle lui parût.

Il fit un voyage à Paris, et ne put s'empêcher néanmoins d'aller à sa porte pour apprendre de ses nouvelles. On lui dit que personne ne la voyait, et qu'elle avait même défendu qu'on lui rendît compte de ceux qui l'iraient chercher. Peut-être que ces ordres si exacts étaient donnés en vue de ce prince, et pour ne point entendre parler de lui. M. de Nemours était trop amoureux pour pouvoir vivre si absolument privé de la vue de madame de Clèves. Il résolut de trouver des moyens, quelque difficiles qu'ils pussent être, de sortir d'un état qui lui paraissait si insupportable.

La douleur de cette princesse passait les bornes de la raison. Ce mari mourant, et mourant à cause d'elle et avec tant de tendresse pour elle, ne lui sortait point de l'esprit. Elle repassait incessamment tout ce qu'elle lui devait; et elle se faisait un crime de n'avoir pas eu de la passion pour lui, comme si c'eût été une chose qui eût été en son pouvoir. Elle ne trouvait de consolation qu'à penser qu'elle le regrettait autant qu'il méritait d'être regretté, et qu'elle ne ferait, dans le reste de sa vie, que ce qu'il aurait été bien aise qu'elle eût fait, s'il avait vécu.

Elle avait pensé plusieurs fois comment il avait su que M. de Nemours était venu à Coulommiers : elle ne soupçonnait pas ce prince de l'avoir conté; et il lui paraissait même indifférent qu'il l'eût redit, tant elle se croyait guérie et éloignée de la passion qu'elle avait eue pour lui. Elle sentait néanmoins une douleur vive de s'imaginer qu'il était cause de la mort de son mari, et elle se souvenait avec peine de la crainte que M. de Clèves lui avait témoignée en mourant qu'elle ne l'épousât; mais toutes ces douleurs se confondaient dans celle de la perte de son mari, et elle croyait n'en avoir point d'autre.

Après que plusieurs mois furent passés, elle sortit de cette violente affliction où elle était, et passa dans un état de tristesse et de langueur. Madame de Martigues fit un voyage à Paris, et la vit avec soin pendant le séjour qu'elle y fit. Elle l'entretint de la cour et de tout ce qui s'y passait; et, quoique madame de Clèves ne parût pas y prendre intérêt, madame de Martigues ne laissait pas de lui en parler pour la divertir.

Elle lui conta des nouvelles du vidame, de M. de Guise, et de tous les autres qui étaient distingués par leur personne ou par leur mérite. Pour M. de Nemours, dit-elle, je ne sais si les affaires ont pris dans son cœur la place de la galanterie, mais il a bien moins de joie qu'il n'avait accoutumé d'en avoir; il paraît fort retiré du commerce des femmes; il fait souvent des voyages à Paris, et je crois même qu'il y est présentement. Le nom de M. de Nemours surprit madame de Clèves, et la fit rougir : elle changea de discours, et madame de Martigues ne s'aperçut point de son trouble.

Le lendemain, cette princesse, qui cherchait des occupations conformes à l'état où elle était, alla, proche de chez elle, voir un homme qui faisait des ouvrages de soie d'une façon particulière ; et elle y fut dans le dessein d'en faire faire de semblables. Après qu'on les lui eut montrés, elle vit la porte d'une chambre où elle crut qu'il y en avait encore; elle dit qu'on la lui ouvrît. Le maître répondit qu'il n'en avait pas la clef, et qu'elle était occupée par un homme qui y venait quelquefois, pendant le jour, pour dessiner de belles maisons et des jardins que l'on voyait de ses fenêtres. C'est l'homme du monde le mieux fait, ajouta-t-il; il n'a guère la mine d'être réduit à gagner sa vie. Toutes les fois qu'il vient céans, je le vois toujours regarder les maisons et les jardins, mais je ne le vois jamais travailler.

Madame de Clèves écoutait ce discours avec une grande attention : ce que lui avait dit madame de Martigues, que M. de Nemours était quelquefois à Paris, se joignit, dans son imagination, à cet homme bien fait qui venait proche de chez elle, et lui fit une idée de M. de Nemours, et de M. de Nemours appliqué à la voir, qui lui donna un trouble confus dont elle ne savait pas même la cause. Elle alla vers les fenêtres pour voir où elles donnaient : elle trouva qu'elles voyaient tout son jardin et la face de son appartement; et, lorsqu'elle fut dans sa chambre, elle remarqua aisément cette même fenêtre où l'on lui avait dit que venait cet homme. La pensée que c'était M. de Nemours changea entièrement la situation de son esprit; elle ne se trouva plus dans un certain triste repos qu'elle commençait à goûter ; elle se sentit inquiète et agitée; enfin, ne pouvant demeurer avec elle-même, elle sortit, et alla prendre l'air dans un jardin hors des faubourgs, où elle pensait être seule. Elle crut, en y arrivant, qu'elle ne s'était pas trompée : elle ne vit aucune apparence qu'il y eût quelqu'un, et elle se promena assez long-temps.

Après avoir traversé un petit bois, elle aperçut, au bout d'une allée, dans l'endroit le plus reculé du jardin, une manière de cabinet ouvert de tous côtés, où elle adressa ses pas. Comme elle en fut proche, elle vit un homme couché sur des bancs, qui paraissait enseveli dans une rêverie profonde, et elle reconnut que c'était M. de Nemours. Cette vue l'arrêta tout court; mais ses gens, qui la suivaient, firent quelque bruit, qui tira M. de Nemours de sa rêverie. Sans regarder qui avait causé le bruit qu'il avait entendu, il se leva de sa place pour éviter la compagnie qui venait vers lui, et tourna dans une autre allée, en faisant une révérence fort basse, qui l'empêcha même de voir ceux qu'il saluait.

S'il eût su ce qu'il évitait, avec quelle ardeur serait-il retourné sur ses pas! mais il continua à suivre l'allée, et madame de Clèves le vit sortir par une porte de derrière où l'attendait son carrosse. Quel effet produisit cette vue d'un moment dans le cœur de madame de Clèves! Quelle passion endormie se ralluma dans son cœur, et avec quelle violence! Elle alla s'asseoir dans le même endroit d'où venait de sortir M. de Nemours; elle y demeura comme accablée. Ce prince se présenta à son esprit, aimable au-dessus de tout ce qui était au monde, l'aimant depuis long-temps avec une passion pleine de respect et de fidélité, méprisant tout pour elle, respectant même jusqu'à sa douleur, songeant à la voir sans songer à en être vu, quittant la cour, dont il faisait les délices, pour aller regarder les murailles qui la renfermaient, pour venir rêver dans des lieux où il ne pouvait prétendre de la rencontrer, enfin un homme digne d'être aimé par son seul attachement, et pour qui elle avait une inclination si violente, qu'elle l'aurait aimé quand il ne l'aurait pas aimée : mais de plus, un homme d'une qualité élevée et convenable à la sienne. Plus de devoir, plus de vertu, qui s'opposassent à ses sentimens : tous les obstacles étaient levés, et il ne restait de leur état passé que la passion de M. de Nemours pour elle, et que celle qu'elle avait pour lui.

Toutes ces idées furent nouvelles à cette princesse. L'affliction de la mort de M. de Clèves l'avait assez occupée, pour avoir empêché qu'elle n'y eût jeté les yeux. La présence de M. de Nemours les amena en foule dans son esprit ; mais, quand il en eut été pleinement rempli, et qu'elle se souvint aussi que ce même homme qu'elle regardait comme pouvant l'épouser, était celui qu'elle avait aimé du vivant de son mari, et qui était la cause de sa mort ; que même, en mourant, il lui avait témoigné de la crainte qu'elle ne l'épousât, son austère vertu était si blessée de cette imagination, qu'elle ne trouvait guère moins de crime à épouser M. de Nemours, qu'elle en avait trouvé à l'aimer pendant la vie de son mari. Elle s'abandonna à ces réflexions si contraires à son bonheur ; elle les fortifia encore de plusieurs raisons qui regardaient son repos et les maux qu'elle prévoyait en épousant ce prince. Enfin, après avoir demeuré deux heures dans le lieu où elle était, elle s'en revint chez elle, persuadée qu'elle devait fuir sa vue comme une chose entièrement opposée à son devoir.

Mais cette persuasion, qui était un effet de sa raison et de sa vertu, n'entraînait pas son cœur. Il demeurait attaché à M. de Nemours avec une violence qui la mettait dans un état digne de compassion, et qui ne lui laissa plus de repos. Elle passa une des plus cruelles nuits qu'elle eût jamais passées. Le matin, son premier mouvement fut d'aller voir s'il n'y aurait personne à la fenêtre qui donnait chez elle ; elle y alla, elle y vit M. de Nemours. Cette vue la surprit, et elle se retira avec une promptitude qui fit juger à ce prince qu'il avait été reconnu. Il avait souvent désiré de l'être, depuis que sa passion lui avait fait trouver ces moyens de voir madame de Clèves ; et, lorsqu'il n'espérait pas d'avoir ce plaisir, il allait rêver dans le même jardin où elle l'avait trouvé.

Lassé enfin d'un état si malheureux et si incertain, il résolut de tenter quelque voie d'éclaircir sa destinée. Que veux-je attendre? disait-il; il y a long-temps que je sais que j'en suis aimé ; elle est libre, elle n'a plus de devoir à m'opposer; pourquoi me réduire à la voir sans en être vu et sans lui parler? Est-il possible que l'amour m'ait si absolument ôté la raison et la hardiesse, et qu'il m'ait rendu si différent de ce que j'ai été dans les autres passions de ma vie? J'ai dû respecter la douleur de madame de Clèves; mais je la respecte trop long-temps, et je lui donne le loisir d'éteindre l'inclination qu'elle a pour moi.

Après ces réflexions, il songea aux moyens dont il devait se servir pour la voir. Il crut qu'il n'y avait plus rien qui l'obligeât à cacher sa passion au vidame de Chartres : il résolut de lui en parler, et de lui dire le dessein qu'il avait pour sa nièce.

Le vidame était alors à Paris : tout le monde y était venu donner ordre à son équipage et à ses habits, pour suivre le roi, qui devait conduire la reine d'Espagne. M. de Nemours alla donc chez le vidame, et lui fit un aveu sincère de tout ce qu'il lui avait caché jusques alors, à la réserve des sentimens de madame de Clèves, dont il ne voulut pas paraître instruit.

Le vidame reçut tout ce qu'il lui dit avec beaucoup de joie, et l'assura que, sans savoir ses sentimens, il avait souvent pensé, depuis que madame de Clèves était veuve, qu'elle était la seule personne digne de lui. M. de Nemours le pria de lui donner les moyens de lui parler, et de savoir quelles étaient ses dispositions.

Le vidame lui proposa de le mener chez elle; mais M. de Nemours crut qu'elle en serait choquée, parce qu'elle ne voyait encore personne. Ils trouvèrent qu'il fallait que M. le vidame la priât de venir chez lui, sur quelque prétexte, et que M. de Nemours y vînt par un escalier dérobé, afin de n'être vu de personne. Cela s'exécuta comme ils l'avaient résolu : madame de Clèves vint; le vidame l'alla recevoir, et la conduisit dans un grand cabinet, au bout de son appartement; quelque temps après, M. de Nemours entra comme si le hasard l'eût conduit. Madame de Clèves fut extrêmement surprise de le voir : elle rougit, et essaya de cacher sa rougeur. Le vidame parla d'abord de choses différentes, et sortit, supposant qu'il avait quelque ordre à donner. Il dit à madame de Clèves qu'il la priait de faire les honneurs de chez lui, et qu'il allait rentrer dans un moment.

L'on ne peut exprimer ce que sentirent M. de Nemours et madame de Clèves, de se trouver seuls et en état de se parler pour la première fois. Ils demeurèrent quelque temps sans rien dire; enfin, M. de Nemours rompant le silence : Pardonnerez-vous à M. de Chartres, madame, lui dit-il, de m'avoir donné l'occasion de vous voir, et de vous entretenir, que vous m'avez toujours si cruellement ôtée? Je ne lui dois pas pardonner, répondit-elle, d'avoir oublié l'état où je suis et à quoi il expose ma réputation. En prononçant ces paroles elle voulut s'en aller; et M. de Nemours la retenant : Ne craignez rien, madame, répliqua-t-il, personne ne sait que je suis ici, et aucun hasard n'est à craindre. Écoutez-moi, madame, écoutez-moi; si ce n'est par bonté, que ce soit du moins pour l'amour de vous-même, et pour vous délivrer des extravagances où m'emporterait infailliblement une passion dont je ne suis plus le maître.

Madame de Clèves céda pour la première fois au penchant qu'elle avait pour M. de Nemours, et le regardant avec des yeux pleins de douceur et de charme : Mais qu'espérez-vous, lui dit-elle, de la complaisance que vous me demandez? Vous vous repentirez peut-être de l'avoir obtenue, et je me repentirai infailliblement de vous l'avoir accordée. Vous méritez une destinée plus heureuse que celle que vous avez eue jusques ici, et que celle que vous pouvez trouver à l'avenir, à moins que vous ne la cherchiez ailleurs. Moi, madame, lui dit-il, chercher du bonheur ailleurs! et y en a-t-il d'autre que d'être aimé de vous! Quoique je ne vous aie jamais parlé, je ne saurais croire, madame, que vous ignoriez ma passion, et que vous ne la connaissiez pour la plus véritable et la plus violente qui sera jamais. A quelle épreuve a-t-elle été par des choses qui vous sont inconnues? Et à quelle épreuve l'avez-vous mise par vos rigueurs?

Puisque vous voulez que je vous parle, et que je m'y résous, répondit madame de Clèves en s'asseyant, je le ferai avec une sincérité que vous trouverez malaisément dans les personnes de mon sexe. Je ne vous dirai point que je n'aie pas vu l'attachement que vous avez eu pour moi;

peut-être ne me croiriez-vous pas quand je vous le dirais : je vous avoue donc, non-seulement que je l'ai vu, mais que je l'ai vu tel que vous pouvez souhaiter qu'il m'ait paru. Et si vous l'avez vu, madame, interrompit-il, est-il possible que vous n'en ayez point été touchée? Et oserais-je vous demander s'il n'a fait aucune impression dans votre cœur? Vous en avez dû juger par ma conduite, lui répliqua-t-elle; mais je voudrais bien savoir ce que vous en avez pensé. Il faudrait que je fusse dans un état plus heureux pour vous l'oser dire, répondit-il; et ma destinée a trop peu de rapport à ce que je vous dirais. Tout ce que je puis vous apprendre, madame, c'est que j'ai souhaité ardemment que vous n'eussiez pas avoué à M. de Clèves ce que vous me cachiez, et que vous lui eussiez caché ce que vous m'eussiez laissé voir. Comment avez-vous pu découvrir, reprit-elle en rougissant, que j'aie avoué quelque chose à M. de Clèves? Je l'ai su par vous-même, madame, répondit-il; mais, pour me pardonner la hardiesse que j'ai eue de vous écouter, souvenez-vous si j'ai abusé de ce que j'ai entendu, si mes espérances en ont augmenté, et si j'ai eu plus de hardiesse à vous parler.

Il commença à lui conter comme il avait entendu sa conversation avec M. de Clèves; mais elle l'interrompit avant qu'il eût achevé. Ne m'en dites pas davantage, lui dit-elle; je vois présentement par où vous avez été si bien instruit; vous ne me le parûtes déjà que trop chez madame la dauphine, qui avait su cette aventure par ceux à qui vous l'aviez confiée.

M. de Nemours lui apprit alors de quelle sorte la chose était arrivée. Ne vous excusez point, reprit-elle; il y a long-temps que je vous ai pardonné, sans que vous m'ayez dit de raison; mais puisque vous avez appris par moi-même ce que j'avais eu dessein de vous cacher toute ma vie, je vous avoue que vous m'avez inspiré des sentimens qui m'étaient inconnus devant que de vous avoir vu, et dont j'avais même si peu d'idée, qu'ils me donnèrent d'abord une surprise qui augmentait encore le trouble qui les suit toujours. Je vous fais cet aveu avec moins de honte, parce que je le fais dans un temps où je le puis faire sans crime, et que vous avez vu que ma conduite n'a pas été réglée par mes sentimens.

Croyez-vous, madame, lui dit M. de Nemours, en se jetant à ses genoux, que je n'expire pas à vos pieds de joie et de transport. Je ne vous apprends, lui répondit-elle en souriant, que ce que vous ne saviez déjà que trop. Ah! madame, répliqua-t-il, quelle différence de le savoir par un effet du hasard, ou de l'apprendre par vous-même, et de voir que vous voulez bien que je le sache! Il est vrai, lui dit-elle, que je veux bien que vous le sachiez, et que je trouve de la douceur à vous le dire : je ne sais même si je ne vous le dis point plus pour l'amour de moi que pour l'amour de vous. Car, enfin, cet aveu n'aura point de suite, et je suivrai les règles austères que mon devoir m'impose. Vous n'y songez pas, madame, répondit M. de Nemours; il n'y a plus de devoir qui vous lie, vous êtes en liberté; et, si j'osais, je vous dirais même qu'il dépend de vous de faire en sorte que votre devoir vous oblige un jour à conserver les sentimens que vous avez pour moi. Mon devoir, répliqua-t-elle, me défend de penser jamais à personne, et moins à vous qu'à qui que ce soit au monde, par des raisons qui vous sont inconnues. Elles ne me le sont peut-être pas, madame, reprit-il; mais ce ne sont point de véritables raisons. Je crois savoir que M. de Clèves m'a cru plus heureux que je n'étais, et qu'il s'est imaginé que vous aviez approuvé des extravagances que la passion m'a fait entreprendre sans votre aveu. Ne parlons point de cette aventure, lui dit-elle, je n'en saurais soutenir la pensée; elle me fait honte, et elle m'est aussi trop douloureuse par les suites qu'elle a eues. Il n'est que trop véritable que vous êtes cause de la mort de M. de Clèves : les soupçons que lui a donnés votre conduite inconsidérée lui ont coûté la vie, comme si vous la lui aviez ôtée de vos propres mains. Voyez ce que je devrais faire, si vous en étiez venus ensemble à ces extrémités, et que le même malheur en fût arrivé. Je sais bien que ce n'est pas la même chose à l'égard du monde; mais, au mien, il n'y a aucune différence, puisque je sais que c'est par vous qu'il est mort, et que c'est à cause de moi. Ah! madame, lui dit M. de Nemours, quel fantôme de devoir opposez-vous à mon bonheur! Quoi! madame, une pensée vaine et sans fondement vous empêchera de rendre heureux un homme que vous ne haïssez pas? Quoi! j'aurais pu concevoir l'espérance de passer ma vie avec vous; ma destinée m'aurait conduit à aimer la plus estimable personne du monde; j'aurais vu en elle tout ce qui peut faire une adorable maîtresse; elle ne m'aurait pas haï, et je n'aurais trouvé dans sa conduite que tout ce qui peut être à désirer dans une femme! Car enfin, madame, vous êtes peut-être la seule personne en qui ces deux choses se soient jamais trouvées au degré qu'elles sont en vous : tous ceux qui épousent des maîtresses dont ils sont aimés, tremblent en les épousant, et regardent avec crainte, par rapport aux autres, la conduite qu'elles ont eue avec eux; mais en vous, madame, rien n'est à craindre, et on ne trouve que des sujets d'admiration. N'aurais-je envisagé, dis-je, une si grande félicité, que pour vous y voir apporter vous-même des obstacles? Ah! madame, vous oubliez que vous m'avez distingué du reste des hommes, ou plutôt vous ne m'en avez jamais distingué : vous vous êtes trompée, et je me suis flatté.

Vous ne vous êtes point flatté, lui répondit-elle; les raisons de mon devoir ne me paraîtraient peut-être pas si fortes sans cette distinction dont vous vous doutez, et c'est elle qui me fait envisager des malheurs à m'attacher à vous. Je n'ai rien à répondre, madame, reprit-il, quand vous me faites voir que vous craignez des malheurs; mais je vous avoue qu'après tout ce que vous avez bien voulu me dire, je ne m'attendais pas à trouver une si cruelle raison. Elle est si peu offensante pour vous, reprit madame de Clèves, que j'ai même beaucoup de peine à vous l'apprendre. Hélas! madame, répliqua-t-il, que pouvez-vous craindre qui me flatte trop, après ce que vous venez de me dire? Je veux vous parler encore avec la même sincérité que j'ai déjà commencé, reprit-elle, et je vais passer par-dessus toute la retenue et toutes les délicatesses que je devrais avoir dans une première conversation ; mais je vous conjure de m'écouter sans m'interrompre.

Je crois devoir à votre attachement la faible récompense de ne vous cacher aucun de mes sentimens, et de vous les laisser voir tels qu'ils sont. Ce sera apparemment la seule fois de ma vie que je me donnerai la liberté de vous les faire paraître; néanmoins, je ne saurais vous avouer sans honte que la certitude de n'être plus aimée de vous comme je le suis me paraît un si horrible malheur, que, quand je n'aurais point des raisons de devoir insurmontables, je doute si je pourrais me résoudre à m'exposer à ce malheur. Je sais que vous êtes libre, que je le suis, et que les choses sont d'une sorte que le public n'aurait peut-être pas sujet de vous blâmer, ni moi non plus, quand nous nous engagerions ensemble pour jamais ; mais les hommes conservent-ils de la passion dans ces engagemens éternels ? Dois-je espérer un miracle en ma faveur ? et puis-je me mettre en état de voir certainement finir cette passion dont je ferais toute ma félicité ? M. de Clèves était peut-être l'unique homme du monde capable de conserver de l'amour dans le mariage. Ma destinée n'a pas voulu que j'aie pu profiter de ce bonheur; peut-être aussi que sa passion n'avait subsisté que parce qu'il n'en avait pas trouvé en moi ; mais je n'aurais pas le même moyen de conserver la vôtre : je crois même que les obstacles ont fait votre constance ; vous en avez assez trouvé pour vous animer à vaincre ; et mes actions involontaires, ou les choses que le hasard vous a apprises, vous ont donné assez d'espérance pour ne vous pas rebuter. Ah! madame, reprit M. de Nemours, je ne saurais garder le silence que vous m'imposez : vous me faites trop d'injustice, et vous me faites trop voir combien vous êtes éloignée d'être prévenue en ma faveur. J'avoue, répondit-elle, que les passions peuvent me conduire, mais elles ne sauraient m'aveugler; rien ne me peut empêcher de connaître que vous êtes né avec toutes les dispositions pour la galanterie et toutes les qualités qui sont propres à y donner des succès heureux : vous avez déjà eu plusieurs passions ; vous en auriez encore ; je ne ferais plus votre bonheur ; je vous verrais pour une autre comme vous auriez été pour moi : j'en aurais une douleur mortelle, et je ne serais pas même assurée de n'avoir point le malheur de la jalousie. Je vous en ai trop dit pour vous cacher que vous me l'avez fait connaître, et que je souffris de si cruelles peines le soir que la reine me donna cette lettre de madame de Thémines, que l'on disait qui s'adressait à vous, qu'il m'en est demeuré une idée qui me fait croire que c'est le plus grand de tous les maux.

Par vanité ou par goût, toutes les femmes souhaitent de vous attacher; il y en a peu à qui vous ne plaisiez : mon expérience me ferait croire qu'il n'y en a point à qui vous ne puissiez plaire. Je vous croirais toujours amoureux et aimé, et je ne me tromperais pas souvent. Dans cet état, néanmoins, je n'aurais d'autre parti à prendre que celui de la souffrance; je ne sais même si j'oserais me plaindre. On fait des reproches à un amant, mais en fait-on à un mari, quand on n'a qu'à lui reprocher de n'avoir plus d'amour? Quand je pourrais m'accoutumer à cette sorte de malheur, pourrais-je m'accoutumer à celui de croire voir toujours M. de Clèves vous accuser de sa mort, me reprocher de vous avoir aimé, de vous avoir épousé, et me faire sentir la différence de son attachement au vôtre? Il est impossible, continua-t-elle, de passer par-dessus des raisons si fortes : il faut que je demeure dans l'état où je suis, et dans les résolutions que j'ai prises de n'en sortir jamais. Eh! croyez-vous le pouvoir, madame? s'écria M. de Nemours. Pensez-vous que vos résolutions tiennent contre un homme qui vous adore, et qui est assez heureux pour vous plaire? Il est plus difficile que vous ne pensez, madame, de résister à ce qui nous plaît, et à ce qui nous aime. Vous l'avez fait par une vertu austère, qui n'a presque point d'exemple; mais cette vertu ne s'oppose plus à vos sentimens, et j'espère que vous les suivrez malgré vous. Je sais bien qu'il n'y a rien de plus difficile que ce que j'entreprends, répliqua madame de Clèves; je me défie de mes forces, au milieu de mes raisons; ce que je crois devoir à la mémoire de M. de Clèves serait faible, s'il n'était soutenu par l'intérêt de mon repos; et les raisons de mon repos ont besoin d'être soutenues de celles de mon devoir; mais, quoique je me défie de moi-même, je crois que je ne vaincrai jamais mes scrupules, et je n'espère pas aussi de surmonter l'inclination que j'ai pour vous. Elle me rendra malheureuse, et je me priverai de votre vue, quelque violence qu'il m'en coûte. Je vous conjure, par tout le pouvoir que j'ai sur vous, de ne chercher aucune occasion de me voir. Je suis dans un état qui me fait des crimes de tout ce qui pourrait être permis dans un autre temps; et la seule bienséance interdit tout commerce entre nous. M. de Nemours se jeta à ses pieds, et s'abandonna à tous les divers mouvemens dont il était agité. Il lui fit voir, et par ses paroles et par ses pleurs, la plus vive et la plus tendre passion dont un cœur ait jamais été touché. Celui de madame de Clèves n'était pas insensible; et, regardant ce prince avec des yeux un peu grossis par les larmes : Pourquoi faut-il, s'écria-t-elle, que je vous puisse accuser de la mort de M. de Clèves ? Que n'ai-je commencé à vous connaître depuis que je suis libre, ou pourquoi ne vous ai-je pas connu devant que d'être engagée? Pourquoi la destinée nous sépare-t-elle par un obstacle si invincible? Il n'y a point d'obstacle, madame, reprit M. de Nemours : vous seule vous opposez à mon bonheur; vous seule vous imposez une loi que la vertu et la raison ne vous sauraient imposer. Il est vrai, répliqua-t-elle, que je sacrifie beaucoup à un devoir qui ne subsiste que dans mon imagination. Attendez ce que le temps pourra faire : M. de Clèves ne fait encore que d'expirer, et cet objet funeste est trop proche pour me laisser des vues claires et distinctes. Ayez cependant le plaisir de vous être fait aimer d'une personne qui n'aurait rien aimé, si elle ne vous avait jamais vu : croyez que les sentimens que j'ai pour vous seront éternels, et qu'ils subsisteront également, quoi que je fasse. Adieu, lui dit-elle; voici une conversation qui me fait honte : rendez-en compte à M. le vidame; j'y consens, et je vous en prie.

Elle sortit, en disant ces paroles, sans que M. de Nemours pût la retenir. Elle trouva M. le vidame dans la chambre la plus proche. Il la vit si troublée, qu'il n'osa lui parler, et il la remit en son carrosse sans lui rien dire. Il revint trouver M. de Nemours, qui était si plein de joie, de tristesse, d'étonnement et d'admiration, enfin, de tous les sentimens que peut donner une passion pleine de crainte et d'espérance, qu'il n'avait pas l'usage de la raison. Le vidame fut long-temps à obtenir qu'il lui rendît compte de sa conversation. Il le fit enfin; et M. de Chartres, sans être amoureux, n'eut pas moins d'admiration pour la vertu, l'esprit et le mérite de madame de Clèves, que M. de Nemours en avait lui-même. Ils examinèrent ce que ce prince devait espérer de sa destinée; et, quelques craintes que son amour lui pût donner, il demeura d'accord avec M. le vidame, qu'il était impossible que madame de Clèves demeurât dans les résolutions où elle était. Ils convinrent néanmoins qu'il fallait suivre ses ordres, de crainte que, si le public s'apercevait de l'attachement qu'il avait pour elle, elle ne fît des déclarations et ne prît des engagemens envers le monde, qu'elle soutiendrait dans la suite, par la peur qu'on ne crût qu'elle l'eût aimé du vivant de son mari.

M. de Nemours se détermina à suivre le roi. C'était un voyage dont il ne pouvait aussi bien se dispenser, et il résolut à s'en aller, sans tenter même de revoir madame de Clèves du lieu où il l'avait vue quelquefois. Il pria M. le vidame de lui parler. Que ne lui dit-il point pour lui redire! quel nombre infini de raisons pour la persuader de vaincre ses scrupules! Enfin, une partie de la nuit était passée, devant que M. de Nemours songeât à le laisser en repos.

Madame de Clèves n'était pas en état d'en trouver : ce lui était une chose si nouvelle d'être sortie de cette contrainte qu'elle s'était imposée, d'avoir souffert, pour la première fois de sa vie, qu'on lui dît qu'on était amoureux d'elle, et d'avoir dit elle-même qu'elle aimait, qu'elle ne se connaissait plus. Elle fut étonnée de ce qu'elle avait fait; elle s'en repentit; elle en eut de la joie : tous ses sentimens étaient pleins de trouble et de passion. Elle examina encore les raisons de son devoir, qui s'opposaient à son bonheur : elle sentit de la douleur de les trouver si fortes, et elle se repentit de les avoir si bien montrées à M. de Nemours. Quoique la pensée de l'épouser lui fût venue dans l'esprit sitôt qu'elle l'avait revu dans ce jardin, elle ne lui avait pas fait la même impression que venait de faire le conversation qu'elle avait eue avec lui, et il y avait des momens où elle avait de la peine à comprendre qu'elle pût être malheureuse en l'épousant. Elle eût bien voulu se pouvoir dire qu'elle était mal fondée, et dans ses scrupules du passé, et dans ses craintes de l'avenir. La raison et son devoir lui montraient, dans d'autres momens, des choses toutes opposées, qui l'emportaient rapidement à la résolution de ne se point remarier, et de ne voir jamais M. de Nemours; mais c'était une résolution bien violente à établir dans un cœur aussi touché que le sien, et aussi nouvellement abandonné aux charmes de l'amour. Enfin, pour se donner quelque calme, elle pensa qu'il n'était point encore nécessaire qu'elle se fit la violence de prendre des résolutions; la bienséance lui donnait un temps considérable à se déterminer; mais elle résolut de demeurer ferme à n'avoir aucun commerce avec M. de Nemours. Le vidame la vint voir, et servit ce prince avec tout l'esprit et l'application imaginable. Il ne la put faire changer sur sa conduite, ni sur celle qu'elle avait imposée à M. de Nemours. Elle lui dit que son dessein était de demeurer dans l'état où elle se trouvait; qu'elle connaissait que ce dessein était difficile à exécuter, mais qu'elle espérait d'en avoir la force. Elle lui fit si bien voir à quel point elle était touchée de l'opinion que M. de Nemours avait causé la mort à son mari, et combien elle était persuadée qu'elle ferait une action contre son devoir en l'épousant, que le vidame craignit qu'il ne fût malaisé de lui ôter cette impression. Il ne dit pas à ce prince ce qu'il pensait; et, en lui rendant compte de sa conversation, il lui laissa toute l'espérance que la raison doit donner à un homme qui est aimé.

Ils partirent le lendemain, et allèrent joindre le roi. M. le vidame écrivit à madame de Clèves, à la prière de M. de Nemours, pour lui parler de ce prince; et, dans une seconde lettre qui suivit bientôt la première, M. de Nemours y mit quelques lignes de sa main. Mais madame de Clèves, qui ne voulait pas sortir des règles qu'elle s'était imposées, et qui craignait les accidens qui peuvent arriver par les lettres, manda au vidame qu'elle ne recevrait plus les siennes, s'il continuait à lui parler de M. de Nemours; et le lui manda si fortement, que ce prince le pria même de ne le plus nommer.

La cour alla conduire la reine d'Espagne jusqu'en Poitou. Pendant cette absence, madame de Clèves demeura à elle-même; et, à mesure qu'elle était éloignée de M. de Nemours, et de tout ce qui l'en pouvait faire souvenir, elle rappelait la mémoire de M. de Clèves, qu'elle se faisait un honneur de conserver. Les raisons qu'elle avait de ne point épouser M. de Nemours lui paraissaient fortes du côté de son devoir, et insurmontables du côté de son repos. La fin de l'amour de ce prince, et les maux de la jalousie, qu'elle croyait infaillibles dans un mariage, lui montraient un malheur certain où elle s'allait jeter; mais elle voyait aussi qu'elle entreprenait une chose impossible, que de résister en présence au plus aimable homme du monde, qu'elle aimait, et dont elle était aimée, et de lui résister sur une chose qui ne choquait ni la vertu ni la bienséance. Elle jugea que l'absence seule et l'éloignement pouvaient lui donner quelque force; elle trouva qu'elle en avait besoin, non-seulement pour soutenir la résolution de ne se pas engager, mais même pour se défendre de voir M. de Nemours; et elle résolut de faire un assez long voyage, pour passer tout le temps que la bienséance l'obligeait à vivre dans la retraite. De grandes terres qu'elle avait vers les Pyrénées lui parurent le lieu le plus propre qu'elle pût choisir. Elle partit peu de jours avant que la cour revînt; et, en partant, elle écrivit à M. le vidame, pour le conjurer que l'on ne songeât point à avoir de ses nouvelles, ni à lui écrire.

M. de Nemours fut affligé de ce voyage, comme un autre l'aurait été de la mort de sa maîtresse. La pensée d'être privé pour long-temps de la vue de madame de Clèves lui était une douleur sensible, et surtout dans un temps où il avait senti le plaisir de la voir, et de la voir touchée de sa passion. Cependant il ne pouvait faire autre chose que s'affliger ; mais son affliction augmenta considérablement. Madame de Clèves, dont l'esprit avait été si agité, tomba dans une maladie violente sitôt qu'elle fut arrivée chez elle : cette nouvelle vint à la cour. M. de Nemours était inconsolable ; sa douleur allait au désespoir et à l'extravagance. Le vidame eut beaucoup de peine à l'empêcher de faire voir sa passion au public ; il en eut beaucoup aussi à le retenir, et à lui ôter le dessein d'aller lui-même apprendre de ses nouvelles. La parenté et l'amitié de M. le vidame fut un prétexte à y envoyer plusieurs courriers : on sut enfin qu'elle était hors de cet extrême péril où elle avait été, mais elle demeura dans une maladie de langueur qui ne laissait guère d'espérance de sa vie.

Cette vue si longue et si prochaine de la mort fit paraître à madame de Clèves les choses de cette vie de cet œil si différent dont on les voit dans la santé. La nécessité de mourir, dont elle se voyait si proche, l'accoutuma à se détacher de toutes choses; et la longueur de sa maladie lui en fit une habitude. Lorsqu'elle revint de cet état, elle trouva néanmoins que M. de Nemours n'était pas effacé de son cœur; mais elle appela à son secours, pour se défendre contre lui, toutes les raisons qu'elle croyait avoir pour ne l'épouser jamais. Il se passa un assez grand combat en elle-même; enfin elle surmonta les restes de cette passion, qui était affaiblie par les sentimens que sa maladie lui avait donnés : les pensées de la mort lui avaient reproché la mémoire de M. de Clèves. Ce souvenir, qui s'accordait à son devoir, s'imprima fortement dans son cœur. Les passions et les engagemens du monde lui parurent tels qu'ils paraissent aux personnes qui ont des vues plus grandes et plus éloignées. Sa santé, qui demeura considérablement affaiblie, lui aida à conserver ces sentimens; mais, comme elle connaissait ce que peuvent les occasions sur les résolutions les plus sages, elle ne voulut pas s'exposer à détruire les siennes, ni revenir dans les lieux où était ce qu'elle avait aimé. Elle se retira, sur le prétexte de changer d'air, dans une maison religieuse, sans faire paraître un dessein arrêté de renoncer à la cour.

A la première nouvelle qu'en eut M. de Nemours, il sentit le poids de cette retraite, et il en vit l'importance. Il crut, dans ce moment, qu'il n'avait plus rien à espérer. La perte de ses espérances ne l'empêcha pas de mettre tout en usage pour faire revenir madame de Clèves : il fit écrire la reine, il fit écrire le vidame, il l'y fit aller ; mais tout fut inutile. Le vidame la vit : elle ne lui dit point qu'elle eût pris de résolution ; il jugea néanmoins qu'elle ne reviendrait jamais. Enfin, M. de Nemours y alla lui-même, sur le prétexte d'aller à des bains. Elle fut extrêmement troublée et surprise d'apprendre sa venue. Elle lui fit dire, par une personne de mérite qu'elle aimait, et qu'elle avait alors auprès d'elle, qu'elle le priait de ne pas trouver étrange si elle ne s'exposait point au péril de le voir, et de détruire, par sa présence, des sentimens qu'elle devait conserver ; qu'elle voulait bien qu'il sût, qu'ayant trouvé que son devoir et son repos s'opposaient au penchant qu'elle avait d'être à lui, les autres choses du monde lui avaient paru si indifférentes, qu'elle y avait renoncé pour jamais ; qu'elle ne pensait plus qu'à celles de l'autre vie, et qu'il ne lui restait aucun sentiment, que le désir de le voir dans les mêmes dispositions où elle était.

M. de Nemours pensa expirer de douleur en

présence de celle qui lui parlait. Il la pria vingt fois de retourner à madame de Clèves, afin de faire en sorte qu'il la vît; mais cette personne lui dit que madame de Clèves lui avait non-seulement défendu de lui aller redire aucune chose de sa part, mais même de lui rendre compte de leur conversation. Il fallut enfin que ce prince repartît, aussi accablé de douleur que le pouvait être un homme qui perdait toutes sortes d'espérances de revoir jamais une personne qu'il aimait d'une passion la plus violente, la plus naturelle, et la mieux fondée qui ait jamais été. Néanmoins il ne se rebuta point encore, et il fit tout ce qu'il put imaginer de capable de la faire changer de dessein. Enfin, des années entières s'étant passées, le temps et l'absence ralentirent sa douleur et éteignirent sa passion. Madame de Clèves vécut d'une sorte qui ne laissa pas d'apparence qu'elle pût jamais revenir : elle passait une partie de l'année dans cette maison religieuse, et l'autre chez elle; mais dans une retraite, et dans des occupations plus saintes que celles des couvens les plus austères; et sa vie, qui fut assez courte, laissa des exemples de vertu inimitables.

FIN DE LA PRINCESSE DE CLÈVES.

LA COMTESSE
DE TENDE.

LA COMTESSE DE TENDE.

Mademoiselle de Strozzi, fille du maréchal, et proche parente de Catherine de Médicis, épousa, la première année de la régence de cette reine, le comte de Tende, de la maison de Savoie, riche, bien fait, le seigneur de la cour qui vivait avec le plus d'éclat, et plus propre à se faire estimer qu'à plaire. Sa femme, néanmoins, l'aima d'abord avec passion. Elle était fort jeune; il ne la regarda que comme un enfant, et il fut bientôt amoureux d'une autre. La comtesse de Tende, vive, et d'une race italienne, devint jalouse; elle ne se donnait point de repos; elle n'en laissait point à son mari; il évita sa présence, et ne vécut plus avec elle comme l'on vit avec sa femme.

La beauté de la comtesse augmenta; elle fit paraître beaucoup d'esprit; le monde la regarda avec admiration; elle fut occupée d'elle-même, et guérit insensiblement de sa jalousie et de sa passion.

Elle devint l'amie intime de la princesse de Neufchâtel, jeune, belle, et veuve du prince de ce nom, qui lui avait laissé, en mourant, cette souveraineté, qui la rendait le parti de la cour le plus élevé et le plus brillant.

Le chevalier de Navarre, descendu des anciens souverains de ce royaume, était aussi alors jeune, beau, plein d'esprit et d'élévation ; mais la fortune ne lui avait donné d'autre bien que la naissance. Il jeta les yeux sur la princesse de Neufchâtel, dont il connaissait l'esprit, comme sur une personne capable d'un attachement violent, et propre à faire la fortune d'un homme comme lui. Dans cette vue, il s'attacha à elle, sans en être amoureux, et attira son inclination : il en fut souffert ; mais il se trouva encore bien éloigné du succès qu'il désirait. Son dessein était ignoré de tout le monde : un seul de ses amis en avait la confidence, et cet ami était aussi intime ami du comte de Tende : il fit consentir le chevalier de Navarre à confier son secret au comte, dans la vue qu'il l'obligerait à le servir auprès de la princesse de Neufchâtel. Le comte de Tende aimait déjà le chevalier de Navarre ; il en parla à sa femme, pour qui il commençait à avoir plus de considération, et l'obligea, en effet, de faire ce qu'on désirait.

La princesse de Neufchâtel lui avait déjà fait

confidence de son inclination pour le chevalier de Navarre : cette comtesse la fortifia. Le chevalier la vint voir, il prit des liaisons et des mesures avec elle; mais, en la voyant, il prit aussi pour elle une passion violente. Il ne s'y abandonna pas d'abord : il vit les obstacles que ces sentimens partagés entre l'amour et l'ambition apporteraient à son dessein : il résista; mais, pour résister, il ne fallait pas voir souvent la comtesse de Tende, et il la voyait tous les jours, en cherchant la princesse de Neufchâtel; ainsi il devint éperdument amoureux de la comtesse. Il ne put lui cacher entièrement sa passion : elle s'en aperçut; son amour-propre en fut flatté, et elle se sentit un amour violent pour lui.

Un jour, comme elle lui parlait de la grande fortune d'épouser la princesse de Neufchâtel, il lui dit en la regardant d'un air où sa passion était entièrement déclarée : Et croyez-vous, madame, qu'il n'y ait point de fortune que je préférasse à celle d'épouser cette princesse? La comtesse de Tende fut frappée des regards et des paroles du chevalier : elle le regarda des mêmes yeux dont il la regardait; et il y eut un trouble et un silence entre eux plus parlant que les paroles. Depuis ce temps, la comtesse fut dans une agitation qui lui ôta le repos : elle sentit le remords d'ôter à son amie le cœur d'un homme qu'elle allait épouser uniquement pour en être aimée, qu'elle épousait avec l'improbation de tout le monde, et aux dépens de son élévation.

Cette trahison lui fit horreur : la honte et les malheurs d'une galanterie se présentèrent à son esprit ; elle vit l'abîme où elle se précipitait, et elle résolut de l'éviter.

Elle tint mal ses résolutions. La princesse était presque déterminée à épouser le chevalier de Navarre : néanmoins elle n'était point contente de la passion qu'il avait pour elle; et, au travers de celle qu'elle avait pour lui, et du soin qu'il prenait de la tromper, elle démêlait la tiédeur de ses sentimens. Elle s'en plaignit à la comtesse de Tende. Cette comtesse la rassura; mais les plaintes de madame de Neufchâtel achevèrent de la troubler; elles lui firent voir l'étendue de sa trahison, qui coûterait peut-être la fortune de son amant. La comtesse l'avertit des défiances de la princesse. Il lui témoigna de l'indifférence pour tout, hors d'être aimé d'elle : néanmoins, il se contraignit par ses ordres, et rassura si bien la princesse de Neufchâtel, qu'elle fit voir à la comtesse de Tende qu'elle était entièrement satisfaite du chevalier de Navarre.

La jalousie se saisit alors de la comtesse : elle

craignit que son amant n'aimât véritablement la princesse : elle vit toutes les raisons qu'il avait de l'aimer ; leur mariage, qu'elle avait souhaité, lui fit horreur ; elle ne voulait pourtant pas qu'il le rompît, et elle se trouvait dans une cruelle incertitude. Elle laissa voir au chevalier tous ses remords sur la princesse de Neufchâtel ; elle résolut seulement de lui cacher sa jalousie, et crut en effet la lui avoir cachée.

La passion de la princesse surmonta enfin toutes ses irrésolutions. Elle se détermina à son mariage, et se résolut de le faire secrètement, et de ne le déclarer que quand il serait fait.

La comtesse de Tende était prête à expirer de douleur. Le même jour qui fut pris pour le mariage, il y avait une cérémonie publique : son mari y assista ; elle y envoya toutes ses femmes; elle fit dire qu'on ne la voyait pas, et s'enferma dans son cabinet, couchée sur son lit de repos, et abandonnée à tout ce que les remords, l'amour et la jalousie peuvent faire sentir de plus cruel.

Comme elle était dans cet état, elle entendit ouvrir une porte dérobée de son cabinet, et vit paraître le chevalier de Navarre, paré et d'une grâce au-dessus de ce qu'elle l'avait jamais vu. Chevalier, où allez-vous? s'écria-t-elle ; que cherchez-vous? avez-vous perdu la raison?

qu'est devenu votre mariage, et songez-vous à ma réputation? Soyez en repos de votre réputation, madame, lui répondit-il; personne ne le peut savoir; il n'est pas question de mon mariage; il ne s'agit plus de ma fortune; il ne s'agit que de votre cœur, madame, et d'être aimé de vous : je renonce à tout le reste. Vous m'avez laissé voir que vous ne me haïssez pas; mais vous m'avez voulu cacher que je suis assez heureux pour que mon mariage vous fasse de la peine : je viens vous dire, madame, que j'y renonce; que ce mariage me serait un supplice, et que je ne veux vivre que pour vous. On m'attend à l'heure que je vous parle, tout est prêt; mais je vais tout rompre, si, en le rompant, je fais une chose qui vous soit agréable, et qui vous prouve ma passion.

La comtesse se laissa tomber sur un lit de repos, dont elle s'était relevée à demi, et regardant le chevalier avec des yeux pleins d'amour et de larmes : Vous voulez donc que je meure? lui dit-elle. Croyez-vous qu'un cœur puisse contenir tout ce que vous me faites sentir? Quitter, à cause de moi, la fortune qui vous attend! je n'en puis seulement supporter la pensée. Allez à madame la princesse de Neufchâtel, allez à la grandeur qui vous est destinée; vous aurez mon cœur en même temps. Je ferai de mes remords, de mes incertitudes, et de ma jalousie, puisqu'il faut vous l'avouer, tout ce que ma faible raison me conseillera; mais je ne vous verrai jamais, si vous n'allez tout à l'heure signer votre mariage. Allez, ne demeurez pas un moment; mais, pour l'amour de moi, et pour l'amour de vous-même, renoncez à une passion aussi déraisonnable que celle que vous me témoignez, et qui nous conduira peut-être à d'horribles malheurs.

Le chevalier fut d'abord transporté de joie de se voir si véritablement aimé de la comtesse de Tende; mais l'horreur de se donner à une autre lui revint devant les yeux; il pleura, il s'affligea, il lui promit tout ce qu'elle voulut, à condition qu'il la reverrait encore dans ce même lieu. Elle voulut savoir, avant qu'il sortît, comment il y était entré. Il lui dit qu'il s'était fié à un écuyer qui était à elle, et qui avait été à lui, qui l'avait fait passer par la cour des écuries où répondait le petit degré qui menait à ce cabinet, et qui répondait aussi à la chambre de l'écuyer.

Cependant, l'heure du mariage approchait, et le chevalier, pressé par la comtesse de Tende, fut enfin contraint de s'en aller; mais il alla comme au supplice, à la plus grande et à la plus agréable fortune où un cadet sans biens eût été jamais élevé. La comtesse de Tende passa la nuit, comme on se le peut imaginer, agitée par ses inquiétudes. Elle appela ses femmes sur le matin, et, peu de temps après que sa chambre fut ouverte, elle vit son écuyer s'approcher de son lit, et mettre une lettre dessus, sans que personne s'en aperçût. La vue de cette lettre la troubla, et parce qu'elle la reconnut être du chevalier de Navarre, et parce qu'il était si peu vraisemblable que, pendant cette nuit, qui devait avoir été celle de ses noces, il eût eu le loisir de lui écrire, qu'elle craignit qu'il n'eût apporté ou qu'il ne fût arrivé quelques obstacles à son mariage. Elle ouvrit la lettre avec beaucoup d'émotion, et y trouva à peu près ces paroles :

« Je ne pense qu'à vous, madame : je ne suis
» occupé que de vous ; et, dans les premiers
» momens de la possession légitime du plus
» grand parti de France, à peine le jour commence à paraître, que je quitte la chambre
» où j'ai passé la nuit, pour vous dire que je
» me suis déjà repenti mille fois de vous avoir
» obéi, et de n'avoir pas tout donné pour ne
» vivre que pour vous. »

Cette lettre, et les momens où elle était écrite, touchèrent sensiblement la comtesse de Tende. Elle alla dîner chez la princesse de Neufchâtel, qui l'en avait priée. Son mariage était déclaré : elle trouva un nombre infini de personnes dans la chambre; mais, sitôt que cette princesse la vit, elle quitta tout le monde, et la pria de passer dans son cabinet. A peine étaient-elles assises, que le visage de la princesse se couvrit de larmes. La comtesse crut que c'était l'effet de la déclaration de son mariage, et qu'elle la trouvait plus difficile à supporter qu'elle ne l'avait imaginé; mais elle vit bientôt qu'elle se trompait. Ah! madame, lui dit la princesse, qu'ai-je fait? J'ai épousé un homme par passion; j'ai fait un mariage inégal, désapprouvé, qui m'abaisse; et celui que j'ai préféré à tout, en aime une autre! La comtesse de Tende pensa s'évanouir à ces paroles : elle crut que la princesse ne pouvait avoir pénétré la passion de son mari, sans en avoir aussi démêlé la cause; elle ne put répondre. La princesse de Navarre (on l'appela ainsi depuis son mariage) n'y prit pas garde, et continuant : M. le prince de Navarre, lui dit-elle, madame, bien loin d'avoir l'impatience que lui devait donner la conclusion de notre mariage, se fit attendre hier au soir; il vint sans joie, l'esprit occupé et embarrassé; il est sorti de ma chambre à la pointe du jour, sur je ne sais quel prétexte. Mais il venait d'écrire; je l'ai connu à ses mains. A qui pouvait-il écrire qu'à une maîtresse? Pourquoi se faire attendre, et de quoi avait-il l'esprit embarrassé?

L'on vint dans le moment interrompre la conversation, parce que la princesse de Condé arrivait. La princesse de Navarre alla la recevoir, et la comtesse de Tende demeura hors d'elle-même. Elle écrivit dès le soir au prince de Navarre, pour lui donner avis des soupçons de sa femme, et pour l'obliger à se contraindre. Leur passion ne se ralentit pas par les périls et par les obstacles. La comtesse de Tende n'avait point de repos, et le sommeil ne venait plus adoucir ses chagrins. Un matin, après qu'elle eut appelé ses femmes, son écuyer s'approcha d'elle, et lui dit tout bas que le prince de Navarre était dans son cabinet, et qu'il la conjurait qu'il lui pût dire une chose qu'il était absolument nécessaire qu'elle sût. L'on cède aisément à ce qui plaît : la comtesse savait que son mari était sorti ; elle dit qu'elle voulait dormir, et dit à ses femmes de refermer ses portes, et de ne point revenir qu'elle ne les appelât.

Le prince de Navarre entra par ce cabinet, et se jeta à genoux devant son lit. Qu'avez-vous à me dire ? lui dit-elle. Que je vous aime, madame, que je vous adore, que je ne saurais vivre avec madame de Navarre ! Le désir de vous voir s'est saisi de moi ce matin avec une telle violence, que je n'ai pu y résister. Je suis venu ici, au hasard de tout ce qui pourrait en arriver, et sans espérer même de vous entretenir. La comtesse le gronda d'abord de la commettre si légèrement, et ensuite leur passion les conduisit à une conversation si longue, que le comte de Tende revint de la ville. Il alla à l'appartement de sa femme : on lui dit qu'elle n'était pas éveillée; il était tard; il ne laissa pas d'entrer dans sa chambre, et trouva le prince de Navarre à genoux devant son lit, comme il s'était mis d'abord. Jamais étonnement ne fut pareil à celui du comte de Tende, et jamais trouble n'égala celui de sa femme. Le prince de Navarre conserva seul de la présence d'esprit, et, sans se troubler ni se lever de sa place : Venez, venez, dit-il au comte de Tende, m'aider à obtenir une grâce que je demande à genoux, et que l'on me refuse.

Le ton et l'air du prince de Navarre suspendirent l'étonnement du comte de Tende. Je ne sais, lui répondit-il, du même ton qu'avait parlé le prince, si une grâce que vous demandez à genoux à ma femme, quand on dit qu'elle dort, et que je vous trouve seul avec elle, et sans carrosse à ma porte, sera de celles que je souhaiterais qu'elle vous accordât. Le prince de Navarre, rassuré et hors de l'embarras du premier moment, se leva, s'assit avec une liberté entière, et la comtesse de Tende, tremblante et éperdue, cacha son trouble par l'obscurité du lieu où elle était. Le prince de Navarre prit la parole : Vous m'allez blâmer ; mais il faut néanmoins me secourir : je suis amoureux et aimé de la plus aimable personne de la cour ; je me dérobai hier au soir de chez la princesse de Navarre et de tous mes gens, pour aller à un rendez-vous où cette personne m'attendait. Ma femme, qui a déjà démêlé que je suis occupé d'autre chose que d'elle, et qui a de l'attention à ma conduite, a su par mes gens que je les avais quittés ; elle est dans une jalousie et un désespoir dont rien n'approche. Je lui ai dit que j'avais passé les heures qui lui donnaient de l'inquiétude chez la maréchale de Saint-André, qui est incommodée, et qui ne voit presque personne ; je lui ai dit que madame la comtesse de Tende y était seule, et qu'elle pouvait lui demander si elle ne m'y avait pas vu tout le soir. J'ai pris le parti de venir me confier à madame la comtesse. Je suis allé chez La Châtre, qui n'est qu'à trois pas d'ici, j'en suis sorti sans que mes gens m'aient vu, et l'on m'a dit que madame était éveillée ; je n'ai trouvé personne dans son antichambre, et je suis entré hardiment. Elle me refuse de mentir en ma faveur ; elle dit qu'elle ne veut pas trahir son amie, et me fait des réprimandes très-sages :

je me les suis faites à moi-même inutilement. Il faut ôter à madame la princesse de Navarre l'inquiétude et la jalousie où elle est, et me tirer du mortel embarras de ses reproches.

La comtesse de Tende ne fut guère moins surprise de la présence d'esprit du prince, qu'elle l'avait été de la venue de son mari : elle se rassura, et il ne demeura pas le moindre doute au comte. Il se joignit à sa femme, pour faire voir au prince l'abîme de malheurs où il s'allait plonger, et ce qu'il devait à cette princesse. La comtesse promit de lui dire tout ce que voulait son mari.

Comme il allait sortir, le comte l'arrêta : Pour récompense du service que nous vous allons rendre, aux dépens de la vérité, apprenez-nous du moins quelle est cette aimable maîtresse : il faut que ce ne soit pas une personne fort estimable de vous aimer et conserver avec vous un commerce, vous voyant embarqué avec une personne aussi belle que madame la princesse de Navarre, vous la voyant épouser, et voyant ce que vous lui devez. Il faut que cette personne n'ait ni esprit, ni courage, ni délicatesse ; et, en vérité, elle ne mérite pas que vous troubliez un aussi grand bonheur que le vôtre, et que vous vous rendiez si ingrat et si coupable. Le prince ne sut que répondre : il feignit d'avoir hâte. Le comte de Tende le fit sortir lui-même, afin qu'il ne fût pas vu.

La comtesse demeura éperdue du hasard qu'elle avait couru, des réflexions que lui faisaient faire les paroles de son mari, et de la vue des malheurs où sa passion l'exposait; mais elle n'eut pas la force de s'en dégager. Elle continua son commerce avec le prince; elle le voyait quelquefois par l'entremise de la Lande, son écuyer. Elle se trouvait et était en effet une des plus malheureuses personnes du monde : la princesse de Navarre lui faisait tous les jours confidence d'une jalousie dont elle était la cause; cette jalousie la pénétrait de remords, et, quand la princesse de Navarre était contente de son mari, elle-même était pénétrée de jalousie à son tour.

Il se joignit un nouveau tourment à ceux qu'elle avait déjà : le comte de Tende devint aussi amoureux d'elle que si elle n'eût point été sa femme; il ne la quittait plus et voulait reprendre tous ses droits méprisés.

La comtesse s'y opposa avec une force et une aigreur qui allaient jusqu'au mépris. Prévenue pour le prince de Navarre, elle était blessée et offensée de toute autre passion que de la sienne. Le comte de Tende sentit son procédé dans toute sa dureté; et, piqué jusqu'au vif, il l'assura qu'il ne l'importunerait de la vie; et, en effet, il la laissa avec beaucoup de sécheresse.

La campagne s'approchait : le prince de Navarre devait partir pour l'armée; la comtesse de Tende commença à sentir les douleurs de son absence, et la crainte des périls où il serait exposé : elle résolut de se dérober à la contrainte de cacher son affliction, et prit le parti d'aller passer la belle saison dans une terre qu'elle avait à trente lieues de Paris.

Elle exécuta ce qu'elle avait projeté : leur adieu fut si douloureux, qu'ils en devaient tirer l'un et l'autre un mauvais augure. Le comte de Tende demeura auprès du roi, où il était attaché par sa charge.

La cour devait s'approcher de l'armée : la maison de madame de Tende n'en était pas bien loin; son mari lui dit qu'il y ferait un voyage d'une nuit seulement, pour des ouvrages qu'il avait commencés. Il ne voulut pas qu'elle pût croire que c'était pour la voir; il avait contre elle tout le dépit que donnent les passions. Madame de Tende avait trouvé, dans les commencemens, le prince de Navarre si plein de respect ; et elle s'était senti tant de vertu, qu'elle ne s'était défiée ni de lui, ni d'elle-même; mais le temps et les occasions avaient triomphé de sa vertu et du respect, et, peu de temps après qu'elle fut chez elle, elle s'aperçut qu'elle était grosse. Il ne faut que faire réflexion à la réputation qu'elle avait acquise et conservée, et à l'état où elle était avec son mari, pour juger de son désespoir. Elle fut prête plusieurs fois d'attenter à sa vie : cependant elle conçut quelque légère espérance sur le voyage que son mari devait faire auprès d'elle, et résolut d'en attendre le succès. Dans cet accablement, elle eut encore la douleur d'apprendre que la Lande, qu'elle avait laissé à Paris pour les lettres de son amant et les siennes, était mort en peu de jours, et elle se trouvait dénuée de tout secours, dans un temps où elle en avait tant de besoin.

Cependant l'armée avait entrepris un siége. Sa passion pour le prince de Navarre lui donnait de continuelles craintes, même au travers des mortelles horreurs dont elle était agitée.

Ses craintes ne se trouvèrent que trop bien fondées : elle reçut des lettres de l'armée; elle y apprit la fin du siége, mais elle apprit aussi que le prince de Navarre avait été tué le dernier jour. Elle perdit la connaissance et la raison; elle fut plusieurs fois privée de l'une et de l'autre; cet excès de malheur lui paraissait, dans des momens, une espèce de consolation; elle ne craignait plus rien pour son repos, pour sa réputation, ni pour sa vie; la mort seule lui paraissait désirable ; elle l'espérait de sa douleur, ou était résolue de se la donner. Un reste de honte l'obligea à dire qu'elle sentait des douleurs excessives, pour donner un prétexte à ses cris et à ses larmes. Si mille adversités la firent retourner sur elle-même, elle vit qu'elle les avait méritées ; et la nature et le christianisme la détournèrent d'être homicide d'elle-même, et suspendirent l'exécution de ce qu'elle avait résolu.

Il n'y avait pas long-temps qu'elle était dans ces violentes douleurs, lorsque le comte de Tende arriva. Elle croyait connaître tous les sentimens que son malheureux état lui pouvait inspirer ; mais l'arrivée de son mari lui donna encore un trouble et une confusion qui lui furent nouveaux. Il sut, en arrivant, qu'elle était malade ; et, comme il avait toujours conservé des mesures d'honnêteté aux yeux du public et de son domestique, il vint d'abord dans sa chambre. Il la trouva comme une personne hors d'elle-même, comme une personne égarée, et elle ne put retenir ses larmes, qu'elle attribuait toujours aux douleurs qui la tourmentaient. Le comte de Tende, touché de l'état où il la voyait, s'attendrit pour elle ; et, croyant faire quelque diversion à ses douleurs, il lui parla de la mort du prince de Navarre, et de l'affliction de sa femme.

Celle de madame de Tende ne put résister à ce discours : ses larmes redoublèrent d'une telle sorte, que le comte de Tende en fut surpris et presque éclairé. Il sortit de sa chambre plein de trouble et d'agitation ; il lui sembla que sa femme n'était pas dans l'état que causent les douleurs du corps : ce redoublement de larmes, lorsqu'il lui avait parlé de la mort du prince de Navarre, l'avait frappé ; et, tout d'un coup, l'aventure de l'avoir trouvé à genoux devant son lit se présenta à son esprit : il se souvint du procédé qu'elle avait eu avec lui, lorsqu'il avait voulu retourner à elle, et enfin il crut voir la vérité ; mais il lui restait néanmoins ce doute que l'amour-propre nous laisse toujours pour les choses qui coûtent trop cher à croire.

Son désespoir fut extrême, et toutes ses pensées furent violentes ; mais, comme il était sage, il retint ses premiers mouvemens, et résolut de partir le lendemain à la pointe du jour, sans voir sa femme, remettant au temps à lui donner plus de certitude, et à prendre ses résolutions.

Quelque abîmée que fût madame de Tende dans sa douleur, elle n'avait pas laissé de s'apercevoir du peu de pouvoir qu'elle avait eu sur elle-même, et de l'air dont son mari était sorti de sa chambre; elle se douta d'une partie de la vérité; et, n'ayant plus que de l'horreur pour la vie, elle résolut de la perdre d'une manière qui ne lui ôtât pas l'espérance de l'autre.

Après avoir examiné ce qu'elle allait faire, avec des agitations mortelles, pénétrée de ses malheurs et du repentir de sa faute, elle se détermina enfin à écrire ces mots à son mari.

« Cette lettre me va coûter la vie; mais je
» mérite la mort, et je la désire. Je suis grosse;
» celui qui est cause de mon malheur n'est
» plus au monde, aussi-bien que le seul homme
» qui savait notre commerce; le public ne l'a
» jamais soupçonné : j'avais résolu de finir ma
» vie par mes mains; mais je l'offre à Dieu et
» à vous, pour l'expiation de mon crime. Je
» n'ai pas voulu me déshonorer aux yeux du
» monde, parce que ma réputation vous re-
» garde; conservez-la pour l'amour de vous :
» je vais faire paraître l'état où je suis; cachez-
» en la honte, et faites-moi périr, quand vous
» voudrez, et comme vous le voudrez. »

Le jour commençait à paraître, lorsqu'elle eut écrit cette lettre, la plus difficile à écrire qui ait peut-être jamais été écrite : elle la cacheta, se mit à la fenêtre, et, comme elle vit le comte de Tende dans la cour, prêt à monter en carrosse, elle envoya une de ses femmes la lui porter, et lui dire qu'il n'y avait rien de pressé, et qu'il la lût à loisir. Le comte de Tende fut surpris de cette lettre; elle lui donna une sorte de pressentiment, non pas de tout ce qu'il y devait trouver, mais de quelque chose qui avait rapport à ce qu'il avait pensé la veille. Il monta seul en carrosse, plein de trouble, et n'osant même ouvrir la lettre, quelque impatience qu'il eût de la lire : il la lut enfin, et apprit son malheur; mais que ne pensa-t-il point après l'avoir lue ! S'il eût eu des témoins, le violent état où il était l'aurait fait croire privé de raison ou prêt de perdre la vie. La jalousie et les soupçons bien fondés préparent, d'ordinaire, les maris à leurs malheurs; ils ont même toujours quelques doutes; mais ils n'ont pas cette certitude que donne l'aveu, qui est au-dessus de nos lumières.

Le comte de Tende avait toujours trouvé sa femme très-aimable, quoiqu'il ne l'eût pas également aimée; mais elle lui avait toujours paru la plus estimable femme qu'il eût jamais vue; ainsi, il n'avait pas moins d'étonnement que de fureur; et, au travers de l'un et de l'autre, il sentait encore, malgré lui, une douleur où la tendresse avait quelque part.

Il s'arrêta dans une maison qui se trouva sur

son chemin, où il passa plusieurs jours, agité et affligé, comme on peut se l'imaginer. Il pensa d'abord tout ce qu'il était naturel de penser en cette occasion ; il ne songea qu'à faire mourir sa femme; mais la mort du prince de Navarre, et celle de la Lande, qu'il reconnut aisément pour le confident, ralentirent un peu sa fureur. Il ne douta pas que sa femme ne lui eût dit vrai, en lui disant que son commerce n'avait jamais été soupçonné ; il jugea que le mariage du prince de Navarre pouvait avoir trompé tout le monde, puisqu'il avait été trompé lui-même. Après une conviction si grande que celle qui s'était présentée à ses yeux, cette ignorance entière du public pour son malheur lui fut un adoucissement ; mais les circonstances, qui lui faisaient voir à quel point et de quelle manière il avait été trompé, lui perçaient le cœur, et il ne respirait que la vengeance. Il pensa néanmoins, que, s'il faisait mourir sa femme, et que l'on s'aperçût qu'elle était grosse, l'on soupçonnerait aisément la vérité. Comme il était l'homme du monde le plus glorieux, il prit le parti qui convenait le mieux à sa gloire, et résolut de ne rien laisser voir au public. Dans cette pensée, il envoya un gentilhomme à la comtesse de Tende, avec ce billet :

« Le désir d'empêcher l'éclat de ma honte

» l'emporte présentement sur ma vengeance;
» je verrai, dans la suite, ce que j'ordonnerai
» de votre indigne destinée; conduisez-vous
» comme si vous aviez toujours été ce que vous
» deviez être. »

La comtesse reçut ce billet avec joie; elle le croyait l'arrêt de sa mort; et, quand elle vit que son mari consentait qu'elle laissât paraître sa grossesse, elle sentit bien que la honte est la plus violente de toutes les passions : elle se trouva dans une sorte de calme de se croire assurée de mourir, et de voir sa réputation en sûreté; elle ne songea plus qu'à se préparer à la mort; et, comme c'était une personne dont tous les sentimens étaient vifs, elle embrassa la vertu et la pénitence avec la même ardeur qu'elle avait suivi sa passion. Son âme était d'ailleurs détrompée, et noyée dans l'affliction : elle ne pouvait arrêter les yeux sur aucune chose de cette vie, qui ne lui fût plus rude que la mort même; de sorte qu'elle ne voyait de remède à ses malheurs que par la fin de sa malheureuse vie. Elle passa quelque temps en cet état, paraissant plutôt une personne morte qu'une personne vivante : enfin, vers le sixième mois de sa grossesse, son corps succomba; la fièvre continue lui prit, et elle accoucha par la violence de son mal; elle eut la consolation de voir son enfant en vie, d'être assurée qu'il ne pouvait vivre, et qu'elle ne donnait pas un héritier illégitime à son mari ; elle expira elle-même peu de jours après, et reçut la mort avec une joie que personne n'a jamais ressentie : elle chargea son confesseur d'aller porter à son mari la nouvelle de sa mort, de lui demander pardon de sa part, et de le supplier d'oublier sa mémoire, qui ne pouvait lui être qu'odieuse.

Le comte de Tende reçut cette nouvelle sans inhumanité, et même avec quelques sentimens de pitié ; mais néanmoins avec joie. Quoiqu'il fût fort jeune, il ne voulut jamais se remarier, et il a vécu jusqu'à un âge fort avancé.

FIN DE LA COMTESSE DE TENDE.

LA PRINCESSE
DE MONTPENSIER.

LA PRINCESSE
DE MONTPENSIER.

Pendant que la guerre civile déchirait la France sous le règne de Charles IX, l'amour ne laissait pas de trouver sa place parmi tant de désordres, et d'en causer beaucoup dans son empire. La fille unique du marquis de Mézière, héritière très-considérable, et par ses grands biens, et par l'illustre maison d'Anjou, dont elle était descendue, était promise au duc du Maine, cadet du duc de Guise, que l'on a depuis appelé *le Balafré*. L'extrême jeunesse de cette grande héritière retardait son mariage, et cependant le duc de Guise, qui la voyait souvent, et qui voyait en elle les commencemens d'une grande beauté, en devint amoureux, et en fut aimé. Ils cachèrent leur amour avec beaucoup de soin. Le duc de Guise, qui n'avait pas encore autant d'ambition qu'il en a eu depuis, souhaitait ardemment de l'épouser; mais la crainte du cardinal de Lorraine, qui lui tenait lieu de père, l'empêchait de se déclarer. Les choses étaient en cet état, lorsque la maison de Bourbon, qui ne pouvait voir qu'avec envie l'élévation de celle de Guise, s'apercevant de l'avantage qu'elle recevrait de ce mariage, se résolut de le lui ôter, et d'en profiter elle-même, en faisant épouser cette héritière au jeune prince de Montpensier. On travailla à l'exécution de ce dessein avec tant de succès, que les parens de mademoiselle de Mézière, contre les promesses qu'ils avaient faites au cardinal de Lorraine, se résolurent de la donner en mariage à ce jeune prince. Toute la maison de Guise fut extrêmement surprise de ce procédé; mais le duc en fut accablé de douleur, et l'intérêt de son amour lui fit recevoir ce manquement de parole comme un affront insupportable. Son ressentiment éclata bientôt, malgré les réprimandes du cardinal de Lorraine et du duc d'Aumale, ses oncles, qui ne voulaient pas s'opiniâtrer à une chose qu'ils voyaient ne pouvoir empêcher; et il s'emporta avec tant de violence, en présence même du jeune prince de Montpensier, qu'il en naquit entre eux une haine qui ne finit qu'avec leur vie. Mademoiselle de Mézière, tourmentée par ses parens d'épouser ce prince, voyant d'ailleurs qu'elle ne pouvait épouser le duc de Guise, et connaissant par sa vertu qu'il était dangereux d'avoir pour beau-frère un homme qu'elle eût souhaité pour mari, se résolut enfin de suivre le sentiment de ses proches, et conjura M. de Guise de ne plus apporter d'obstacle à son mariage. Elle épousa donc le prince de Montpensier, qui, peu de temps après, l'emmena à Champigni, séjour ordinaire des princes de sa maison, pour l'ôter de Paris, où apparemment tout l'effort de la guerre allait tomber. Cette grande ville était menacée d'un siége par l'armée des huguenots, dont le prince de Condé était le chef, et qui venait de déclarer la guerre au roi pour la seconde fois. Le prince de Montpensier, dans sa plus tendre jeunesse, avait fait une amitié très-particulière avec le comte de Chabanes, qui était homme d'un âge beaucoup plus avancé que lui, et d'un mérite extraordinaire. Ce comte avait été si sensible à l'estime et à la confiance de ce jeune prince, que, contre les engagemens qu'il avait avec le prince de Condé, qui lui faisait espérer des emplois considérables dans le parti des huguenots, il se déclara pour les catholiques, ne pouvant se résoudre à être opposé en quelque chose à un homme qui lui était si cher. Ce changement de parti n'ayant point d'autre fondement, l'on douta qu'il fût véritable, et la reine-mère, Catherine de Médicis, en eut de si grands soupçons, que, la guerre étant déclarée par les hu-

guenots, elle eut dessein de le faire arrêter;
mais le prince de Montpensier l'en empêcha, et
emmena Chabanes à Champigni en s'y en allant
avec sa femme. Le comte, ayant l'esprit fort
doux et fort agréable, gagna bientôt l'estime de
la princesse de Montpensier, et en peu de temps
elle n'eut pas moins de confiance et d'amitié
pour lui, qu'en avait le prince son mari. Chabanes, de son côté, regardait avec admiration
tant de beauté, d'esprit et de vertu qui paraissaient en cette jeune princesse ; et, se servant
de l'amitié qu'elle lui témoignait pour lui inspirer des sentimens d'une vertu extraordinaire
et digne de la grandeur de sa naissance, il la
rendit en peu de temps une des personnes du
monde les plus achevées. Le prince étant revenu
à la cour, où la continuation de la guerre l'appelait, le comte demeura seul avec la princesse,
et continua d'avoir pour elle un respect et une
amitié proportionnés à sa qualité et à son mérite. La confiance s'augmenta de part et d'autre,
et à tel point du côté de la princesse de Montpensier, qu'elle lui apprit l'inclination qu'elle
avait eue pour M. de Guise; mais elle lui apprit aussi en même temps qu'elle était presque
éteinte, et qu'il ne lui en restait que ce qui était
nécessaire pour défendre l'entrée de son cœur à
une autre inclination, et que, la vertu se joi-

gnant à ce reste d'impression, elle n'était capable que d'avoir du mépris pour ceux qui oseraient avoir de l'amour pour elle. Le comte, qui connaissait la sincérité de cette belle princesse, et qui lui voyait d'ailleurs des dispositions si opposées à la faiblesse de la galanterie, ne douta point de la vérité de ses paroles, et néanmoins il ne put se défendre de tant de charmes qu'il voyait tous les jours de si près. Il devint passionnément amoureux de cette princesse; et, quelque honte qu'il trouvât à se laisser surmonter, il fallut céder, et l'aimer de la plus violente et de la plus sincère passion qui fut jamais. S'il ne fut pas maître de son cœur, il le fut de ses actions. Le changement de son âme n'en apporta point dans sa conduite, et personne ne soupçonna son amour. Il prit un soin exact pendant une année entière de le cacher à la princesse, et il crut qu'il aurait toujours le même désir de le lui cacher. L'amour fit en lui ce qu'il fait en tous les autres; il lui donna l'envie de parler, et, après tous les combats qui ont accoutumé de se faire en pareilles occasions, il osa lui dire qu'il l'aimait, s'étant bien préparé à essuyer les orages dont la fierté de cette princesse le menaçait; mais il trouva en elle une tranquillité et une froideur pires mille fois que toutes les rigueurs à quoi il s'était attendu. Elle ne prit pas la peine de se mettre en colère contre lui. Elle lui représenta en peu de mots la différence de leurs qualités et de leur âge, la connaissance particulière qu'il avait de sa vertu et de l'inclination qu'elle avait eue pour le duc de Guise, et surtout ce qu'il devait à l'amitié et à la confiance du prince son mari. Le comte pensa mourir à ses pieds de honte et de douleur. Elle tâcha de le consoler, en l'assurant qu'elle ne se souviendrait jamais de ce qu'il venait de lui dire, qu'elle ne se persuaderait jamais une chose qui lui était si désavantageuse, et qu'elle ne le regarderait jamais que comme son meilleur ami. Ces assurances consolèrent le comte, comme on se le peut imaginer. Il sentit le mépris des paroles de la princesse dans toute leur étendue, et, le lendemain, la revoyant avec un visage aussi ouvert que de coutume, son affliction en redoubla de la moitié ; le procédé de la princesse ne la diminua pas. Elle vécut avec lui avec la même bonté qu'elle avait accoutumé. Elle lui reparla, quand l'occasion en fit naître le discours, de l'inclination qu'elle avait eue pour le duc de Guise ; et, la renommée commençant alors à publier les grandes qualités qui paraissaient en ce prince, elle lui avoua qu'elle en sentait de la joie, et qu'elle était bien aise de voir qu'il méritait les sentimens qu'elle avait eus pour lui. Toutes ces marques de confiance, qui avaient été si chères au comte, lui devinrent insupportables. Il n'osait pourtant le témoigner à la princesse, quoiqu'il osât bien lui faire souvenir quelquefois de ce qu'il avait eu la hardiesse de lui dire. Après deux années d'absence, la paix étant faite, le prince de Montpensier revint trouver la princesse sa femme, tout couvert de la gloire qu'il avait acquise au siége de Paris et à la bataille de Saint-Denis. Il fut surpris de voir la beauté de cette princesse dans une si grande perfection, et, par le sentiment d'une jalousie qui lui était naturelle, il en eut quelque chagrin, prévoyant bien qu'il ne serait pas seul à la trouver belle. Il eut beaucoup de joie de revoir le comte de Chabanes, pour qui son amitié n'était point diminuée. Il lui demanda confidemment des nouvelles de l'esprit et de l'humeur de sa femme, qui lui était quasi une personne inconnue, par le peu de temps qu'il avait demeuré avec elle. Le comte, avec une sincérité aussi exacte que s'il n'eût point été amoureux, dit au prince tout ce qu'il connaissait en cette princesse capable de la lui faire aimer; et il avertit aussi madame de Montpensier de toutes les choses qu'elle devait faire pour achever de gagner le cœur et l'estime de son mari.

Enfin, la passion du comte le portait si naturellement à ne songer qu'à ce qui pouvait augmenter le bonheur et la gloire de cette princesse, qu'il oubliait sans peine l'intérêt qu'ont les amans à empêcher que les personnes qu'ils aiment ne soient dans une parfaite intelligence avec leurs maris. La paix ne fit que paraître. La guerre recommença aussitôt, par le dessein qu'eut le roi de faire arrêter à Noyers le prince de Condé et l'amiral de Châtillon ; et, ce dessein ayant été découvert, l'on commença de nouveau les préparatifs de la guerre, et le prince de Montpensier fut contraint de quitter sa femme, pour se rendre où son devoir l'appelait. Chabanes le suivit à la cour, s'étant entièrement justifié auprès de la reine. Ce ne fut pas sans une douleur extrême qu'il quitta la princesse, qui, de son côté, demeura fort triste des périls où la guerre allait exposer son mari. Les chefs des huguenots s'étaient retirés à la Rochelle. Le Poitou et la Saintonge étant dans leur parti, la guerre s'y alluma fortement, et le roi y rassembla toutes ses troupes. Le duc d'Anjou, son frère, qui fut depuis Henri III, y acquit beaucoup de gloire par plusieurs belles actions, et entre autres par la bataille de Jarnac, où le prince de Condé fut tué. Ce fut dans cette guerre que le duc de Guise commença à avoir des emplois considérables, et à faire connaître qu'il passait de beaucoup les grandes espérances qu'on avait conçues de lui. Le prince de Montpensier, qui le haïssait, et comme son ennemi particulier, et comme celui de sa maison, ne voyait qu'avec peine la gloire de ce duc, aussi-bien que l'amitié que lui témoignait le duc d'Anjou. Après que les deux armées se furent fatiguées par beaucoup de petits combats, d'un commun consentement on licencia les troupes pour quelque temps. Le duc d'Anjou demeura à Loches, pour donner ordre à toutes les places qui eussent pu être attaquées. Le duc de Guise y demeura avec lui; et le prince de Montpensier, accompagné du comte de Chabanes, s'en retourna à Champigni, qui n'était pas fort éloigné de là. Le duc d'Anjou allait souvent visiter les places qu'il faisait fortifier. Un jour qu'il revenait à Loches par un chemin peu connu de sa suite, le duc de Guise, qui se vantait de le savoir, se mit à la tête de la troupe pour servir de guide; mais, après avoir marché quelque temps, il s'égara et se trouva sur le bord d'une petite rivière, qu'il ne reconnut pas lui-même. Le duc d'Anjou lui fit la guerre de les avoir si mal conduits; et, étant arrêtés en ce lieu, aussi disposés à la joie qu'ont accoutumé de l'être de jeunes princes, ils aperçurent un petit bateau qui était arrêté au milieu de la rivière, et, comme elle n'était pas large, ils distinguèrent aisément dans ce bateau trois ou quatre femmes, et une entre autres qui leur sembla fort belle, qui était habillée magnifiquement, et qui regardait avec attention deux hommes qui pêchaient auprès d'elles. Cette aventure donna une nouvelle joie à ces jeunes princes, et à tous ceux de leur suite. Elle leur parut une chose de roman. Les uns disaient au duc de Guise, qu'il les avait égarés exprès pour leur faire voir cette belle personne; les autres, qu'il fallait, après ce qu'avait fait le hasard, qu'il en devînt amoureux; et le duc d'Anjou soutenait que c'était lui qui devait être son amant. Enfin, voulant pousser l'aventure à bout, ils firent avancer dans la rivière de leurs gens à cheval, le plus avant qu'il se put, pour crier à cette dame que c'était M. d'Anjou, qui eût bien voulu passer de l'autre côté de l'eau, et qui priait qu'on le vînt prendre. Cette dame, qui était la princesse de Montpensier, entendant dire que le duc d'Anjou était là, et ne doutant point, à la quantité de gens qu'elle voyait au bord de l'eau, que ce ne fût lui, fit avancer son bateau pour aller du côté où il était. Sa bonne mine le lui fit bientôt distinguer des autres; mais elle distingua encore plus tôt le duc de Guise : sa vue lui apporta un trouble qui la fit un peu rougir, et qui la fit paraître, aux yeux de ces princes, dans une beauté qu'ils crurent surnaturelle. Le duc de Guise la reconnut d'abord, malgré le changement avantageux qui s'était fait en elle depuis les trois années qu'il ne l'avait vue. Il dit au duc d'Anjou qui elle était, qui fut honteux d'abord de la liberté qu'il avait prise ; mais, voyant madame de Montpensier si belle, et cette aventure lui plaisant si fort, il se résolut de l'achever ; et, après mille excuses et mille complimens, il inventa une affaire considérable, qu'il disait avoir au delà de la rivière, et accepta l'offre qu'elle lui fit de le passer dans son bateau. Il y entra seul avec le duc de Guise, donnant ordre à tous ceux qui les suivaient d'aller passer la rivière à un autre endroit, et de les venir joindre à Champigni, que madame de Montpensier leur dit n'être qu'à deux lieues de là. Sitôt qu'ils furent dans le bateau, le duc d'Anjou lui demanda à quoi ils devaient une si agréable rencontre, et ce qu'elle faisait au milieu de la rivière. Elle lui répondit, qu'étant partie de Champigni avec le prince son mari, dans le dessein de le suivre à la chasse, s'étant trouvée trop lasse, elle était venue sur le bord de la rivière, où la curiosité de voir prendre un saumon qui avait donné dans un filet, l'avait fait entrer dans ce bateau. M. de Guise ne se mêlait point dans la conversation ; mais, sentant réveiller vivement dans son cœur tout ce que cette princesse y avait autrefois fait naître, il pensait en lui-même qu'il sortirait difficilement de cette aventure, sans rentrer dans ses liens. Ils arrivèrent bientôt au bord, où ils trouvèrent les chevaux et les écuyers de madame de Montpensier qui l'attendaient. Le duc d'Anjou et le duc de Guise lui aidèrent à monter à cheval, où elle se tenait avec une grâce admirable. Pendant tout le chemin, elle les entretint agréablement de diverses choses. Ils ne furent pas moins surpris des charmes de son esprit, qu'ils l'avaient été de sa beauté ; et ils ne purent s'empêcher de lui faire connaître qu'ils en étaient extraordinairement surpris. Elle répondit à leurs louanges avec toute la modestie imaginable ; mais un peu plus froidement à celles du duc de Guise, voulant garder une fierté qui l'empêchât de fonder aucune espérance sur l'inclination qu'elle avait eue pour lui. En arrivant dans la première cour de Champigni, ils trouvèrent le prince de Montpensier, qui ne faisait que de revenir de la chasse. Son étonnement fut grand de voir marcher deux hommes à côté de sa femme ; mais il fut extrême, quand, s'approchant de plus près, il reconnut que c'était le duc d'Anjou et le duc de Guise. La haine qu'il avait pour le dernier se joignant à sa jalousie naturelle, lui fit trouver quelque chose de si désagréable à voir ces princes avec sa femme, sans savoir comment ils s'y étaient trouvés, ni ce qu'ils venaient faire en sa maison, qu'il ne put cacher le chagrin qu'il en avait. Il en rejeta adroitement la cause sur la crainte de ne pouvoir recevoir un si grand prince selon sa qualité, et comme il l'eût bien souhaité. Le comte de Chabanes avait encore plus de chagrin de voir M. de Guise auprès de madame de Montpensier, que M. de Montpensier n'en avait lui-même : ce que le hasard avait fait pour rassembler ces deux personnes lui semblait de si mauvais augure, qu'il pronostiquait aisément que ce commencement de roman ne serait pas sans suite. Madame de Montpensier fit le soir les honneurs de chez elle avec le même agrément qu'elle faisait toutes choses. Enfin elle ne plut que trop à ses hôtes. Le duc d'Anjou, qui était fort galant et fort bien fait, ne put voir une fortune si digne de lui sans la souhaiter ardemment. Il fut touché du même mal que M. de Guise ; et, feignant toujours des affaires extraordinaires, il demeura deux jours à Champigni, sans être obligé d'y demeurer que par les charmes de madame de Montpensier, le prince son mari ne faisant point de violence pour l'y retenir. Le duc de Guise ne partit pas sans faire entendre à madame de Montpensier qu'il était pour elle ce qu'il avait été autrefois; et, comme sa passion n'avait été sue de personne, il lui dit plusieurs fois devant tout le monde, sans être entendu que d'elle, que son cœur n'était point changé : et lui et le duc d'Anjou partirent de Champigni avec beaucoup de regret. Ils marchèrent long-temps tous deux dans un profond silence : mais enfin le duc d'Anjou, s'imaginant tout d'un coup que ce qui faisait sa rêverie pouvait bien causer celle du duc de Guise, lui demanda brusquement s'il pensait aux beautés de la princesse de Montpensier. Cette demande si brusque, jointe à ce qu'avait déjà remarqué le duc de Guise des sentimens du duc d'Anjou, lui fit voir qu'il serait infailliblement son rival, et qu'il lui était très-important de ne pas découvrir son amour à ce prince. Pour lui en ôter tout soupçon, il lui répondit, en riant, qu'il paraissait lui-même si occupé de la rêverie dont il l'accusait, qu'il n'avait pas jugé à propos de l'interrompre; que les beautés de la princesse de Montpensier n'étaient pas nouvelles pour lui ; qu'il s'était accoutumé à en supporter l'éclat du temps qu'elle était destinée à être sa belle-sœur ; mais qu'il voyait bien que tout le monde n'en était pas si peu ébloui. Le duc d'Anjou lui avoua qu'il n'avait encore rien vu qui lui parût comparable à cette jeune princesse, et qu'il sentait bien que sa vue lui pourrait être dangereuse, s'il y était souvent exposé. Il voulut faire convenir le duc de Guise qu'il sentait la même chose ; mais ce duc, qui commençait à se faire une affaire sérieuse de son amour, n'en voulut rien avouer. Ces princes s'en retournèrent à Loches, faisant souvent leur agréable conversation de l'aventure qui leur avait découvert la princesse de Montpensier. Ce ne fut pas un sujet de si grand divertissement dans Champigni. Le prince de Montpensier était mal content de tout ce qui était arrivé, sans qu'il en pût dire le sujet. Il trouvait mauvais que sa femme se fût trouvée dans ce bateau. Il lui semblait qu'elle avait reçu trop agréablement ces princes ; et, ce qui lui déplaisait le plus, était d'avoir remarqué que le duc de Guise l'avait regardée attentivement. Il en conçut dès ce moment une jalousie furieuse, qui le fit ressouvenir de l'emportement qu'il avait témoigné lors de son mariage ; et il eut quelque pensée que, dès ce temps-là même, il en était amoureux. Le chagrin que tous ses soupçons lui causèrent donna de mauvaises heures à la princesse de Montpensier. Le comte de Chabanes, selon sa coutume, prit soin d'empêcher qu'ils ne se brouillassent tout-à-fait, afin de persuader par-là à la princesse combien la passion qu'il avait pour elle était sincère et désintéressée. Il ne put s'empêcher de lui demander quel effet avait produit en elle la vue du duc de Guise. Elle lui apprit qu'elle en avait été troublée, par la honte du souvenir de l'inclination qu'elle lui avait autrefois témoignée; qu'elle l'avait trouvé beaucoup mieux fait qu'il n'était en ce temps-là ; et que même il lui avait paru qu'il voulait lui persuader qu'il l'aimait encore : mais elle l'assura en même temps que rien ne pouvait ébranler la résolution qu'elle avait prise de ne s'engager jamais. Le comte de Chabanes eut bien de la joie d'apprendre cette résolution ; mais rien ne le pouvait rassurer sur le duc de Guise. Il témoigna à la princesse qu'il appréhendait extrêmement que les premières impressions ne revinssent bientôt, et il lui fit comprendre la mortelle douleur qu'il aurait, pour leur intérêt commun, s'il la voyait un jour changer de sentimens. La princesse de Montpensier, continuant toujours son procédé avec lui, ne répondait presque pas à ce qu'il lui disait de sa passion, et ne considérait toujours en lui que la qualité du meilleur ami du monde, sans lui vouloir faire l'honneur de prendre garde à celle d'amant.

Les armées étant remises sur pied, tous les princes y retournèrent; et le prince de Montpensier trouva bon que sa femme s'en vînt à Paris, pour n'être plus si proche des lieux où se faisait la guerre. Les huguenots assiégèrent la ville de Poitiers. Le duc de Guise s'y jeta pour la défendre, et il y fit des actions qui suffiraient seules pour rendre glorieuse une autre vie que la sienne. Ensuite la bataille de Moncontour se donna. Le duc d'Anjou, après avoir pris Saint-Jean-d'Angely, tomba malade, et quitta en même temps l'armée, soit par la violence de son mal, soit par l'envie qu'il avait de revenir goûter le repos et les douceurs de Paris, où la présence de la princesse de Montpensier n'était pas la moindre raison qui l'attirât. L'armée demeura sous le commandement du prince de Montpensier; et, peu de temps après, la paix étant faite, toute la cour se trouva à Paris. La beauté de la princesse effaça toutes celles qu'on avait admirées jusqu'alors. Elle attira les yeux de tout le monde par les charmes de son esprit et de sa personne. Le duc d'Anjou ne changea pas à

Paris les sentimens qu'il avait conçus pour elle à Champigni; il prit un soin extrême de le lui faire connaître par toutes sortes de soins, prenant garde, toutefois, à ne lui en pas rendre des témoignages trop éclatans, de peur de donner de la jalousie au prince son mari. Le duc de Guise acheva d'en devenir violemment amoureux; et, voulant, par plusieurs raisons, tenir sa passion cachée, il se résolut de la lui déclarer d'abord, afin de s'épargner tous ces commencemens qui font toujours naître le bruit et l'éclat. Étant un jour chez la reine, à une heure où il y avait très-peu de monde, la reine s'étant retirée pour parler d'affaire avec le cardinal de Lorraine, le princesse de Montpensier y arriva. Il se résolut de prendre ce moment pour lui parler, et s'approchant d'elle : Je vais vous surprendre, madame, lui dit-il, et vous déplaire, en vous apprenant que j'ai toujours conservé cette passion qui vous a été connue autrefois, mais qui s'est si fort augmentée en vous revoyant, que ni votre sévérité, ni la haine de M. le prince de Montpensier, ni la concurrence du premier prince du royaume, ne sauraient lui ôter un moment de sa violence. Il aurait été plus respectueux de vous la faire connaître par mes actions que par mes paroles; mais, madame, mes actions l'auraient apprise à d'autres aussi-bien qu'à vous, et je souhaite que vous sachiez seule que je suis assez hardi pour vous adorer. La princesse fut d'abord si surprise et si troublée de ce discours, qu'elle ne songea pas à l'interrompre; mais ensuite, étant revenue à elle, et commençant à lui répondre, le prince de Montpensier entra. Le trouble et l'agitation étaient peints sur le visage de la princesse; la vue de son mari acheva de l'embarrasser, de sorte qu'elle lui en laissa plus entendre que le duc de Guise ne lui en venait de dire. La reine sortit de son cabinet, et le duc se retira pour guérir la jalousie de ce prince. La princesse de Montpensier trouva le soir, dans l'esprit de son mari, tout le chagrin imaginable. Il s'emporta contre elle avec des violences épouvantables, et lui défendit de parler jamais au duc de Guise. Elle se retira bien triste dans son appartement, et bien occupée des aventures qui lui étaient arrivées ce jour-là. Le jour suivant, elle revit le duc de Guise chez la reine; mais il ne l'aborda pas, et se contenta de sortir un peu après elle, pour lui faire voir qu'il n'y avait que faire quand elle n'y était pas. Il ne se passait point de jour qu'elle ne reçût mille marques cachées de la passion de ce duc, sans qu'il essayât de lui en parler, que lorsqu'il ne pouvait être vu de personne. Comme elle était bien persuadée de cette passion, elle commença, nonobstant toutes les résolutions qu'elle avait faites à Champigni, à sentir, dans le fond de son cœur, quelque chose de ce qui y avait été autrefois. Le duc d'Anjou, de son côté, n'oubliait rien pour lui témoigner son amour en tous les lieux où il la pouvait voir, et il la suivait continuellement chez la reine sa mère. La princesse sa sœur, de qui il était aimé, en était traitée avec une rigueur capable de guérir toute autre passion que la sienne. On découvrit, en ce temps-là, que cette princesse, qui fut depuis la reine de Navarre, eut quelque attachement pour le duc de Guise; et ce qui le fit découvrir davantage fut le refroidissement qui parut du duc d'Anjou pour le duc de Guise. La princesse de Montpensier apprit cette nouvelle, qui ne lui fut pas indifférente, et qui lui fit sentir qu'elle prenait plus d'intérêt au duc de Guise qu'elle ne pensait. M. de Montpensier, son beau-père, épousant alors mademoiselle de Guise, sœur de ce duc, elle était contrainte de le voir souvent dans les lieux où les cérémonies des noces les appelaient l'un et l'autre. La princesse de Montpensier ne pouvant plus souffrir qu'un homme, que toute la France croyait amoureux de Madame, osât lui dire qu'il l'était d'elle, et se sentant offensée, et quasi affligée de s'être trompée elle-même, un jour que le duc de Guise la rencontra chez sa sœur, un peu éloignée des autres, et qu'il lui voulut parler de sa passion, elle l'interrompit brusquement, et lui dit d'un ton de voix qui marquait sa colère : Je ne comprends pas qu'il faille, sur le fondement d'une faiblesse dont on a été capable à treize ans, avoir l'audace de faire l'amoureux d'une personne comme moi, et surtout quand on l'est d'une autre à la vue de toute la cour. Le duc de Guise, qui avait beaucoup d'esprit, et qui était fort amoureux, n'eut besoin de consulter personne pour entendre tout ce que signifiaient les paroles de la princesse. Il lui répondit avec beaucoup de respect : J'avoue, madame, que j'ai eu tort de ne pas mépriser l'honneur d'être beau-frère de mon roi, plutôt que de vous laisser soupçonner un moment que je pouvais désirer un autre cœur que le vôtre; mais, si vous voulez me faire la grâce de m'écouter, je suis assuré de me justifier auprès de vous. La princesse de Montpensier ne répondit point; mais elle ne s'éloigna pas, et le duc de Guise, voyant qu'elle lui donnait l'audience qu'il souhaitait, lui apprit que, sans s'être attiré les bonnes grâces de Madame par aucun soin, elle l'en avait honoré; que, n'ayant nulle passion pour elle, il avait très-mal répondu à l'honneur qu'elle lui faisait, jusqu'à ce qu'elle lui eût donné quelque espérance de l'épouser; qu'à la vérité, la grandeur où ce mariage pouvait l'élever l'avait obligé de lui rendre plus de devoirs; et que c'était ce qui avait donné lieu au soupçon qu'en avaient eu le roi et le duc d'Anjou; que l'opposition de l'un et de l'autre ne le dissuadait pas de son dessein; mais que, si ce dessein lui déplaisait, il l'abandonnait, dès l'heure même, pour n'y penser de sa vie. Le sacrifice que le duc de Guise faisait à la princesse lui fit oublier toute la rigueur et toute la colère avec laquelle elle avait commencé de lui parler. Elle changea de discours, et se mit à l'entretenir de la faiblesse qu'avait eue Madame de l'aimer la première, et de l'avantage considérable qu'il recevrait en l'épousant. Enfin, sans rien dire d'obligeant au duc de Guise, elle lui fit revoir mille choses agréables, qu'il avait trouvées autrefois en mademoiselle de Mézière. Quoiqu'ils ne se fussent point parlé depuis long-temps, ils se trouvèrent accoutumés l'un à l'autre, et leurs cœurs se remirent aisément dans un chemin qui ne leur était pas inconnu. Ils finirent cette agréable conversation, qui laissa une sensible joie dans l'esprit du duc de Guise. La princesse n'en eut pas une petite de connaître qu'il l'aimait véritablement.

Mais, quand elle fut dans son cabinet, quelles réflexions ne fit-elle point sur la honte de s'être laissé fléchir si aisément aux excuses du duc de Guise, sur l'embarras où elle s'allait plonger en s'engageant dans une chose qu'elle avait regardée avec tant d'horreur, et sur les effroyables malheurs où la jalousie de son mari la pouvait jeter! Ces pensées lui firent faire de nouvelles résolutions, mais qui se dissipèrent dès le lendemain par la vue du duc de Guise. Il ne manquait point de lui rendre un compte exact de ce qui se passait entre Madame et lui. La nouvelle alliance de leurs maisons lui donnait occasion de lui parler souvent; mais il n'avait pas peu de peine à la guérir de la jalousie que lui donnait la beauté de Madame, contre laquelle il n'y avait point de serment qui la pût rassurer. Cette jalousie servait à la princesse de Montpensier à défendre le reste de son cœur contre les soins du duc de Guise, qui en avait déjà gagné la plus grande partie. Le mariage du roi avec la fille de l'empereur Maximilien remplit la cour de fêtes et de réjouissances. Le roi fit un ballet, où dansaient Madame et toutes les princesses. La princesse de Montpensier pouvait seule lui disputer le prix de la beauté. Le duc d'Anjou dansait une entrée de Maures; et le duc de Guise, avec quatre autres, était de son entrée. Leurs habits étaient tous pareils, comme le sont d'ordinaire les habits de ceux qui dansent une même entrée. La première fois que le ballet se dansa, le duc de Guise, devant que de danser, n'ayant pas encore son masque, dit quelques mots en passant à la princesse de Montpensier. Elle s'aperçut bien que le prince son mari y avait pris garde, ce qui la mit en inquiétude. Quelque temps après, voyant le duc d'Anjou avec son masque et son habit de Maure, qui venait pour lui parler, troublée de son inquiétude, elle crut que c'était encore le duc de Guise, et s'approchant de lui : N'ayez des yeux ce soir que pour Madame, lui dit-elle ; je n'en serai point jalouse ; je vous l'ordonne : on m'observe ; ne m'approchez plus. Elle se retira sitôt qu'elle eut achevé ces paroles. Le duc d'Anjou en demeura accablé comme d'un coup de tonnerre. Il vit, dans ce moment, qu'il avait un rival aimé. Il comprit, par le nom de Madame, que ce rival était le duc de Guise ; et il ne put douter que la princesse sa sœur ne fût le sacrifice qui avait rendu la princesse de Montpensier favorable aux vœux de son rival. La jalousie, le dépit et la rage, se joignant à la haine qu'il avait déjà pour lui, firent dans son âme tout ce qu'on peut imaginer de plus violent, et il eût donné sur l'heure quelque marque sanglante de son désespoir, si la dissimulation, qui lui était naturelle, ne fût venue à son secours, et ne l'eût obligé, par des raisons puissantes, en l'état qu'étaient les choses, à ne rien entreprendre contre le duc de Guise. Il ne put toutefois se refuser le plaisir de lui apprendre qu'il savait le secret de son amour; et l'abordant en sortant de la salle où l'on avait dansé : C'est trop, lui dit-il, d'oser lever les yeux jusqu'à ma sœur, et de m'ôter ma maîtresse. La considération du roi m'empêche d'éclater ; mais souvenez-vous que la perte de votre vie sera peut-être la moindre chose dont je punirai quelque jour votre témérité. La fierté du duc de Guise n'était pas accoutumée à de telles menaces; il ne put néanmoins y répondre, parce que le roi, qui sortait dans ce moment, les appela tous deux ; mais elles gravèrent dans son cœur un désir de vengeance qu'il travailla toute sa vie à satisfaire. Dès le même soir, le duc d'Anjou lui rendit toutes sortes de mauvais offices auprès du roi. Il lui persuada que jamais Madame ne consentirait d'être mariée avec le roi de Navarre, avec qui on proposait de la marier, tant que l'on souffrirait que le duc de Guise l'approchât ; et qu'il était honteux de souffrir qu'un de ses sujets, pour satisfaire à sa vanité, apportât de l'obstacle à une chose qui devait donner la paix à la France. Le roi avait déjà assez d'aigreur contre le duc de Guise : ce discours l'augmenta si fort, que, le voyant le lendemain, comme il se présentait pour entrer au bal chez la reine, paré d'un nombre infini de pierreries, mais plus paré encore de sa bonne mine, il se mit à l'entrée de la porte, et lui demanda brusquement où il allait. Le duc, sans s'étonner, lui dit qu'il venait pour lui rendre ses très-humbles services : à quoi le roi répliqua, qu'il n'avait pas besoin de ceux qu'il lui rendait, et se tourna, sans le regarder. Le duc de Guise ne laissa pas d'entrer dans la salle, outré dans le cœur et contre le roi et contre le duc d'Anjou. Mais sa douleur augmenta sa fierté naturelle; et, par une manière de dépit, il s'approcha beaucoup plus de Madame qu'il n'avait accoutumé; joint que ce que lui avait dit le duc d'Anjou de la princesse de Montpensier l'empêchait de jeter les yeux sur elle. Le duc d'Anjou les observait soigneusement l'un et l'autre. Les yeux de cette princesse laissaient voir, malgré elle, quelque chagrin, lorsque le duc de Guise parlait à Madame. Le duc d'Anjou, qui avait compris par ce qu'elle lui avait dit en le prenant pour M. de Guise, qu'elle avait de la jalousie, espéra de les brouiller, et se mettant auprès d'elle : C'est pour votre intérêt, madame, plutôt que pour le mien, lui dit-il, que je m'en vais vous apprendre que le duc de Guise ne mérite pas que vous l'ayez choisi à mon préjudice. Ne m'interrompez point, je vous prie, pour me dire le contraire d'une vérité que je ne sais que trop. Il vous trompe, madame, et vous sacrifie à ma sœur, comme il vous l'a sacrifiée. C'est un homme qui n'est capable que d'ambition ; mais, puisqu'il a eu le bonheur de vous plaire, c'est assez ; je ne m'opposerai pas à une fortune que je méritais sans doute mieux que lui ; je m'en rendrais indigne, si je m'opiniâtrais davantage à la conquête d'un cœur qu'un autre possède. C'est trop de n'avoir pu attirer que votre indifférence : je ne veux pas y faire succéder la haine, en vous importunant plus long-temps de la plus fidèle passion qui fut jamais. Le duc d'Anjou, qui était effectivement touché d'amour et de douleur, put à peine achever ces paroles, et, quoiqu'il eût commencé son discours dans un esprit de dépit et de vengeance, il s'attendrit, en considérant la beauté de la princesse, et la perte qu'il faisait, en perdant l'espérance d'en être aimé ; de sorte que, sans attendre sa réponse, il sortit du bal, feignant de se trouver mal, et s'en alla chez lui rêver à son malheur. La princesse de Montpensier demeura affligée et troublée, comme on se le peut imaginer. Voir sa réputation et le secret de sa vie entre les mains d'un prince qu'elle avait maltraité, et apprendre par lui, sans pouvoir en douter, qu'elle était trompée par son amant, étaient des choses peu capables de lui laisser la liberté d'esprit que demandait un lieu destiné à la joie. Il fallut pourtant demeurer en ce lieu, et aller souper ensuite chez la duchesse de Montpensier, sa belle-mère, qui l'emmena avec elle. Le duc de Guise, qui mourait d'impatience de lui conter ce qu'avait dit le duc d'Anjou le jour précédent, la suivit chez sa sœur. Mais quel fut son étonnement, lorsque, voulant entretenir cette belle princesse, il trouva qu'elle ne lui parlait que pour lui faire des reproches épouvantables; et le dépit lui faisait faire ces reproches si confusément, qu'il n'y pouvait rien comprendre, sinon qu'elle l'accusait d'infidélité et de trahison. Accablé de désespoir de trouver une si grande augmentation de douleur où il avait espéré de se consoler de tous ses ennuis, et aimant cette princesse avec une passion qui ne pouvait plus le laisser vivre dans l'incertitude d'en être aimé, il se détermina tout d'un coup. Vous serez satisfaite, madame, lui dit-il; je m'en vais faire pour vous ce que toute la puissance royale n'aurait pu obtenir de moi. Il m'en coûtera ma fortune; mais c'est peu de chose pour vous satisfaire. Sans demeurer davantage chez la duchesse sa sœur, il s'en alla trouver, à l'heure même, les cardinaux ses oncles, et, sur le prétexte du mauvais traitement qu'il avait reçu du roi, il leur fit voir une si grande nécessité pour sa fortune à faire paraître qu'il n'avait aucune pensée d'épouser Madame, qu'il les obligea à conclure son mariage avec la princesse de Portien, duquel on avait déjà parlé. La nouvelle de ce mariage fut aussitôt sue par tout Paris. Tout le monde fut surpris, et la princesse de Montpensier en fut touchée de joie et de douleur. Elle fut bien aise de voir par-là le pouvoir qu'elle avait sur le duc; et elle fut fâchée, en même temps, de lui avoir fait abandonner une chose aussi avantageuse que le mariage de Madame. Le duc, qui voulait au moins que l'amour le récompensât de ce qu'il perdait du côté de la fortune, pressa la princesse de lui donner une audience particulière, pour s'éclaircir des reproches injustes qu'elle lui avait faits. Il obtint qu'elle se trouverait chez la duchesse de Montpensier, sa sœur, à une heure que cette duchesse n'y serait pas, et qu'il pourrait l'entretenir en particulier. Le duc de Guise eut la joie de se pouvoir jeter à ses pieds, de lui parler en liberté de sa passion, et de lui dire ce qu'il avait souffert de ses soupçons. La princesse ne pouvait s'ôter de l'esprit ce que lui avait dit le duc d'Anjou, quoique le procédé du duc de Guise la dût absolument rassurer. Elle lui apprit le juste sujet qu'elle avait de croire qu'il l'avait trahie, puisque le duc d'Anjou savait ce qu'il ne pouvait avoir appris que de lui. Le duc de Guise ne savait par où se défendre, et était aussi embarrassé que la princesse de Montpensier à deviner ce qui avait pu découvrir leur intelligence. Enfin, dans la suite de leur conversation, comme elle lui remontrait qu'il avait eu tort de précipiter son mariage avec la princesse de Portien, et d'abandonner celui de Madame, qui lui était si avantageux, elle lui dit qu'il pouvait bien juger qu'elle n'en eût eu aucune jalousie, puisque, le jour du ballet, elle-même l'avait conjuré de n'avoir des yeux que pour Madame. Le duc de Guise lui dit qu'elle avait eu l'intention de lui faire ce commandement, mais qu'assurément elle ne le lui avait pas fait. La princesse lui soutint le contraire. Enfin, à force de disputer et d'approfondir, ils trouvèrent qu'il fallait qu'elle se fût trompée dans la ressemblance des habits, et qu'elle-même eût appris au duc d'Anjou ce qu'elle accusait le duc de Guise de lui avoir appris. Le duc de Guise, qui était presque justifié dans son esprit par son mariage, le fut entièrement par cette conversation. Cette belle princesse ne put refuser son cœur à un homme qui l'avait possédé autrefois, et qui venait de tout abandonner pour elle. Elle consentit donc à recevoir ses vœux, et lui permit de croire qu'elle n'était pas insensible à sa passion. L'arrivée de la duchesse de Montpensier, sa belle-mère, finit cette conversation, et empêcha le duc de Guise de lui faire voir les transports de sa joie. Quelque temps après, la cour s'en allant à Blois, où la princesse de Montpensier la suivit, le mariage de Madame avec le roi de Navarre y fut conclu. Le duc de Guise, ne connaissant plus de grandeur ni de bonne fortune que celle d'être aimé de la princesse, vit avec joie la conclusion de ce mariage, qui l'aurait comblé de douleur dans un autre temps. Il ne pouvait si bien cacher son amour, que le prince de Montpensier n'en entrevît quelque chose, lequel, n'étant plus maître de sa jalousie, ordonna à la princesse sa femme de s'en aller à Champigni. Ce commandement lui fut bien rude : il fallut pourtant obéir. Elle trouva moyen de dire adieu en particulier au duc de Guise ; mais elle se trouva bien embarrassée à lui donner des moyens sûrs pour lui écrire. Enfin, après avoir bien cherché, elle jeta les yeux sur le comte de Chabanes, qu'elle comptait toujours pour son ami, sans considérer qu'il était son amant. Le duc de Guise, qui savait à quel point ce comte était ami du prince de Montpensier, fut épouvanté qu'elle le choisît pour son confident; mais elle lui répondit si bien de sa fidélité, qu'elle le rassura. Il se sépara d'elle avec toute la douleur que peut causer l'absence d'une personne que l'on aime passionnément. Le comte de Chabanes, qui avait toujours été malade à Paris pendant le séjour de la princesse de Montpensier à Blois, sachant qu'elle s'en allait à Champigni, la fut trouver sur le chemin, pour s'en aller avec elle. Elle lui fit mille caresses et mille amitiés, et lui témoigna une impatience extraordinaire de s'entretenir en particulier, dont il fut d'abord charmé. Mais quels furent son étonnement et sa douleur, quand il trouva que cette impatience n'allait qu'à lui conter qu'elle était passionnément aimée du duc de Guise, et qu'elle l'aimait de la même sorte ! Son étonnement et sa douleur ne lui permirent pas de répondre. La princesse, qui était pleine de sa passion, et qui trouvait un soulagement extrême à lui en parler, ne prit pas garde à son silence, et se mit à lui conter jusqu'aux plus petites circonstances de son aventure. Elle lui dit comme le duc de Guise et elle étaient convenus de recevoir, par son moyen, les lettres qu'ils devaient s'écrire. Ce fut le dernier coup pour le comte de Chabanes, de voir que sa maîtresse voulait qu'il servît son rival, et qu'elle lui en faisait la proposition comme d'une chose qui lui devait être agréable. Il était si absolument maître de lui-même, qu'il lui cacha tous ses sentimens. Il lui témoigna seulement la surprise où il était de voir en elle un si grand changement. Il espéra d'abord que ce changement, qui lui ôtait toute espérance, lui ôterait aussi toute sa passion; mais il trouva cette princesse si charmante, sa beauté naturelle étant encore beaucoup augmentée par une certaine grâce que lui avait donnée l'air de la cour, qu'il sentit qu'il l'aimait plus que jamais. Toutes les confidences qu'elle lui faisait sur la tendresse et sur la délicatesse de ses sentimens pour le duc de Guise lui faisaient voir le prix du cœur de cette princesse, et lui donnaient un vif désir de le posséder. Comme sa passion était la plus extraordinaire du monde, elle produisit l'effet du monde le plus extraordinaire, car elle le fit résoudre de porter à sa maîtresse les lettres de son rival. L'absence du duc de Guise donnait un chagrin mortel à la princesse de Montpensier, et, n'espérant de soulagement que par ses lettres, elle tourmentait incessamment le comte de Chabanes, pour savoir s'il n'en recevait point, et se prenait quasi à lui de n'en avoir pas assez tôt. Enfin, il en reçut par un gentilhomme du duc de Guise, et il les lui apporta à l'heure même, pour ne lui retarder pas sa joie d'un moment. Celle qu'elle eut de les recevoir fut extrême. Elle ne prit pas le soin de la cacher, et lui fit avaler à longs traits tout le poison imaginable, en lui lisant ces lettres et la réponse tendre et galante qu'elle y faisait. Il porta cette réponse au gentilhomme, avec la même fidélité avec laquelle il avait rendu la lettre à la princesse, mais avec plus de douleur. Il se consola pourtant un peu, dans la pensée que cette princesse ferait quelque réflexion sur ce qu'il faisait pour elle, et qu'elle lui en témoignerait de la reconnaissance. La trouvant de jour en jour plus rude pour lui, par le chagrin qu'elle avait d'ailleurs, il prit la liberté de la supplier de penser un peu à ce qu'elle lui faisait souffrir. La princesse, qui n'avait dans la tête que le duc de Guise, et qui ne trouvait que lui seul digne de l'adorer, trouva si mauvais qu'un autre que lui osât penser à elle, qu'elle maltraita bien plus le comte de Chabanes en cette occasion, qu'elle n'avait fait la première fois qu'il lui avait parlé de son amour. Quoique sa passion, aussi-bien que sa patience, fût extrême et à toute épreuve, il quitta la princesse et s'en alla chez un de ses amis dans le voisinage de Champigni, d'où il lui écrivit avec toute la rage que pouvait lui causer un si étrange procédé, mais néanmoins avec tout le respect qui était dû à sa qualité; et, par sa lettre, il lui disait un éternel adieu. La princesse commença à se repentir d'avoir si peu ménagé un homme sur qui elle avait tant de pouvoir; et, ne pouvant se résoudre à le perdre, non-seulement à cause de l'amitié qu'elle avait pour lui, mais aussi par l'intérêt de son amour, pour lequel il lui était tout-à-fait nécessaire, elle lui manda qu'elle voulait absolument lui parler encore une fois, et, après cela, qu'elle le laissait libre de faire ce qu'il lui plairait. L'on est bien faible quand on est amoureux. Le comte revint, et, en moins d'une heure, la beauté de la princesse de Montpensier, son esprit et quelques paroles obligeantes, le rendirent plus soumis qu'il n'avait jamais été, et il lui donna même des lettres du duc de Guise, qu'il venait de recevoir. Pendant ce temps, l'envie qu'on eut à la cour d'y faire venir les chefs du parti huguenot, pour cet horrible dessein qu'on exécuta le jour de la Saint-Barthélemi, fit que le roi, pour les mieux tromper, éloigna de lui tous les princes de la maison de Bourbon et tous ceux de la maison de Guise. Le prince de Montpensier s'en retourna à Champigni, pour achever d'accabler la princesse sa femme par sa présence. Le duc de Guise s'en alla à la campagne, chez le cardinal de Lorraine, son oncle. L'amour et l'oisiveté mirent dans son esprit un si violent désir de voir la princesse de Montpensier, que, sans considérer ce qu'il hasardait pour elle et pour lui, il feignit un voyage, et, laissant tout son train dans une petite ville, il prit avec lui ce seul gentilhomme qui avait déjà fait plusieurs voyages à Champigni, et il s'y en alla en poste. Comme il n'avait point d'autre adresse que celle du comte de Chabanes, il lui fit écrire un billet par ce même gentilhomme, par lequel ce gentilhomme le priait de le venir trouver en un lieu qu'il lui marquait. Le comte de Chabanes, croyant que c'était seulement pour recevoir des lettres du duc de Guise, l'alla trouver; mais il fut extrêmement surpris, quand il vit le duc de Guise, et il n'en fut pas moins affligé. Ce duc, occupé de son dessein, ne prit non plus garde à l'embarras du comte que la princesse de Montpensier avait fait à son silence lorsqu'elle lui avait conté son amour. Il se mit à lui exagérer sa passion, et à lui faire comprendre qu'il mourrait infailliblement, s'il ne lui faisait obtenir de la princesse la permission de la voir. Le comte de Chabanes lui répondit froidement qu'il dirait à cette princesse tout ce qu'il souhaitait qu'il lui dît, et qu'il viendrait lui en rendre réponse. Il s'en retourna à Champigni, combattu de ses propres sentimens, mais avec une violence qui lui ôtait quelquefois toute sorte de connaissance. Souvent il prenait la résolution de renvoyer le duc de Guise sans le dire à la princesse de Montpensier; mais la fidélité exacte qu'il lui avait promise changeait aussitôt sa résolution. Il arriva auprès d'elle, sans savoir ce qu'il devait faire; et, apprenant que le prince de Montpensier était à la chasse, il alla droit à l'appartement de la princesse, qui, le voyant troublé, fit retirer aussitôt ses femmes pour savoir le sujet de ce trouble. Il lui dit, en se modérant le plus qu'il lui fut possible, que le duc de Guise était à une lieue de Champigni, et qu'il souhaitait passionnément de la voir. La princesse fit un grand cri à cette nouvelle, et son embarras ne fut guère moindre que celui du comte. Son amour lui présenta d'abord la joie qu'elle aurait de voir un homme qu'elle aimait si tendrement; mais, quand elle pensa combien cette action était contraire à sa vertu, et qu'elle ne pouvait voir son amant qu'en le faisant entrer la nuit chez elle, à l'insu de son mari, elle se trouva dans une extrémité épouvantable. Le comte de Chabanes attendait sa réponse comme une chose qui allait décider de sa vie ou de sa mort. Jugeant de l'incertitude de la princesse par son silence, il prit la parole pour lui représenter tous les périls où elle s'exposerait par cette entrevue ; et, voulant lui faire voir qu'il ne lui tenait pas ce discours pour ses intérêts, il lui dit : Si, après tout ce que je viens de vous représenter, madame, votre passion est la plus forte, et que vous désiriez voir le duc de Guise, que ma considération ne vous en empêche point, si celle de votre intérêt ne le fait pas. Je ne veux point priver d'une si grande satisfaction une personne que j'adore, ni être cause qu'elle cherche des personnes moins fidèles que moi pour se la procurer. Oui, madame, si vous le voulez, j'irai querir le duc de Guise dès ce soir, car il est trop périlleux de le laisser plus long-temps où il est, et je l'amènerai dans votre appartement. Mais par où et comment ? interrompit la princesse. Ah ! madame, s'écria le comte, c'en est fait, puisque vous ne délibérez plus que sur les moyens. Il viendra, madame, ce bienheureux amant. Je l'amènerai par le parc : donnez ordre seulement à celle de vos femmes à qui vous vous fiez le plus, qu'elle baisse, précisément à minuit, le petit pont-levis qui donne de votre antichambre dans le parterre, et ne vous inquiétez pas du reste. En achevant ces paroles, il se leva ; et, sans attendre d'autre consentement de la princesse de Montpensier, il remonta à cheval, et vint trouver le duc de Guise, qui l'attendait avec une impatience extrême. La princesse de Montpensier demeura si troublée, qu'elle fut quelque temps sans revenir à elle. Son premier mouvement fut de faire rappeler le comte de Chabanes, pour lui défendre d'amener le duc de Guise; mais elle n'en eut pas la force. Elle pensa que, sans le rappeler, elle n'avait qu'à ne point faire abaisser le pont. Elle crut qu'elle continuerait dans cette résolution. Quand l'heure de l'assignation approcha, elle ne put résister davantage à l'envie de voir un amant qu'elle croyait si digne d'elle, et elle instruisit une de ses femmes de tout ce qu'il fallait faire pour introduire le duc de Guise dans son appartement. Cependant, et ce duc et le comte de Chabanes approchaient de Champigni; mais dans un état bien différent : le duc abandonnait son âme à la joie et à tout ce que l'espérance inspire de plus agréable, et le comte s'abandonnait à un désespoir et à une rage qui le poussèrent mille fois à donner de son épée au travers du corps de son rival. Enfin ils arrivèrent au parc de Champigni, où ils laissèrent leurs chevaux à l'écuyer du duc de Guise; et, passant par des brèches qui étaient aux murailles, ils vinrent dans le parterre. Le comte de Chabanes, au milieu de son désespoir, avait toujours quelque espérance que la raison reviendrait à la princesse de Montpensier, et qu'elle prendrait enfin la résolution de ne point voir le duc de Guise. Quand il vit ce petit pont abaissé, ce fut alors qu'il ne put douter du contraire, et ce fut aussi alors qu'il fut tout prêt à se porter aux dernières extrémités; mais, venant à penser que, s'il faisait du bruit, il serait ouï apparemment du prince de Montpensier, dont l'appartement donnait sur le même parterre, et que tout ce désordre tomberait ensuite sur la personne qu'il aimait le plus, sa rage se calma à l'heure même, et il acheva de conduire le duc de Guise aux pieds de sa princesse. Il ne put se résoudre à être témoin de leur conversation, quoique la princesse lui témoignât le souhaiter, et qu'il l'eût bien souhaité lui-même. Il se retira dans un petit passage, qui était du côté de l'appartement du prince de Montpensier, ayant dans l'esprit les plus tristes pensées qui aient jamais occupé l'esprit d'un amant. Cependant, quelque peu de bruit qu'ils eussent fait en passant sur le pont, le prince de Montpensier, qui par malheur était éveillé dans ce moment, l'entendit, et fit lever un de ses valets de chambre pour voir ce que c'était. Le valet de chambre mit la tête à la fenêtre, et, au travers de l'obscurité de la nuit, il aperçut que le pont était abaissé. Il en avertit son maître, qui lui commanda en même temps d'aller dans le parc voir ce que ce pouvait être. Un moment après, il se leva lui-même, étant inquiet de ce qu'il lui semblait avoir ouï marcher quelqu'un, et s'en vint droit à l'appartement de la princesse sa femme, qui répondait sur le pont. Dans le moment qu'il approchait de ce petit passage où était le comte de Chabanes, la princesse de Montpensier, qui avait quelque honte de se trouver seule avec le duc de Guise, pria plusieurs fois le comte d'entrer dans sa chambre. Il s'en excusa toujours, et, comme elle l'en pressait davantage, possédé de rage et de fureur, il lui répondit si haut qu'il fut ouï du prince de Montpensier; mais si confusément, que ce prince entendit seulement la voix d'un homme, sans distinguer celle du comte. Une pareille aventure eût donné de l'emportement à un esprit et plus tranquille et moins jaloux : aussi mit-elle d'abord l'excès de la rage et de la fureur dans celui du prince. Il heurta aussitôt à la porte avec impétuosité, et, criant pour se faire ouvrir, il donna la plus cruelle surprise du monde à la princesse, au duc de Guise et au comte de Chabanes. Le dernier, entendant la voix du prince, comprit d'abord qu'il était impossible de l'empêcher de croire qu'il n'y eût quelqu'un dans la chambre de la princesse sa femme, et, la grandeur de sa passion lui montrant en ce moment, que, s'il y trouvait le duc de Guise, madame de Montpensier aurait la douleur de le voir tuer à ses yeux, et que la vie même de cette princesse ne serait pas en sûreté, il résolut, par une générosité sans exemple, de s'exposer pour sauver une maîtresse ingrate et un rival aimé. Pendant que le prince de Montpensier donnait mille coups à la porte, il vint au duc de Guise, qui ne savait quelle résolution prendre, et il le mit entre les mains de cette femme de madame de Montpensier qui l'avait fait entrer par le pont, pour le faire sortir par le même lieu, pendant qu'il s'exposerait à la fureur du prince. A peine le duc était hors de l'antichambre, que le prince, ayant enfoncé la porte du passage, entra dans la chambre comme un homme possédé de fureur et qui cherchait sur qui la faire éclater. Mais quand il ne vit que le comte de Chabanes, et qu'il le vit immobile, appuyé sur la table, avec un visage où la tristesse était peinte, il demeura immobile lui-même : et la surprise de trouver, et seul et la nuit, dans la chambre de sa femme l'homme du monde qu'il aimait le mieux, le mit hors d'état de pouvoir parler. La princesse était à demi évanouie sur des carreaux, et jamais peut-être la fortune n'a mis trois personnes en des états si pitoyables. Enfin, le prince de Montpensier, qui ne croyait pas ce qu'il voyait, et qui voulait démêler ce chaos où il venait de tomber, adressant la parole au comte, d'un ton qui faisait voir qu'il avait encore de l'amitié pour lui : Que vois-je? lui dit-il. Est-ce une illusion ou une vérité? Est-il possible qu'un homme que j'ai aimé si chèrement choisisse ma femme entre toutes les autres femmes, pour la séduire? Et vous, madame, dit-il à la princesse, en se tournant de son côté, n'était-ce point assez de m'ôter votre cœur et mon honneur, sans m'ôter le seul homme qui me pouvait consoler de ces malheurs? Répondez-moi l'un ou l'autre, leur dit-il, et éclaircissez-moi d'une aventure que je ne puis croire telle qu'elle me paraît. La princesse n'était pas capable de répondre, et le comte de Chabanes ouvrit plusieurs fois la bouche sans pouvoir parler. Je suis criminel à votre égard, lui dit-il enfin, et indigne de l'amitié que vous avez eue pour moi ; mais ce n'est pas de la manière que vous pouvez l'imaginer. Je suis plus malheureux que vous, et plus désespéré; je ne saurais vous en dire davantage. Ma mort vous vengera, et, si vous voulez me la donner tout à l'heure, vous me donnerez la seule chose qui peut m'être agréable. Ces paroles, prononcées avec une douleur mortelle et avec un air qui marquait son innocence, au lieu d'éclaircir le prince de Montpensier, lui persuadaient de plus en plus qu'il y avait quelque mystère dans cette aventure qu'il ne pouvait deviner ; et, son désespoir s'augmentant par cette incertitude : Otez-moi la vie vous-même, lui dit-il, ou donnez-moi l'éclaircissement de vos paroles; je n'y comprends rien : vous devez cet éclaircissement à mon amitié, vous le devez à ma modération ; car tout autre que moi aurait déjà vengé sur votre vie un affront si sensible. Les apparences sont bien fausses, interrompit le comte. Ah ! c'est trop, répliqua le prince ; il faut que je me venge, et puis je m'éclaircirai à loisir. En disant ces paroles, il s'approcha du comte de Chabanes avec l'action d'un homme emporté de rage. La princesse, craignant quelque malheur (ce qui ne pouvait pourtant pas arriver, son mari n'ayant point d'épée), se leva pour se mettre entre deux. La faiblesse où elle était la fit succomber à cet effort, et, comme elle approchait de son mari, elle tomba évanouie à ses pieds. Le prince fut encore plus touché de cet évanouissement qu'il n'avait été de la tranquillité où il avait trouvé le comte, lorsqu'il s'était approché de lui ; et, ne pouvant plus soutenir la vue de deux personnes qui lui donnaient des mouvemens si tristes, il tourna la tête de l'autre côté, et se laissa tomber sur le lit de sa femme, accablé d'une douleur incroyable. Le comte de Chabanes, pénétré de repentir d'avoir abusé d'une amitié dont il recevait tant de marques, et, ne trouvant pas qu'il pût jamais réparer ce qu'il venait de faire, sortit brusquement de la chambre, et, passant par l'appartement du prince, dont il trouva les portes ouvertes, il descendit dans la cour; il se fit donner des chevaux, et s'en alla dans la campagne, guidé par son seul désespoir. Cependant le prince de Montpensier, qui voyait que la princesse ne revenait point de son évanouissement, la laissa entre les mains de ses femmes, et se retira dans sa chambre avec une douleur mortelle. Le duc de Guise, qui était sorti heureusement du parc, sans savoir quasi ce qu'il faisait, tant il était troublé, s'éloigna de Champigni de quelques lieues; mais il ne put s'éloigner davantage, sans savoir des nouvelles de la princesse. Il s'arrêta dans une forêt, et envoya son écuyer pour apprendre du comte de Chabanes ce qui était arrivé de cette terrible aventure. L'écuyer ne trouva point le comte de Chabanes; mais il apprit d'autres personnes que la princesse de Montpensier était extraordinairement malade. L'inquiétude du duc de Guise fut augmentée par ce que lui dit son écuyer ; et, sans la pouvoir soulager, il fut contraint de s'en retourner trouver ses oncles, pour ne pas donner de soupçon par un plus long voyage. L'écuyer du duc de Guise lui avait rapporté la vérité, en lui disant que madame de Montpensier était extrêmement malade ; car il était vrai que, sitôt que ses femmes l'eurent mise dans son lit, la fièvre lui prit si violemment, et avec des rêveries si horribles, que, dès le second jour, l'on craignit pour sa vie. Le prince feignit d'être malade, afin qu'on ne s'étonnât pas de ce qu'il n'entrait pas dans la chambre de sa femme. L'ordre qu'il reçut de s'en retourner à la cour, où l'on rappelait tous les princes catholiques pour exterminer les huguenots, le tira de l'embarras où il était. Il s'en alla à Paris, ne sachant ce qu'il avait à espérer ou à craindre du mal de la princesse sa femme. Il n'y fut pas sitôt arrivé, qu'on commença d'attaquer les huguenots en la personne d'un de leurs chefs, l'amiral de Châtillon ; et, deux jours après, l'on fit cet horrible massacre si renommé par toute l'Europe. Le pauvre comte de Chabanes, qui s'était venu cacher dans l'extrémité de l'un des faubourgs de Paris, pour s'abandonner entièrement à sa douleur, fut enveloppé dans la ruine des huguenots. Les personnes chez qui il s'était retiré l'ayant reconnu, et s'étant souvenues qu'on l'avait soupçonné d'être de ce parti, le massacrèrent cette même nuit qui fut si funeste à tant de gens. Le matin, le prince de Montpensier, allant donner quelques ordres hors la ville, passa dans la rue où était le corps de Chabanes. Il fut d'abord saisi d'étonnement à ce pitoyable spectacle; ensuite, son amitié se réveillant, elle lui donna de la douleur; mais le souvenir de l'offense qu'il croyait avoir reçue du comte lui donna enfin de la joie, et il fut bien aise de se voir vengé par les mains de la fortune. Le duc de Guise, occupé du désir de venger la mort de son père, et, peu après, rempli de la joie de l'avoir vengée, laissa peu à peu éloigner de son âme le soin d'apprendre des nouvelles de la princesse de Montpensier; et, trouvant la marquise de Noirmoutier, personne de beaucoup d'esprit et de beauté, et qui donnait plus d'espérance que cette princesse, il s'y attacha entièrement et l'aima avec une passion démesurée, et qui dura jusqu'à sa mort. Cependant, après que le mal de madame de Montpensier fut venu au dernier point, il commença à diminuer : la raison lui revint; et, se trouvant un peu soulagée par l'absence du prince son mari, elle donna quelque espérance de sa vie. Sa santé revenait pourtant avec grande peine, par le mauvais état de son esprit; et son esprit fut travaillé de nouveau, quand elle se souvint qu'elle n'avait eu aucune nouvelle du duc de Guise pendant toute sa maladie. Elle s'enquit de ses femmes si elles n'avaient vu personne, si elles n'avaient point de lettres; et, ne trouvant rien de ce qu'elle eût souhaité, elle se trouva la plus malheureuse du monde, d'avoir tout hasardé pour un homme qui l'abandonnait. Ce lui fut encore un nouvel accablement d'apprendre la mort du comte de Chabanes, qu'elle sut bientôt par les soins du prince son mari. L'ingratitude du duc de Guise lui fit sentir plus vivement la perte d'un homme dont elle connaissait si bien la fidélité. Tant de déplaisirs si pressans la remirent bientôt dans un état aussi dangereux que celui dont elle était sortie : et, comme madame de Noirmoutier était une personne qui prenait autant de soin de faire éclater ses galanteries que les autres en prennent de les cacher, celles du duc de Guise et d'elle étaient si publiques, que, tout éloignée et toute malade qu'était la princesse de Montpensier, elle les apprit de tant de côtés, qu'elle n'en put douter. Ce fut le coup mortel pour sa vie : elle ne put résister à la douleur d'avoir perdu l'estime de son mari, le cœur de son amant, et le plus parfait ami qui fut jamais. Elle mourut en peu de jours, dans la fleur de son âge. Elle était une des plus belles princesses du monde, et en aurait été sans doute la plus heureuse, si la vertu et la prudence eussent conduit toutes ses actions.

FIN DE LA PRINCESSE DE MONTPENSIER.

MÉMOIRES

DE

LA COUR DE FRANCE,

POUR LES ANNÉES 1688 ET 1689.

MÉMOIRES

DE

LA COUR DE FRANCE,

POUR LES ANNÉES 1688 ET 1689.

PREMIÈRE PARTIE.

La France était dans une tranquillité parfaite; l'on n'y connaissait plus d'autres armes que les instrumens nécessaires pour remuer les terres et pour bâtir : on employait les troupes à ces usages, non-seulement avec l'intention des anciens Romains, qui n'était que de les tirer d'une oisiveté aussi mauvaise pour elles que le serait l'excès du travail; mais le but était aussi de faire aller la rivière d'Eure contre son gré, pour rendre les fontaines de Versailles continuelles : on employait les troupes à ce prodigieux dessein, pour avancer de quelques années les plaisirs du roi; et on le faisait avec moins de dépenses et moins de temps que l'on n'eût osé l'espérer.

La quantité de maladies que cause toujours le remuement des terres, mettait les troupes, qui étaient campées à Maintenon, où était le fort du travail, hors d'état d'aucun service; mais cet inconvénient ne paraissait digne d'aucune attention, dans le sein de la tranquillité dont on jouissait. La trêve était faite pour vingt ans avec toute l'Europe. Les Impériaux, quoique victorieux des Turcs, avaient encore assez d'occupation pour nous laisser en repos, et l'on espérait que des conquêtes quasi sûres auraient plus d'appât pour eux que le plaisir d'une vengeance douteuse. L'Espagne était trop abaissée pour nous donner une ombre d'appréhension; l'Angleterre, trop tourmentée dans ses entrailles, et les deux rois trop liés pour qu'il y eût rien à craindre. L'on était fort persuadé des mauvaises intentions du prince d'Orange; mais nous étions rassurés par l'état de la république de Hollande, dont le souverain bonheur consiste dans la paix : nous étions donc persuadés que, si la guerre commençait, ce ne pourrait être que par nous.

Tout ce que je viens de dire laissait au roi le plaisir tout pur de jouir de ses travaux. Ses bâtimens, auxquels il faisait des dépenses immenses, l'amusaient infiniment; et il en jouissait avec les personnes qu'il honore de son amitié, et celles que ces personnes distinguent par-dessus les autres. Il était bien persuadé que, si la paix du Turc se pouvait faire, ses ennemis se rassembleraient tous contre lui; mais cette pensée-là était trop éloignée pour lui faire de la peine; cependant cet éloignement n'empêchait pas que la politique ne lui fît prendre des précautions. Une de celles que l'on jugea la plus utile, fut de s'assurer de l'électorat de Cologne, sans s'en saisir. Nous étions déjà les maîtres de tout le Haut-Rhin, par la possession de l'Alsace; il n'y avait que Philisbourg que nous n'avions pas; mais l'on bâtissait une place à Landau, pour rendre celle-là inutile aux Impériaux. Luxembourg nous mettait tout le pays de Trèves dans notre dépendance, et une place appelée le Mont-Royal, que nous faisions sur la Moselle, nous en rendait entièrement les maîtres. Par-là, l'électeur de Trèves, celui de Mayence et le Palatin, étaient entièrement sous notre couleuvrine, et les ennemis du roi ne pouvaient pas aisément se faire un passage par ces endroits-là. L'électorat de Cologne était donc le seul dont nous ne fussions pas les maîtres. Nous l'avions été par la liaison que M. l'électeur de Cologne avait toujours eue avec le roi; mais on le voyait dépérir, et il ne pouvait vivre encore long-temps. Comme les chanoines de cette église sont tous Allemands, et qu'il en faut nécessairement élever un à la dignité d'électeur, le roi n'en trouvait aucun dans ses intérêts que le prince Guillaume de Furstemberg, qui y avait toujours été, à qui il avait donné l'évêché de Strasbourg après la mort de son frère, qu'il avait fait cardinal, et à qui il avait donné quantité de bénéfices en France. Il avait été de tout temps attaché au roi, et c'étaient son frère et lui qui avaient ménagé tous les commencemens de la guerre de Hollande. Le roi jugea donc qu'il lui était nécessaire de l'élever à cette dignité, et l'on crut que l'on y réussirait plus aisément en le faisant du vivant de M. l'électeur, qu'en attendant après sa mort. On fit donc consentir l'électeur à demander un coadjuteur. On s'assembla; et, après beaucoup de difficultés que formèrent les partisans de l'empereur et de l'Empire, M. de Furstemberg fut élu coadjuteur. On crut, en ce pays-ci, que c'était une affaire faite, et que rien ne pouvait plus empêcher qu'il ne le fût. On dépêcha des courriers à Rome et à Vienne : à Rome, pour avoir les bulles; à Vienne, pour l'investiture : toutes les deux furent refusées. L'empereur refusa par son intérêt particulier, et le pape, par une opiniâtreté épouvantable, mêlée d'une haine pour la France, et le tout couvert du voile de religion et de zèle pour l'Église. On ne peut pas dire que le pape ne soit homme de bien, et que, dans les commencemens, il n'ait eu des intentions très-droites ; mais il s'est bien écarté de cette voie d'équité et de justice que doit avoir un bon père pour ses enfans. Je crois que l'on ne doit pas trouver mauvais qu'il ait aidé l'empereur, le roi de Pologne et les Vénitiens dans la guerre qu'ils avaient contre les infidèles; on peut même soutenir le parti qu'il a pris sur l'affaire des franchises, et il est excusable d'avoir été offensé contre les ministres de France sur tout ce qui s'est passé dans les assemblées du clergé; car c'est son autorité, qui est la chose dont l'humanité est plus jalouse, que l'on attaque; et, quand l'humanité n'y aurait point de part, et qu'un pape en serait défait en montant sur le trône de saint Pierre, ce serait l'Église et ses droits qu'il défendrait; mais un endroit où le pape n'est pas pardonnable, ni même excusable, c'est la manière dont il s'est comporté dans l'affaire de Cologne. Pendant le reste de vie de M. l'électeur de Cologne, il refusa les bulles à M. de Furstemberg, qui avait pourtant été élu coadjuteur canoniquement, et qui avait eu toutes les voix nécessaires, sans que le parti de l'empereur, qui proposait un frère de M. de Neubourg, l'eût pu empêcher. Le pape savait l'état où était M. de Cologne, et qu'en ne donnant point de bulles au coadjuteur, il fallait recommencer l'élection à la mort de l'électeur. La raison du pape, pour ne lui point donner de bulles, fut que c'était un homme qui avait mis le feu dans toute l'Europe, qui était cause des guerres passées; que celles qui viendraient en seraient toujours une suite; qu'un homme comme celui-là n'était pas digne de remplir une aussi grande place, et que, s'il y était une fois, il entreprendrait encore plus aisément de troubler le repos de la chrétienté. Le pape s'applaudissait d'une raison qui paraissait sortir des entrailles du père commun des chrétiens, et refusait cette grâce au cardinal de Furstemberg, parce qu'il était appuyé de la France, et que c'était prendre une vengeance grande et certaine du roi, qu'il avait trouvé opposé aux choses qu'il avait voulues.

Dans le temps que le roi sollicitait le plus fortement les bulles du coadjuteur, et que le pape y était le plus opposé, l'électeur de Cologne vint à mourir, et laissa vacant, outre l'archevêché de Cologne, l'évêché de Munster, celui de Liége et celui d'Hildesheim. L'intention du roi était que M. de Furstemberg en remplît le plus qu'il se pourrait ; mais il s'attachait le plus fortement à ceux de Cologne et de Liége, comme les plus voisins de ses états, et par conséquent les plus nécessaires. L'obstination du pape à refuser les bulles faisait qu'il fallait refaire une nouvelle élection, et que la coadjutorerie que l'on avait donnée au cardinal de Furstemberg était entièrement inutile : il demeurait seulement, pendant le siége vacant, administrateur de l'archevêché, et, comme il avait gouverné pendant toute la vie du feu électeur, il était entièrement maître des places et avait un assez grand crédit parmi les chanoines. On fut, après la mort de l'électeur, un temps assez considérable sans procéder à l'élection ; mais pourtant, selon l'usage ordinaire, l'évêque de Munster et celui d'Hildesheim furent nommés, sans qu'il fût question de M. de Furstemberg : aussi ne s'était-on donné, du côté de la cour, qu'un médiocre mouvement pour lui faire remplir ces deux places. Il n'en était pas de même de celle de Cologne : on y avait envoyé le baron d'Asfeld, homme de beaucoup d'esprit, que M. de Louvois emploie souvent dans des négociations ; on fit avancer des troupes sur les frontières ; on envoya de l'argent dans l'archevêché de Cologne, pour distribuer aux chanoines et à des prêtres qui sont au-dessous des chanoines, et qui ont une voix élective, mais qui ne peuvent jamais être élus. L'empereur opposa pour négociateur à Asfeld le comte de Launitz, homme, à ce que l'on dit, de peu d'esprit, mais qui avait pourtant réussi à mettre M. l'électeur de Bavière dans les intérêts de l'empereur : il est vrai que sa femme y avait eu plus de part que lui ; car M. l'électeur en était devenu amoureux, et il est difficile de trouver des gens qui persuadent mieux que les amans ou les maîtresses. M. de Launitz proposa aux chanoines l'évêque de Breslau, fils de l'électeur Palatin et frère de l'impératrice, pour archevêque de Cologne : il fut peu écouté, et l'on espérait une heureuse négociation à l'égard du cardinal de Furstemberg. Quand l'empereur vit que l'affaire ne pouvait pas réussir pour l'évêque de Breslau, on fit proposer le prince Clément de Bavière, frère de M. l'électeur. Il n'avait pas l'âge, et il ne pouvait pas y avoir une plus grande opposition ; mais on couvrit ce défaut d'un prétexte spécieux d'avantage pour l'électorat, qui fut que M. le prince Clément n'en jouirait que quand il aurait l'âge ; que l'on en donnerait l'administration à des chanoines jusqu'à ce temps-là, et que les revenus seraient employés à rétablir l'archevêché qui était en désordre. En même temps, on présenta des brefs du pape, qui dispensaient d'âge M. le prince Clément. Le pape y représentait les services de M. l'électeur pour la chrétienté, et l'avantage de l'archevêché. Il ne fallait pas être trop éclairé pour discerner les mouvemens qui le faisaient agir ; aussi les regarda-t-on en France comme on devait. Les Hollandais n'étaient pas encore entrés fort avant dans cette négociation, et le prince d'Orange surtout avait peu paru, et ne s'était pas pressé de faire beaucoup de pas, de peur qu'on ne les détruisît ; mais, afin qu'on n'eût pas le temps, il envoya, la surveille de l'élection, à Cologne, un nommé Isaac, qui est son maître d'hôtel, et le seul qui partage sa confiance avec le comte de Benting [1] ; mais pourtant avec cette différence, que l'un se trouva là comme son ami, et l'autre presque comme son premier ministre, et comme un homme qui lui est très-utile. Ils se rendirent à Cologne avec des lettres de change considérables, pour déterminer entièrement ceux qui balançaient, qui pourtant avaient donné leurs voix au cardinal, quand il avait été question de le faire coadjuteur. On procéda à l'élection le jour que l'on avait assigné, et on

---

[1] Connu depuis sous le nom de milord Portland.

la fit avec toutes les voix ordinaires de vingt-quatre chanoines, dont est composé le chapitre de Cologne. Le cardinal de Furstemberg eut treize voix, le prince Clément huit, et deux autres en eurent chacun une. Il y en eut une de ces deux-là qui se joignit ensuite à celles qu'avait déjà le cardinal, de manière qu'il en eut quatorze. Comme celui qui a le plus de voix doit l'emporter, selon les apparences, on proclama le cardinal électeur. Ceux qui étaient dans le parti du prince Clément firent une espèce de protestation, et se retirèrent chacun chez eux, sans vouloir assister à la proclamation. Cependant le voilà déclaré électeur : pour l'être parfaitement, il lui manquait, et les bulles du pape, et l'investiture de l'empereur. M. le cardinal de Furstemberg eut d'abord recours au roi pour le soutenir. Le roi lui envoya des troupes, qui pourtant prêtèrent le serment entre les mains du cardinal, comme électeur : il en remplit les places de l'archevêché, et y mit des commandans français.

Pendant tout ce temps-là, une grande partie de l'infanterie du roi était à Maintenon; sa cavalerie était campée en différens endroits : M. de Louvois était malade, et prenait les eaux à Forges pour rétablir sa santé. Les maladies de Maintenon commençaient d'une si grande violence, que l'on était obligé de mettre les troupes dans des quartiers, et l'on comptait que le travail continuerait encore six semaines ou deux mois : il ne paraissait pas que l'on dût prendre des partis violens pour cette année. M. de Louvois revint de Forges, et deux jours après on envoya au marquis d'Huxelles, qui commandait le camp de la rivière d'Eure, des ordres pour en faire décamper toutes les troupes. Le bruit se répandit alors qu'on allait déclarer la guerre. On parla d'augmentation de troupes, et on donna peu de temps après des commissions pour de nouvelles levées. On apprit en même temps la nouvelle de la prise de Belgrade ; on jugea les Turcs dans une impuissance entière de soutenir encore la guerre : il était extrêmement question de paix entre eux et l'empereur, et l'on ne pouvait pas douter que, si elle se faisait une fois, toutes les forces de l'empire ne retombassent sur nous.

Les affaires de Rome allaient de mal en pis ; personne ne pouvait vaincre l'opiniâtreté du pape. Elle était trop bien fomentée par les gens en qui il avait le plus de confiance; et ceux qui eussent pu lui parler pour le faire changer de sentiment, lui étaient trop suspects. Le roi se résolut d'y envoyer Chanlay, homme en qui M. de Louvois a une très-grande confiance, et qu'il emploie volontiers. Le roi le chargea d'une lettre de sa main pour le pape, avec ordre de n'avoir aucun commerce avec M. de Lavardin, son ambassadeur, ni avec M. le cardinal d'Estrées, qui faisait toutes les affaires du roi. Son instruction était de s'adresser à Cassoni, le favori du pape, et puis au cardinal Cibo. Il s'acquitta de ses ordres en homme d'esprit ; mais il eut le malheur de ne pas réussir. Cassoni et Cibo se moquèrent de lui ; ils se le renvoyèrent l'un à l'autre ; et il s'en revint sans avoir vu que l'Italie. Son voyage ne servit qu'à donner du chagrin au cardinal d'Estrées et à M. de Lavardin, et à grossir le manifeste que le roi fit publier dans le temps que l'on partit pour le commencement de la guerre.

Quand l'élection de Cologne fut faite, les chanoines de Liége s'assemblèrent pour la leur. Nous avions un très-grand besoin d'un homme qui fût dans nos intérêts, et le roi voulut absolument que ce fût le cardinal de Furstemberg; mais à peine fut-il seulement question de lui dans l'élection. On offrit au roi d'élire le cardinal de Bouillon; mais Sa Majesté était trop mal contente de lui et de toute sa famille, pour en souffrir l'élévation. Le roi dit qu'il ne le voulait pas, et en même temps donna ordre au cardinal de Bouillon de donner sa voix et d'engager cellesde ses amis pour Furstemberg. Il y a apparence qu'il ne fit pas ce que le roi avait souhaité de lui, et il fit en très-malhabile homme; car d'abord il s'engagea, et promit tout ce que le roi voudrait, et puis il écrivit une lettre au père de La Chaise, confesseur du roi, où il lui demandait son conseil, et prétendait que sa conscience l'engageait à d'autres intérêts que ceux qui lui étaient prescrits par le roi. Enfin, on vit clairement, peu de temps après, que l'on n'avait pas lieu d'être content de sa conduite; car on fit arrêter son secrétaire chez M. de Croissi, et, peu de temps encore après, un sous-secrétaire. On élut donc un autre évêque de Liége que Furstemberg. C'est un gentilhomme du pays, un très-saint homme, que l'esprit ne conduit pas à de grands desseins, et qui peut-être, à l'heure qu'il est, est très-fâché d'avoir été élu. Le roi fut offensé que le chapitre de Liége n'eût pas suivi ses intentions; mais il s'en consola par la quantité de contributions qu'il espéra de tirer de tout le pays.

On ne songea plus qu'à soutenir l'élection du cardinal de Furstemberg à Cologne. On y fit marcher plus de troupes qu'il n'y en avait déjà; et l'on envoya M. de Sourdis pour commander dans le pays. On fit des propositions à M. l'électeur de Bavière, et on espérait qu'il les pourrait accepter, parce qu'on prétendait que sa femme ne pouvait point avoir d'enfans, et que le prince Clément n'avait point envie de s'engager dans l'état ecclésiastique ; mais la grossesse de madame l'électrice, qui vint quelque temps après, ne laissa plus d'espérance.

En même temps que l'on apprit que les élections avaient mal réussi, le roi eut avis que le prince d'Orange faisait un armement de mer prodigieux, qui regardait l'Angleterre. Il avait eu des conférences avec M. l'électeur de Brandebourg, et avec M. de Schomberg. D'abord, on avait cru que ces entrevues n'étaient que pour nous empêcher d'être maîtres de l'électorat de Cologne; mais le prince d'Orange achetait des troupes de tous côtés pour charger ses vaisseaux. Enfin, on disait que, depuis l'armée navale de Charles-Quint, on n'en avait pas vu une plus formidable. Sa Majesté donna avis au roi d'Angleterre que tous ces apprêts-là le regardaient. Le roi d'Angleterre n'en fut pas plus ému, parce qu'il ne le crut pas. Quand le prince d'Orange vit son dessein découvert, il se pressa plus qu'il n'avait fait, et répandit de très-grandes sommes d'argent pour être en état de partir au plus tôt, étant bien persuadé que les grands desseins réussissent difficilement, quand ils sont éventés et longs dans l'exécution.

Sa Majesté ne laissa pas d'offrir au roi d'Angleterre de le secourir toutes les fois qu'il en aurait besoin.

Pendant ce temps-là, on se préparait à faire une campagne; on avait fait une grande promotion d'officiers généraux, on en avait fait marcher en différens endroits : on voyait bien qu'il y aurait quelque chose avant la fin de l'année. Les courtisans étaient dans un grand embarras, si le roi marcherait lui-même, ou s'il n'enverrait qu'un maréchal de France aux expéditions que l'on méditait. L'embarras était aussi grand pour eux, de quel côté l'on marcherait. Le roi avait fait dire aux Hollandais, qu'en cas que le prince d'Orange entreprît quelque chose contre l'Angleterre, il leur déclarerait la guerre. Il avait fait la même menace à M. le marquis de Castanaga, gouverneur des Pays-Bas. Beaucoup de gens trouvaient que Namur était une place absolument nécessaire au roi, et croyaient que l'on s'en saisirait. Enfin, chacun jugeait selon sa fantaisie, ou selon ses connaissances. Tout ce qui paraissait sûr, était qu'il y avait un dessein considérable. La cour devait partir pour Fontainebleau dans cinq ou six jours, quand le roi déclara qu'il ne marcherait pas, mais qu'il envoyait Monseigneur pour prendre Philisbourg et le Palatinat, et que M. de Duras, que l'on avait déjà envoyé à son gouvernement de Franche-Comté, il y avait du temps, commanderait l'armée sous lui. Monseigneur partit trois jours après que son voyage fut déclaré, et se rendit en douze jours devant Philisbourg. M. de Bouflers avait un corps de troupes considérable en deçà du Rhin, et le maréchal d'Humières avait marché avec un autre dans le pays de Clèves et de Luxembourg, afin que, si les troupes que l'on disait toujours qui s'assemblaient auprès de Cologne faisaient le moindre mouvement, il fût en état de se porter où il serait nécessaire. M. de Bouflers prit d'abord avec son armée une petite place à M. le Palatin dans la Lorraine allemande, appelée Kayserslautern. Le marquis d'Huxelles, qu'on avait envoyé devant en Alsace, pour servir dans l'armée de Monseigneur, en prit une autre appelée Neustadt, et vint ensuite se rabattre sur un ouvrage à corne de Philisbourg, qui était en deçà du Rhin, et dans le même temps M. de Monclas, qui commandait en Alsace, investit la ville de l'autre côté du Rhin. Le roi partit de Versailles pour aller à Fontainebleau, et fit publier en même temps un manifeste où il rendait raison de toute sa conduite avec l'empereur, avec le pape et avec tous ses voisins. Madame la dauphine n'y fut que trois jours après lui, parce qu'elle était très-incommodée, et depuis longtemps. Monseigneur fit son voyage en onze jours, et le fit dans sa chaise jusqu'à Sarbourg. Sa cour était composée de peu de personnes par le chemin, les officiers se rendant devant à leurs emplois, et ses courtisans n'ayant pas aussi eu le temps de faire des équipages. Le roi lui avait donné M. de Beauvilliers pour modérateur de sa jeunesse. A Sarbourg, il monta à cheval et fit une très-grande journée : il avait appris à Dieuse que l'on avait ouvert quelques boyaux devant la place; il apprit en même temps la prise de Kayserslautern, par M. de Bouflers. Il fut en trois jours de Sarbourg à Philisbourg, et eut un vilain chemin et très-long. En arrivant devant Philisbourg, quoiqu'il fût très-fatigué, il ne laissa pas d'aller voir la disposition de tout avec M. de Duras, qui commandait l'armée sous lui, et qui était venu au-devant de Monseigneur un peu par delà le pont qui était à une lieue et demie au-dessus de Philisbourg. Saint-Pouange, qui représentait M. de Louvois à cette armée, y vint aussi avec M. de Duras. Tout le monde fut assez long-temps sans équipage, et même Monseigneur, parce que le temps était très-avancé pour un siége aussi considérable que celui-là, et que l'on faisait passer les troupes et les choses nécessaires pour le siége, préférablement à tout. On continua la tranchée, qui avait été commencée en l'absence de Monseigneur, où il montait d'abord deux bataillons de garde, et on l'appela *la tranchée du haut Rhin*, parce qu'elle suivait le cours de la rivière. Trois jours après que Monseigneur fut arrivé, on ouvrit une autre tranchée à l'opposite de celle-là, que l'on appela *le bas Rhin*, et l'on y envoya un des bataillons qui montait à l'autre. Six jours après l'arrivée de Monseigneur, on ouvrit encore une autre tranchée, qui fut appelée *la grande attaque*, où il montait deux bataillons, avec un lieutenant général et le brigadier de jour : aux deux autres, montait un maréchal de camp. Deux jours avant que l'on ouvrît cette tranchée, un ingénieur, nommé la Lande, qui avait été dans la place pendant que les Impériaux l'avaient assiégée, fut emporté d'un coup de canon, en allant reconnaître le travail qu'il devait faire faire. Sa mort ne laissa pas que de fâcher M. de Vauban, parce que c'était lui qui avait le plus de connaissance de la place; encore était-elle changée depuis qu'il en était sorti. Les assiégés firent toujours un feu de canon prodigieux; il ne se passa rien du tout à l'ouverture de la tranchée, et il n'y eut personne de considérable ni de tué ni de blessé. Le premier homme qui le fut, ce fut Sarcé, qui, en venant du quartier où étaient campés son régiment et celui de Monseigneur, eut le poignet emporté d'un coup de canon.

Pendant que Monseigneur était occupé au siége, il détacha M. de Monclas, mestre de camp, général de la cavalerie et lieutenant général, avec une partie de la cavalerie, pour entrer dans le Palatinat. Il se saisit de quelques petites villes où il n'y avait aucune fortification, et y demeura pour entreprendre quelque chose de plus considérable quand l'occasion s'en présenterait. Les trois ou quatre premières nuits de tranchée se passèrent très-doucement. On avançait pourtant beaucoup le travail; mais notre canon fut tout ce temps-là à mettre en batterie. La quatrième nuit, on emporta aux ennemis un petit retranchement l'épée à la main. Le régiment d'Auvergne était de tranchée : Presse, qui en est le colonel, y fut blessé. Le matin, les ennemis firent semblant de faire une sortie; ils trouvèrent des travailleurs avec la tête du régiment d'Auvergne, qui s'ébranla parce que les travailleurs s'étaient renversés sur eux; mais la plupart des hommes qui étaient sortis furent tués et faits prisonniers. Catinat, qui était de tranchée ce jour-là, eut une balle dans son chapeau, et se donna beaucoup de mouvement, comme il fit pendant tout le siége.

Après M. de Vauban, ce fut sur lui aussi que le siége roula le plus : c'est un homme en qui M. de Louvois a beaucoup de confiance, et en qui il n'en peut trop avoir. D'un commun consentement, personne n'a plus d'esprit ni de mérite que lui.

Pendant ce temps-là, Monseigneur envoya ordre à M. de Monclas de tâcher de prendre Heidelberg, capitale du Palatinat. La ville est d'une conquête aisée; elle est le long du Necker, entre deux collines fort élevées. D'un côté est le château, résidence ordinaire des électeurs palatins, qui est assez beau et assez bon. M. de Monclas n'avait pas d'infanterie, et n'avait que quelques pièces de canon ; ainsi, il eût difficilement réussi en l'attaquant par les règles. Le grand-maître de l'ordre teutonique, fils de M. l'électeur palatin, était dedans, avec peut-être sept à huit cents hommes des troupes de son père. On trouva que la voie de l'honnêteté était la meilleure, et Chanlay, qui était avec M. de Monclas, se chargea du compliment. Il lui dit qu'il venait de la part de Monseigneur pour savoir sa résolution ; qu'il serait fâché qu'il lui arrivât du mal. Enfin, Chanlay, par ses bonnes raisons, fit que M. le grand-maître, tout malade qu'il était, se résolut d'abandonner le château, et de s'en aller trouver son père, qui était allé dans le duché de Neubourg. Chanlay fit la composition pour la garnison, telle qu'il plut au grand-maître, qui demanda qu'elle fût conduite à Manheim, place du Palatinat. On le lui accorda; mais, comme le dessein était d'assiéger Manheim, aussitôt que Philisbourg serait pris, et que par conséquent il ne nous convenait pas qu'il y entrât un renfort aussi considérable, on fit partir Rubantel, lieutenant général, avec ce qui restait de cavalerie dans le camp, hors ce qui était nécessaire pour le garder, et on l'envoya faire semblant d'investir Manheim. Quand la garnison de Heidelberg, qui était déjà beaucoup diminuée, se présenta pour y entrer, on lui dit que l'on ne laissait pas entrer de troupes dans une place investie : ainsi il fallut qu'elle prît son chemin pour s'en retourner dans le pays de Neubourg. Quand il l'eut vue partir, Rubantel s'en revint au camp devant Philisbourg. Cependant les attaques du haut et du bas Rhin devinrent les bonnes : on prit l'ouvrage à corne sans aucune difficulté; et on leur prit quelque monde dedans, entre autres un neveu de M. de Staremberg, gouverneur de la place, nommé le comte d'Arco. On y perdit très-peu de monde : de personnes de marque il n'y eut que le fils de M. Courtin, qui était à la suite de M. de Vauban, qui y fut tué; et il le fut par nos gens, parce qu'il ne savait pas le mot de ralliement. La grande attaque allait très-faiblement, parce qu'il y avait une flaque d'eau assez considérable à passer, qui faisait une espèce d'avant-fossé. M. de Vauban n'était occupé que d'épargner du monde, et craignait extrêmement les actions de vigueur. On avait fait des batteries fort considérables de canons et de bombes; mais elles ne faisaient pas grand mal aux assiégés; et, au contraire, leurs canons, dont ils avaient quantité, et qui étaient bien servis, rasaient absolument la queue de la tranchée, et nous tuaient toujours des gens; mais ils faisaient un feu si médiocre de leurs mousquets, qu'ils ne nous détruisaient pas par ce moyen beaucoup de monde. Le Bordage, qui était maréchal de camp, et qui s'était converti depuis peu, fut tué d'un coup de mousquet par la tête, et ne vécut que deux heures après l'avoir reçu. Trois jours après, Nesle, qui était aussi maréchal de camp, en reçut un au même endroit, et mourut un mois après à Spire. C'était un fort honnête garçon, d'un esprit médiocre, mais assez aimé, malheureux, et ses malheurs lui étaient une sorte de mérite. Le marquis d'Huxelles, lieutenant-général, fut aussi blessé dans le même temps d'un coup de mousquet entre les deux épaules; mais le coup fut heureux. On passa la flaque d'eau. A la grande attaque, on prit une redoute que les ennemis abandonnèrent d'abord qu'ils furent attaqués, et, les jours suivans, on prit quelque angle de la contrescarpe : cependant on voyait bien que ce n'était pas la bonne attaque. On avait fait des batteries dans l'ouvrage à corne, et on avait fait aussi une brèche très-considérable à l'ouvrage à couronne, dont le revêtement n'était pas bon. Le lieutenant général changea de poste, et prit l'attaque du Rhin; car ces deux-là n'étaient devenues qu'une. M. le duc du Maine, qui était volontaire, et qui avait été obligé de suivre l'exemple des autres volontaires, dont le nombre était excessif, c'est-à-dire, de choisir un régiment pour monter à la tranchée, avait choisi le régiment du roi, qui a trois bataillons. Il avait monté d'abord au premier, qui montait avec le troisième, à la grande, et le second montait à celle du Rhin. Il demanda permission à Monseigneur de monter au second, croyant qu'il y aurait plus à voir. Le duc, dont le régiment montait aussi à la grande attaque, demanda en grâce à Monseigneur, que son régiment montât aussi à celle-là, et que l'on envoyât le régiment de Grancey, dont le colonel était absent, qui y devait monter naturellement à sa place, à la grande attaque. Monseigneur l'accorda aussi : les officiers en furent très-scandalisés, et voulurent rendre leurs commissions. Dans ce temps-là, Grancey arriva, qui représenta ses raisons : elles furent inutiles pour le soir; mais, le lendemain matin, Monseigneur envoya prier M. le duc de ne se pas servir de la permission qu'il lui avait donnée; ainsi M. le duc ne monta pas. Mais, quand Monseigneur ne le lui aurait pas ordonné, ce petit avantage ne lui aurait pas servi; car toute la nuit on combla le fossé, et on fit un pont de fascines pour pouvoir passer commodément à la brèche. Dès la nuit précédente, on avait fait reconnaître en quel état elle était, et le comte d'Estrées, qui fut le seul des volontaires blessé, l'avait été à la cuisse par un coup d'une décharge que les ennemis avaient faite sur deux sergens, que l'on avait envoyés pour regarder un peu exactement. Dans la même nuit, Harcourt, maréchal de camp, en allant visiter quelque chose, tomba de huit ou dix pieds de haut, et se déhancha, dont il a été très-long-temps incommodé.

Pour revenir donc à M. du Maine, il monta avec le second bataillon du régiment du roi; mais il quitta la tranchée vers les dix ou onze heures du matin, croyant qu'il n'y aurait rien à faire. Vauban, dont le dessein était d'attaquer l'ouvrage à couronne la nuit, dit qu'il fallait envoyer tâter les ennemis. On fit deux ou trois petits détachemens de grenadiers du côté du régiment d'Anjou, qui montait à ce que l'on appelait l'attaque du haut Rhin; et, pendant que M. de Vauban passait à celle du bataillon du régiment du roi, ils montèrent. Ils ne virent presque personne dans l'ouvrage, qui est d'une grandeur prodigieuse ; ils descendirent dedans ; et, dans le temps qu'ils descendaient, il vint à eux une trentaine d'ennemis; mais, à mesure que les détachemens avançaient, on avait fait avancer aussi le gros du bataillon, tellement que les piqueurs mêmes étaient sur le haut de la brèche. Pendant ce temps-là M. de Vauban avait passé de l'autre côté, et il faisait marcher les détachemens, quand il entendit un grand bruit du côté qu'il avait quitté. Il jugea ce que c'était, et fit dépêcher de marcher. Les grenadiers du régiment du roi arrivèrent sur le haut de leur brèche, que les ennemis étaient déjà poussés de l'autre côté. Comme on travaillait au logement avec l'impatience ordinaire aux soldats de se mettre à couvert du feu, on entendit battre la chamade. On ne put jamais soupçonner que ce fût pour se rendre : il fallait encore emporter la contrescarpe de la ville, passer un très-grand et très-profond fossé, et le corps de la place n'était pas entamé. On voyait bien aussi que ce n'était pas pour retirer les morts; car les ennemis n'avaient eu que cinq ou six hommes de tués. On se trouvait donc dans un assez grand embarras de ce que ce pouvait être, lorsqu'ils déclarèrent que c'était pour capituler. L'étonnement fut grand : on l'alla dire à Monseigneur avec tout l'empressement que méritait une si bonne nouvelle. Monseigneur s'en allait, selon sa coutume ordinaire, voir monter la tranchée aux bataillons qui en étaient. Sa surprise fut extrême, d'autant que M. de Vauban comptait que la place durerait encore dix jours. Cependant les pluies nous incommodaient extrêmement, et la saison était si avancée, qu'il n'y avait pas d'espérance d'autre temps. On avait aussi mandé à la cour que l'on serait encore une dizaine de jours à prendre la place; mais, dans le moment, on fit partir un courrier, pour apporter la nouvelle qu'elle capitulait. On délivra les otages de part et d'autre : ceux qui vinrent de la ville furent chez Monseigneur. Comme Allemands, ils étaient tout fiers de leur belle défense, et se moquaient fort de nous de ce que nous ne les avions pas pris plus tôt. Ils tinrent vingt-six jours de tranchée ouverte, et l'on en fut sept ou huit que l'on n'avait rien du tout encore. Dans la capitulation, nous leur accordâmes toutes les choses honorables. On leur donna deux pièces de canon et trois jours pour se préparer. M. de Staremberg s'avisa de dire qu'il était bien malade, et envoya demander fort sérieusement en grâce à Monseigneur de lui envoyer un confesseur et un médecin. Il pouvait bien se passer de l'un, et n'avait guère besoin de l'autre; car sa maladie n'était qu'une fièvre quarte très-simple. On fit partir dès le lendemain des troupes, pour aller investir Manheim, et le régiment de cavalerie de M. le duc y marcha. M. le duc marcha avec; et M. le prince de Conti, volontaire dans l'armée, qui avait monté la tranchée avec M. le duc, qui outre cela n'avait pas manqué un seul jour d'aller voir ce qui s'était fait la nuit, et dont le défaut était d'en vouloir trop faire, marcha aussi, croyant que ceux de Manheim auraient plus de courage qu'il n'en avait paru à ceux de Philisbourg. Cela fut à peu près égal; ainsi MM. les princes n'eurent d'autre plaisir que de se faire tirer quelques coups de canon. Quand la capitulation de Philisbourg fut signée, d'Antin partit pour en aller porter la nouvelle au roi; mais M. de Saint-Pouange l'avait fait précéder de cinq ou six heures par un courrier qui arriva à Fontainebleau comme l'on disait le sermon. M. de Louvois, qui savait l'impatience où était le roi de savoir des nouvelles, lui alla porter celle-là au sermon. Le roi fit taire le prédicateur, dit que Philisbourg était pris, et lut la lettre que Monseigneur lui écrivait. Le prédicateur, qui était le père Gaillard, jésuite, au lieu d'être troublé par l'interruption, n'en parla que mieux, et fit au roi, sur cet heureux événement, un compliment qui attira l'applaudissement de l'assemblée. Pour madame d'Antin, qui savait que son mari devait apporter cette nouvelle à Sa Majesté, elle fit la bonne femme, et s'évanouit à l'autre bout de l'église, croyant qu'il était arrivé quelque chose à son mari, puisque c'était un autre qui apportait la nouvelle. Quand d'Antin partit, on avait déjà rapporté tous les articles, et dans le moment on livra une porte de la ville au régiment de Picardie, qui est le plus ancien, et on songea à faire partir les choses nécessaires pour le siége de Manheim. Le lendemain, les bataillons montaient encore la tranchée, et étaient occupés à la raser. Un officier du régiment du roi, qui était de tranchée ce jour-là, s'ennuyant, prit un fusil de soldat pour tirer des bécassines. Monseigneur arriva dans le moment, et tous les officiers qui étaient assis se levèrent pour le voir venir. Cet autre, qui ne prenait pas garde à ce mouvement, vit en même temps partir une bécassine : il tira, et donna d'une balle, qui était dans le fusil avec du menu plomb, au travers du corps du chevalier de Longueville, qui était un bâtard de feu M. de Longueville. Sa vie, coupée dans sa première jeunesse (car il n'avait que vingt ans) par un accident aussi funeste, donna de la pitié à tout le monde.

Le jour de la Toussaint, jour de la naissance de Monseigneur, M. de Staremberg sortit de sa place dans son carrosse, à la tête de sa garnison, qui était composée de son régiment, dont il y avait encore dix-huit cents hommes en état de servir et soixante dragons à cheval. Les officiers jetaient la faute sur les soldats, disant qu'ils n'avaient pas voulu leur obéir; les soldats disaient qu'ils n'avaient jamais vu leurs officiers pendant le siége : enfin on jugea que ni les uns ni les autres ne valaient guère. Il leur paraissait une si grande gaieté, que l'on pouvait assurer qu'ils avaient également part à la mauvaise défense de la place. M. de Staremberg descendit de son carrosse pour saluer Monseigneur, qui était à voir sortir la garnison. On leur donna une escorte pour les conduire jusqu'à moitié chemin d'Ulm, où ils devaient s'embarquer pour s'en aller à Vienne. Le lendemain que la garnison fut sortie, Monseigneur alla dans la place faire chanter le *Te Deum*.

Pendant que l'on était devant Philisbourg, le prince d'Orange avait voulu mettre sa flotte en mer ; mais les vents lui avaient toujours été contraires, et il avait été obligé de rentrer dans le port avec quelques vaisseaux maltraités et d'autres perdus. Son armée était composée de troupes qu'il avait achetées de toutes les nations. Il lui en était même venu de Suède, et le prince régent de Wirtemberg lui en avait aussi vendu; mais on a bien fait payer au double à celui-ci le profit qu'il en avait retiré, car tout son pays a été au pillage des troupes du roi. Le prince d'Orange avait une armée nombreuse, une grande quantité de bons officiers français huguenots, qui avaient quitté le royaume pour la religion. M. de Schomberg, qui avait joint le prince, était le meilleur général qu'il y eût dans l'Europe. Tout ce que l'on peut s'imaginer, non-seulement de nécessaire, mais de propre pour faire une défense considérable, était chargé sur ces vaisseaux, et l'entreprise avait été conduite pendant long-temps avec un secret inpénétrable : le reste dépendait de Dieu. Elle ne donnait pas moins de jalousie à la France qu'à l'Angleterre. Peu de jours après que l'on fut parti pour Philisbourg, le roi eut avis que cet apprêt était pour faire une descente sur les côtes de Normandie. On voulut fortifier Cherbourg, ville sur le bord de la mer, et l'on commença; mais elle n'était pas en état de résister, et il n'y avait pas assez de troupes dedans pour la défendre, quand même elle eût été bonne. On voulut aussi faire marcher deux bataillons qui étaient à Versailles, et revenaient de travailler à Maintenon; mais ils étaient en si mauvais état, qu'il fut impossible de les y envoyer; car on ne put jamais trouver que cent hommes qui pussent marcher. On commanda la noblesse de la province et les milices; on envoya Artagnan, major des gardes, avec des officiers et des sergens du même régiment, et Sonelle, commandant la seconde compagnie des mousquetaires, pour y commander. On envoya d'autres officiers aux gardes et des mousquetaires à Belle-Isle, de peur que la descente ne fût de ce côté-là. On envoya aussi de grosses garnisons à Calais et à Boulogne; enfin, on fit tout ce qu'on aurait pu faire, si l'on eût été assuré d'une descente.

Pendant le siége de Philisbourg, M. de Boufflers avait fait entrer des troupes dans Worms, ville assez considérable sur le Rhin. Il s'était saisi de Mayence, moitié du consentement de M. l'électeur, moitié par force et par adresse. On était entré en quelque négociation avec M. l'électeur de Trèves pour avoir Coblentz. On ne lui demandait point sa forteresse d'Hermanstein; mais on voulait être assuré de tous les passages du Rhin de notre côté. M. l'électeur de Trèves même semblait y pencher assez ; et l'on espérait une heureuse négociation, quand on apprit tout d'un coup qu'il était entré dans Coblentz des troupes de M. l'électeur de Saxe et des princes voisins. Francfort, qui était dans une appréhension horrible, reçut aussi une grosse garnison de ces mêmes troupes. Le déplaisir de n'avoir pu avoir Coblentz, et d'avoir été amusé par une négociation, fut certainement violent. On s'en dépiqua du mieux que l'on put, en ravageant les terres de l'électorat de Trèves, et en prenant prisonnier le grand maréchal de l'électeur, que l'on croyait avoir fait changer son maître de parti; après quoi, enfin, on se résolut à bombarder Coblentz.

Après que tout ce qui était nécessaire pour le siége de Manheim fut parti du camp de Philisbourg, Monseigneur partit, à la tête de ce qui restait de troupes de son armée (car il y en avait beaucoup qui avaient pris les devans), et alla camper à un château de chasse de M. l'électeur palatin, qui appartient à madame l'électrice palatine douairière. Le lendemain, Monseigneur arriva devant Manheim. Le temps était épouvantable, et l'on fut obligé de faire cantonner les troupes dans les villages. Le gouverneur de Manheim n'était qu'un bourgeois de Francfort, vendeur de fer, anobli par l'empereur.

Quand Monseigneur fut arrivé, on fit dire à ce gouverneur qu'on le ferait pendre s'il laissait ouvrir la tranchée, et qu'il n'était point à M. l'électeur palatin. Il ne répondit que rodomontades à ce discours, et fit tirer fréquemment du canon. On ne fit point de lignes de circonvallation : la plus grande partie de l'armée était couverte du Necker et du Rhin, dont nous étions les maîtres, et il n'y avait guère d'apparence que les ennemis vinssent attaquer ce qui était par delà cette première rivière. Nous avions un pont de bateaux dessus, et le quartier de Monseigneur était à la portée du canon de la place, mais extrêmement couvert d'arbres. Manheim est de la plus parfaite situation qu'il y ait au reste du monde, après celle du fort de Kell. Elle est au confluent du Necker et du Rhin, et couverte d'un côté par un marais. Il y a une citadelle belle et grande, et parfaitement bien bâtie en-dedans. L'électeur y avait un fort vilain palais. La ville est jolie, les rues tirées au cordeau ; cependant tout y a l'air pauvre. Elle était très-moderne ; car il n'y avait pas quarante ans que le feu électeur, c'est-à-dire le père de Madame, l'avait fait commencer. Quand on eut reconnu la place, on fit ouvrir la tranchée du côté de la ville. On l'avança extrêmement, et on fit, en même temps, une batterie de bombes. Le matin, M. de Mornai, qui était aide de camp de Monseigneur, et fils de M. de Monchevreuil, y fut tué. Son père, qui avait suivi M. du Maine, eut ce déplaisir, qui fut grand, parce que c'était un fort honnête garçon et bien établi, qui pourtant ne promettait pas d'aider beaucoup à la fortune pour son avancement : elle l'était venu chercher et l'aurait tiré d'un état au-dessous du médiocre, pour le mettre dans une assez grande opulence, sans aucun éclat. Il fut emporté d'un coup de canon avec le lieutenant des gardes de M. du Maine, et deux soldats. Le soir, on ouvrit la tranchée devant la citadelle, et on commanda quatorze cents hommes pour le travail de la nuit. On poussa la tranchée jusqu'à trente toises de la contrescarpe, et on commença à travailler à une batterie de quatorze pièces de canon. Il y en avait une de l'autre côté du Rhin, que l'on avait faite avant que d'ouvrir la tranchée, qui incommodait extrêmement une batterie que les ennemis avaient sur la tranchée; si bien qu'en très-peu de temps elle la rendit presque inutile et eut beaucoup incommodé. Monseigneur alla, ce jour-là, voir Heidelberg, et on le fit boire sur ce muid si célèbre, qui est l'admiration de toute l'Allemagne. A son retour, il apprit que Manheim voulait capituler. On voulut quelque temps tenir bon, et ne la point recevoir que la citadelle ne se rendît : cependant, à la fin, on jugea à propos de la recevoir, parce qu'on prétendait faire une attaque à la citadelle par le côté de la ville. Les ennemis, le jour que l'on avait ouvert la tranchée devant la ville et la citadelle, avaient passé leur nuit avec des violons et des hautbois, sur les remparts ; mais cette gaieté ne leur dura pas long-temps. Enfin, on reçut la ville à capitulation. Le feu, que les bombes avaient mis à un côté, avait causé quelque dissension entre le gouverneur et la bourgeoisie; et, de son côté, le gouverneur menaçait ceux-ci de les brûler, s'ils se rendaient : cependant, comme il n'était pas trop le maître de sa garnison, il fallut qu'il fît ce que les bourgeois voulaient. On leur conserva tous leurs priviléges, et le régiment de Picardie entra dans la ville. Le matin, on alla reconnaître le côté de la citadelle du côté de la ville. On la trouva plus mauvaise que par aucun autre endroit, et l'on se préparait le soir à y faire une attaque, quoique le gouverneur mandât qu'il allait mettre le feu par toute la ville; mais, vers les quatre heures du soir, sa fierté se ralentit, et il demanda à composer. Sa garnison, qui s'était beaucoup diminuée en entrant de la ville dans la citadelle, dit qu'elle voulait de l'argent ou qu'elle ne tirerait pas. Il n'avait point d'argent, et n'en pouvait plus tirer de la bourgeoisie : enfin il capitula. On lui accorda qu'il sortirait enseignes déployées, avec tous les vains honneurs que l'on demande et que l'on obtient aisément quand on s'est mal défendu. On lui accorda aussi deux pièces de canon, que l'on ne lui donna pas, et deux fois vingt-quatre heures pour se préparer à son départ. Pendant ces deux fois vingt-quatre heures, il pensa être assassiné par ses soldats, et il fallut qu'il demandât une garde des troupes de la ville. Ce gouverneur sortit, comme on était convenu, à la tête de cinq ou six cents hommes, entre lesquels il y avait soixante dragons, et s'en alla coucher dans une petite ville du Palatinat. Monseigneur le vit sortir, et lui donna une escorte de quarante maîtres, commandés par le chevalier de Cominge. Il demanda, en partant, son canon et trois chariots de pain qu'on lui avait promis ; mais il n'eut ni l'un ni l'autre. Quand la garnison fut à la petite ville où elle devait aller coucher, elle fit un complot de la piller, sous prétexte qu'elle lui devait encore de l'argent sur ce qui leur avait été assigné pour leur subsistance. Le chevalier de Cominge en fut averti, qui se trouva assez embarrassé avec sa petite troupe ; mais il fit partir un homme pour en avertir M. de

Duras, et se retrancha avec ses quarante hommes. On lui envoya, la nuit, trois cents chevaux, qui arrivèrent avant la pointe du jour, et qui empêchèrent le complot. La garnison fut obligée de se remettre en marche : elle devait aller jusqu'à Dusseldorf. La route était fort longue, et les soldats murmuraient toujours contre leur commandant : enfin, il fut obligé de les laisser et de prendre la poste, de peur qu'ils ne l'assommassent ; il leur laissa son équipage, qui était une très-médiocre ressource. Monseigneur envoya Sainte-Maure porter au roi la nouvelle de la reddition de la place, et donna tous les ordres nécessaires pour la disposition du siége de Franckendal, où le roi lui avait mandé qu'il fallait qu'il allât encore, et au retour duquel il lui avait promis de grands plaisirs à la cour. Monseigneur fit son entrée dans Manheim, et fit chanter le *Te Deum* dans l'église de la citadelle, qui était la seule catholique, et encore y faisait-on trois exercices de différente religion dans la journée. Le régiment de Picardie demeura pour garnison à Manheim, et le lieutenant colonel pour y commander.

Toutes les troupes qui devaient hiverner au delà du Rhin, partirent du camp devant Manheim, pour se rendre dans leurs quartiers, et celles qui devaient demeurer en deçà suivirent

Monseigneur au siége de Franckendal. La journée était très-petite de Manheim à Franckendal. Le lendemain que Manheim fut rendu, on fit partir la cavalerie, qui était au delà du Rhin, avec M. de Joyeuse, pour aller investir la place. On l'investit; et, le lendemain, on envoya le chevalier de Courcelle, major du régiment des cuirassiers, pour parler au gouverneur de se rendre, et l'assurer que, sans cela, il n'aurait point de quartier. Il répondit en brave homme. Le jour que Monseigneur arriva, on voulut renouer quelque traité, et le gouverneur y entrait tout-à-fait; mais son major le fit changer d'avis, en l'assurant qu'il serait perdu de réputation, s'il ne se faisait pas tirer au moins du canon. Il donna dans cette fausse bravoure, et dit qu'il se rendrait quand il lui conviendrait. Au bout de deux jours, on ouvrit la tranchée. Le second jour de la tranchée ouverte, on travailla aux batteries de canons et de bombes. Tout cela tira le troisième au matin. La ville fut enflammée depuis sept heures du matin jusqu'à midi. Le grand clocher fut brûlé. Le feu dura jusqu'à dix heures du soir. A onze heures et demie du matin, ils battirent la chamade, et demandèrent à capituler. La joie fut grande dans l'armée; car, quoique l'on eût beaucoup de plaisir à servir sous Monseigneur, cependant il était le vingtième de novembre, et l'on redoutait extrêmement le vilain temps.

On bombardait encore Coblentz pendant le siége de Franckendal. Les ennemis avaient, dans cette dernière, un ouvrage à couronne, d'où ils incommodaient extrêmement les troupes. Barbesière, à la tête de son régiment de dragons, l'emporta très-bravement, malgré le feu de toute la ville, qui fut grand. Monseigneur accorda une forte honnête composition au gouverneur de Franckendal, et vit sortir la garnison, qui était de sept ou huit cents hommes. Il demeura trois jours pour voir séparer toutes les troupes de son armée, envoya M. de Caylus porter la nouvelle de la prise de la ville au roi, et fit donner ordre qu'on lui tînt des chevaux de poste prêts depuis Verdun jusqu'à Paris. Le lendemain de la prise de la place, il y eut beaucoup de gens qui le quittèrent, et M. le duc entre autres, qui en fut assez mal reçu du roi, aussi-bien que ceux qui l'avaient suivi.

Monseigneur vint en cinq jours de Franckendal à Verdun sur ses chevaux, et en deux jours de Verdun à Versailles en poste. Le roi, madame la dauphine et toute la cour le vinrent attendre à Saint-Cloud, et l'on avait mis du canon à Saint-Ouen, que l'on devait tirer quand il arriverait, afin de partir en même temps et d'aller au-devant de lui jusqu'au bois de Boulogne : cela fut exécuté. Le roi, madame la dauphine, Monsieur, Madame et les princesses, descendirent de carrosse. Quand il arriva, le roi l'embrassa ; mais lui, très-respectueusement, lui embrassa les genoux. Le roi lui fit une infinité de caresses et l'accabla de douceurs. Il avait été si content de toutes les lettres qu'il lui avait écrites, et tout le monde avait mandé tant de bien de Monseigneur, à quoi ni le roi ni le public ne s'attendaient pas, parce qu'il était peu connu, que le roi avait peur de ne lui pas faire assez d'honneur. M. le prince de Conti arriva avec Monseigneur, et fut le seul, avec les officiers qui lui étaient nécessaires, qui le suivit. Il n'y avait pas long-temps que ce prince était marié, et sa femme avait pour lui tout l'amour que peut inspirer un homme aussi aimable et aussi estimable, dans le cœur d'une jeune personne vive et qui n'a pu encore rien aimer. Elle n'avait pas seulement souri pendant tout le temps de son absence, et à peine avait-elle parlé. M. de Beauvilliers, qui avait marché comme modérateur de la jeunesse de Monseigneur, n'arriva que deux jours après lui. La joie fut extrême à la cour de voir arriver Monseigneur, et de le voir triomphant. Tous les poëtes laissèrent couler leur veine, bonne ou mauvaise, et l'accablèrent de louanges qui toutes retombaient sur le roi.

On laissa des officiers généraux sur toutes les frontières. Monclair, qui commandait naturellement en Alsace, y demeura avec deux maréchaux de camp et des brigadiers sous lui : son commandement s'étendait jusqu'au Necker. Le marquis d'Huxelles demeura à Mayence avec deux maréchaux de camp aussi sous lui, et des brigadiers : son commandement s'étendait depuis le Necker jusqu'au Mein et par delà. M. de Sourdis commandait dans tout l'électorat de Cologne; M. de Montal, le long de la Moselle; M. de Boufflers, dans son gouvernement. M. de Duras demeura à l'armée, devant Franckendal, jusqu'à ce que la dernière troupe fût partie. Il eut ordre de laisser son équipage en ce pays-là, et de s'en revenir à Paris. Cependant, on avait nouvelle que les troupes de l'empereur s'avançaient : ainsi il ne fallait pas perdre de temps pour tirer les contributions, dont M. de Louvois fait un cas extraordinaire. En partant de Philisbourg, on avait envoyé Feuquières avec son régiment dans Heilbron, ville impériale. M. de Bade-Dourlac avait livré à Monseigneur une petite ville de son pays, à l'entrée du Wirtemberg, que l'on appelle Pfortsheim, où l'on mit garnison. On en mit une grosse à Heidelberg, et les troupes d'en-deçà le Rhin furent dispersées dans les autres garnisons.

On n'avait point eu, à l'armée, de nouvelles sûres du prince d'Orange : seulement, on avait appris son nouveau rembarquement, et qu'une seconde tempête l'avait encore obligé de relâcher, par laquelle il avait perdu beaucoup de chevaux, que l'on avait été obligé de jeter dans la mer; mais il y avait déjà du temps, et tout le monde était dans l'impatience d'en savoir d'une aussi grande catastrophe qu'il paraissait que celle-là devait être. En arrivant à Paris, on apprit que le prince avait fait sa descente fort heureusement; qu'il était entré dans le pays ; qu'il s'était saisi d'une ville ; mais qu'aucune personne ne l'était allé trouver. Chacun jugeait de cette entreprise selon son inclination. Le roi avait fait dire aux Hollandais, qu'en cas que le prince d'Orange entreprît quelque chose contre le roi d'Angleterre, il leur déclarerait la guerre. Il ne manqua pas. Tous les princes protestans d'Allemagne étaient joints d'intérêt au prince d'Orange; et cette guerre était un effet de haine pour le roi, et de zèle pour la religion. Le prince d'Orange donna ordre à l'envoyé des Hollandais auprès de l'empereur de travailler très-sérieusement à faire conclure la paix entre le Turc et l'empereur, afin que les forces de l'Empire fussent toutes jointes ensemble contre la France. Il y a quelque apparence que le roi, de son côté, fit informer la Porte, par son ambassadeur, qu'il attaquerait l'Empire, afin qu'elle ne fît pas la paix; et Tekeli même, de qui l'on n'avait parlé depuis long-temps, commença à se vouloir un peu remuer.

La situation du prince d'Orange ne demeura pas long-temps dans le même état. Le premier qui commença à quitter le roi d'Angleterre, pour l'aller trouver, fut un lieutenant de ses gardes avec quelques gardes. On apprit, dans le même temps, qu'il y avait une révolte dans le nord de l'Angleterre, et que milord de Lamère assemblait des troupes. Peu de jours après, presque tout un régiment alla trouver le prince d'Orange ; mais il en revint beaucoup le lendemain. Le roi d'Angleterre sortit de Londres, et prit un poste très-avantageux, par où il fallait que le prince d'Orange passât pour venir à Londres. Milord Feversham, frère de M. de Duras, commandait l'armée, qui était nombreuse, et qui eût accablé le prince d'Orange, si elle eût été aussi fidèle qu'elle était belle ; mais beaucoup de lords l'abandonnèrent et allèrent trouver le prince d'Orange : entre autres, un nommé Churchill, capitaine des gardes du roi, son favori, et qu'il avait élevé d'une très-petite noblesse à de hautes dignités, ne s'était pas contenté de vouloir aller joindre le prince d'Orange, mais voulait lui livrer aussi le roi. Un saignement de nez, qui prit au roi en allant dîner chez lui, empêcha l'effet de la trahison. Le prince de Danemarck, qui avait épousé la princesse Anne, seconde fille du roi, l'abandonna aussi; sa fille même suivit son mari; et le roi fut obligé de s'en revenir à Londres, de peur qu'il n'y eût quelque émeute, et qu'il ne fût plus le maître dans la ville.

Ces nouvelles étonnèrent fort la cour de France; car, comme on avait vu que peu de personnes s'étaient déclarées d'abord pour le prince d'Orange à son arrivée, on avait presque compté qu'il avait pris de fausses mesures. Sa Majesté déclara, dans ce temps-là, au moment que l'on s'y attendait le moins, qu'elle avait résolu de faire des cordons bleus. La promotion fut grande; elle fut de soixante-treize. Les gens de guerre y eurent beaucoup de part, parce qu'on voyait bien que l'on allait avoir besoin d'eux, et que les autres récompenses eussent été plus chères que celles-là. Il parut aussi que M. de Louvois seul avait décidé de ceux qui seraient faits cordons bleus. Madame de Maintenon eut, pour sa part, son frère et M. de Monchevreuil, et contribua peut-être à faire Vilarceau chevalier de l'ordre. Il y eut trois officiers de la maison du roi qui ne le furent pas, le grand prevôt, le premier maître d'hôtel, et Cavois, grand maréchal-des-logis. Le premier avait, par-dessus sa charge, sa naissance, et son père qui l'avait été; mais les deux autres n'avaient que leurs charges. A la vérité, l'on en fit quelques-uns chevaliers dont la naissance, aussi-bien que la leur, faisait grand tort à l'ordre; mais c'est où paraît le plus la grandeur des rois, d'égaler les gens de peu aux grands seigneurs d'un royaume. Des ducs, il y en eut trois qui ne furent pas faits cordons bleus, MM. de Rohan, de Ventadour et de Brissac. Ces trois-là étaient très-peu souvent à la cour, n'allaient point à la guerre, et étaient, chacun en leur espèce, des gens extraordinaires, quoique de caractères très-différens l'un de l'autre. M. de Soubise et le comte d'Auvergne refusèrent l'ordre, parce qu'on leur proposa de passer parmi les gentilshommes, puisqu'ils n'avaient pas de duché. Les princes lorrains avaient consenti de passer après M. de Vendôme; mais ils précédèrent tous les ducs. M. le comte de Soissons, que le roi avait nommé pour remplir une place, lui fit demander permission de ne la pas accepter, parce que son père n'avait pas voulu passer après feu M. de Vendôme, et que, comme il était mal avec la princesse de Carignan, sa grand'mère, outre que M. de Savoie ne l'aimait pas, cela les aigrirait encore contre lui. Le roi eut la bonté d'entrer dans ces raisons; mais il fut piqué contre le comte d'Auvergne et contre M. de Soubise. La gloire des Bouillon, à qui il avait donné le rang de princes, quoique naturellement ils ne fussent que des gentils-hommes de très-bonne maison d'Auvergne, avait été la cause de leur malheur. Le roi fit mettre dans les archives que le comte d'Auvergne avait refusé le cordon bleu, de peur de passer après les ducs, quoique ses grands-pères n'eussent été qu'au rang des gentilshommes; et que M. de Soubise avait aussi refusé cet honneur, quoiqu'un homme de sa maison, appelé le comte de Rochefort, n'eût fait aucune difficulté de l'accepter aux conditions proposées. Pour M. de Monaco, qui a le même rang, il le reçut avec toute la soumission que l'on doit quand on reçoit des grâces de son maître, et il dit qu'il se contentait de marcher au rang de son duché. Peut-être le fit-il parce qu'il ne se trouvait pas à la cérémonie, et qu'il ne se devait trouver à aucune. Il y eut bien des lieutenans de roi des grandes provinces qui comptaient que cet honneur leur était presque dû, mais qui en furent privés, entre autres les trois de Languedoc. C'était leur faute d'y compter; car, depuis long-temps, on leur avait donné tant de dégoûts, et eux l'avaient souffert avec tant d'humilité, que l'on crut pouvoir encore leur donner celui-là. M. de La Trimouille fut très-favorisé, car il s'en fallait un an tout entier qu'il n'eût l'âge. Il y en eut beaucoup qui ne vinrent pas à la cérémonie, parce qu'ils étaient employés pour le service du roi dans les provinces; et d'autres que le roi dispensa, parce que, comme il les avait déclarés tard, et qu'à peine même ceux qui étaient à Paris avaient eu le temps de faire faire leurs habits, ceux qui seraient venus de si loin ne les eussent pu avoir; par exemple, M. de Monaco, qui n'était parti pour aller chez lui que dix jours auparavant que l'on déclarât la promotion, et M. de Richelieu, qui s'était fait un exil volontaire à Richelieu, parce qu'il avait perdu en une fois plus de cent mille francs, qu'il n'était pas en état de payer.

Le roi paraissait assez chagrin. Premièrement, il était fort occupé, et l'était de choses désagréables; car le temps qu'un peu auparavant il passait à régler ses bâtimens et ses fontaines, il le fallait employer à trouver les moyens de soutenir tout ce qui allait tomber sur lui. L'Allemagne fondait toute entière ; il n'avait aucun prince dans ses intérêts, et il n'en avait ménagé aucun : les Hollandais, on leur avait déclaré la guerre ; les affaires d'Angleterre allaient si mal que l'on craignait tout au moins qu'il n'y eût un accommodement entre le roi et le prince d'Orange, qui retomberait entièrement sur nous ; et on trouvait même que c'était le mieux qui nous pût arriver. Les Suédois, qui avaient été nos amis de tout temps, étaient devenus nos ennemis. Le roi d'Espagne disait qu'il voulait conserver la neutralité ; mais celui-là, par-dessus les autres, ne faisait rien, et l'on s'attendait qu'il ne conserverait cette neutralité que jusqu'au temps que nous serions bien embarrassés ; ainsi, le roi voulait, ou que les Espagnols se déclarassent, ou qu'ils lui donnassent deux villes, qui étaient Mons et Namur, comme otages de leur foi. La proposition était dure ; mais aussi nous ne pouvions avoir d'avantage considérable qu'en Flandre ; et Namur nous était absolument nécessaire, parce que c'était le seul passage qu'eussent les Hollandais et les Allemands pour venir à notre pays. Nos côtes étaient fort mal en ordre : M. de Louvois, qui a la plus grande part au gouvernement, n'avait pas trouvé cela de son district. Il savait l'union qui était entre les deux rois, et cela lui suffisait. Les vues fort éloignées ne sont pas de son goût. Il fallait nécessairement que la Hollande et l'Angleterre se joignissent pour nous faire du mal. Cette jonction ne se pouvait imaginer chez lui, et Dieu seul avait pu prévoir que l'Angleterre serait en trois semaines soumise au prince d'Orange ; tout cela faisait qu'on avait négligé nos côtes.

Le dedans du royaume n'inquiétait pas moins le roi. Il y avait beaucoup de nouveaux convertis, qui gémissaient sous le poids de la force, mais qui n'avaient ni le courage de quitter le royaume, ni la volonté d'être catholiques. Leurs ministres, qui étaient dans les pays éloignés, les avaient toujours flattés de se voir délivrer de la persécution dans l'année 1689. Ils voyaient l'événement d'Angleterre, qui commençait dans ce temps ; ils recevaient tous les jours des lettres de leurs frères réfugiés, qui les fortifiaient encore davantage, et, quand ils songeaient que tout le monde était contre le roi, ils ne doutaient point du tout qu'il ne succombât, et qu'il ne fût obligé de leur accorder le rétablissement de leur religion. Outre les nouveaux convertis, il y avait beaucoup d'autres gens mal contens dans le royaume, qui se joindraient à eux si la fortune penchait plus du côté des ennemis que du nôtre.

Le roi voyait tout cela aussi-bien qu'un autre, et l'on eût été inquiet à moins. Il ne fallait pas une moindre grandeur d'âme et une moindre puissance que la sienne, pour ne pas se laisser accabler : le moyen d'avoir assez de troupes pour résister, en même temps, à tout cela. On avait compté sur les Suisses; mais on se brouilla avec eux : ils ne voulaient pas nous permettre de levées dans leurs états ; au contraire, ils en permettaient à l'empereur. Il y avait un traité avec feu M. de Savoie, pour avoir trois mille hommes, qui étaient un petit secours : celui-ci fit le difficile; le roi se dépita, et dit qu'il n'en voulait plus. Enfin, M. de Savoie fut obligé de le prier de les prendre ; mais ce fut un très-médiocre secours. Il fallait donc que le roi tirât tout de son seul État. On délivra des commissions jusqu'au premier de janvier, et le roi fit une ordonnance pour la levée de cinquante mille hommes de milices dans toutes ses provinces, qui se transporteraient où l'on le jugerait à propos, et cela fut divisé par régimens. On mettait pour officiers tous gens qui eussent servi ; et les dimanches et les fêtes, on exerçait cette milice à tirer. Enfin, le roi devait se trouver, au printemps, plus de trois cent mille hommes, sans ses milices, et c'était infiniment. Tout le mois de décembre s'était passé, en Allemagne, à tirer des contributions, qu'on avait poussées jusque dans les états de l'électeur de Bavière; et Feuquières, qui commandait dans Heilbron, et qui avait marché avec un gros détachement, avait fait trembler tous ces pays. On s'était fait donner cinquante mille francs du côté de la Hollande, c'est-à-dire, dans le Brabant hollandais. Baloride y avait marché et avait brûlé un village au prince d'Orange, nommé Rosenthal, auprès de Breda, qui avait refusé de payer la contribution. Elle était établie aussi dans les pays de Liége et de Juliers, et tout cet argent servait très-utilement. Les troupes, à la vérité, en tiraient un très-médiocre avantage; car on ne leur en donnait rien : mais c'est une habitude que l'on a prise en France, et dont on se trouve fort bien. On fut obligé, à la fin de décembre, de retirer les troupes que l'on avait au delà du Rhin; mais on pilla et démolit les places, comme Heilbron, Stuttgard, Zinsheim et beaucoup d'autres. On travailla à fortifier Pfortsheim, qui est une place à l'entrée du Wirtemberg, et dont la situation est bonne, parce qu'elle est dans les montagnes. On travaillait aussi à la fortification de Mayence.

On fut quelque temps à la cour sans entendre parler des affaires d'Angleterre : il n'en venait aucune nouvelle sûre ; on savait seulement que les affaires du roi de cette île allaient très-mal. Il en arriva un gentilhomme de M. de Lausun, qui s'en était allé en Angleterre, au commencement de toutes ces affaires : on eut par lui des nouvelles ; mais le bruit ne se répandit point de ce que c'était. Peu de jours après, on sut que la reine d'Angleterre était passée en France, avec le prince de Galles, sous la conduite de M. de Lausun, et qu'ils étaient arrivés à Calais. On jugea que ce courrier avait été dépêché pour apporter au roi le projet de sa fuite, et pour savoir s'il l'approuvait. On dit aussi que le roi d'Angleterre devait arriver vingt-quatre heures après; mais on attendit son arrivée inutilement. Deux jours se passèrent sans que l'on dît rien du tout que le projet de sa fuite. On débitait que les ports d'Angleterre étaient fermés. Enfin, il se répandit un bruit qu'il avait été arrêté à Rochester, en se voulant sauver. Il n'avait voulu dire ni à la reine, ni à M. de Lausun, le projet de sa fuite. A l'égard de la reine, la chose avait été et bien projetée et bien exécutée. Le roi d'Angleterre avait eu envie de faire sauver le prince de Galles, et l'avait fait sortir de Londres, de peur de n'en être plus le maître. Il l'avait confié à milord d'Ormond, qu'il avait cru entièrement dans ses intérêts, et qui commandait sa flotte. On conte qu'il lui ordonna de le faire sauver, que milord d'Ormond ne le voulut pas, et qu'il lui dit qu'il en serait responsable à toute l'Angleterre, ajoutant que tout ce qu'il pouvait faire, c'était de lui renvoyer le prince, dont Sa Majesté ferait après ce qu'elle voudrait. Le roi d'Angleterre fut désolé de voir que tout le monde lui manquait; car il douta que milord d'Ormond lui remît le jeune prince entre les mains, et il ne sut que le jour d'après qu'il l'avait renvoyé. Le roi de la Grande-Bretagne avait proposé à la reine son épouse de partir sans le prince de Galles ; mais elle n'y avait pas voulu consentir : enfin, on lui apporta la nouvelle qu'il était arrivé ; on le laissa trois jours dans un faubourg de Londres. La reine, avec deux femmes, dont l'une était gouvernante du prince de Galles, appelée madame Fiden, son mari, M. de Lausun et Saint-Victor, partirent à l'entrée de la nuit. D'abord, le roi se coucha, comme à son ordinaire, avec la reine sa femme, et ils se relevèrent une heure après. Le roi s'étant habillé, la fit descendre par un degré dérobé, et la remit entre les mains de M. de Lausun, qui avait publié, depuis plusieurs jours, qu'il s'en retournerait en France, et, à cet effet, avait retenu un yacht et un carrosse de louage pour les conduire. Quand il fut arrivé à son carrosse, le cocher jura qu'il ne voulait point marcher; cependant, le temps pressait : M. de Lausun lui donna de l'argent, qui lui fit entendre raison; mais, dans le temps qu'il montait sur son siége, il vint une émeute, sur ce qu'on disait que des catholiques se sauvaient, qui les remit encore en danger d'être arrêtés; mais le cocher, qui eut peur, se dépêcha par le moyen de l'argent que lui donna encore M. de Lausun; ainsi, ils se sauvèrent de ce danger, et arrivèrent heureusement au yacht. On fit entrer le prince de Galles sans que le patron s'en aperçût; la reine se cacha extrêmement, et remit son voyage entre les mains de Dieu. Cependant, tous les périls n'étaient pas évités, car l'armée navale de Hollande croisait dans la Manche, et le vent les pouvait rejeter en Angleterre. Quand le yacht se mit en mer, le vent était excellent; mais il changea peu de temps après. La nuit venue, le vent fut si fort qu'il fallut plier toutes les voiles. Le patron ne savait où il en était; il entendit du bruit, il crut être auprès de quelque port; mais, peu de temps après, il entendit les cloches dont on se sert pour appeler à la prière dans les vaisseaux. Alors, il jugea qu'il était au milieu de la flotte de Hollande, et jugea vrai. Le vent s'étant un peu abaissé, on mit les voiles, et le yacht arriva enfin heureusement à Calais, vers les neuf heures du matin. La garde du port, qui vit arriver ce yacht, envoya avertir le gouverneur, qui était M. de Charost. Il envoya deux chaloupes pour reconnaître, selon la coutume.

L'affaire de M. de Charost et de M. de Lausun a fait trop de bruit pour ne la pas rapporter ici. Quand on fut revenu de reconnaître, on vint dire à M. de Charost que c'était M. de Lausun. Ils étaient amis. Le duc de Charost alla au-devant de lui et l'embrassa. M. de Lausun le pria de lui donner un logement pour deux dames de ses amies, qui s'étaient sauvées d'Angleterre avec lui. Le duc de Charost lui répondit qu'il était bien fâché de ne les pouvoir loger chez lui, parce que sa maison était toute percée et qu'il y pleuvait; mais qu'il lui allait donner le meilleur logement de la ville. En même temps, il pressa M. de Lausun de lui dire qui étaient ces femmes. Celui-ci en fit quelque difficulté; enfin, il lui dit que c'était la reine d'Angleterre, mais qu'elle ne voulait pas être reconnue; qu'il ne fallait lui rendre ni honneur, ni marque de distinction, et qu'autrement on la mettrait au désespoir. M. de Charost ne crut point M. de Lausun, et s'en alla au-devant d'elle pour lui rendre, à ce qu'il dit, tous les honneurs qu'il put. Il lui envoya chez elle des gardes, reçut les ordres de Sa Majesté, et se retira ensuite, pour en donner avis à la cour. Quand il eut dit à M. de Lausun ce qu'il allait faire, celui-ci lui répondit qu'il s'en donnât bien de garde, et qu'il allait tout gâter, parce qu'elle ne voulait pas de ces honneurs. Il se fâcha presque contre M. de Charost, qui, ne voulant pas entendre raison, dit qu'il faisait son devoir, et que tout ce qu'il pouvait lui accorder, c'était de lui donner le temps d'écrire. Il fit ensuite fermer la porte de la ville, ordonna que l'on ne donnât point de chevaux de poste, et donna avis de l'arrivée de la reine et du prince de Galles. Quand le patron du yacht vint demander permission de s'en retourner, M. de Lausun dit encore au duc de Charost qu'il fallait absolument le retenir. M. de Charost répondit qu'il avait ordre de ne faire aucune violence aux Anglais; que tout ce qu'il pouvait faire serait de l'amuser et de lui conseiller de ne pas s'en retourner; mais qu'il ne l'arrêterait pas autrement; et il arriva que le patron ne voulut point adhérer aux conseils du duc.

Pendant tout le temps que la reine demeura à Calais, M. de Charost fit servir trois tables pour elle et pour sa suite, et lui rendit toujours tous les honneurs qui étaient dus à une majesté. Cependant, après l'arrivée de M. de Lausun, le bruit se répandit ici que M. de Charost avait très-mal rempli son devoir à cet égard ; que le service du roi se faisait fort mal à Calais, et que la place n'était pas seulement gardée ; mais il s'en justifia, et, à son retour, il fut fort bien traité du roi. Lorsque le courrier de M. de Charost arriva ici, ce fut une fort grande joie à la cour, où l'on attendait avec impatience des nouvelles du roi d'Angleterre. On savait qu'il devait se sauver peu de temps après la reine ; mais on n'avait point de nouvelles de son arrivée, et les ports d'Angleterre étaient fermés. Il vint un bruit que le roi avait été arrêté à Rochester, déguisé, en se voulant sauver. Ce bruit vint, sans que l'on sût par où : à celui-là, succédèrent d'autres bruits, comme il arrive toujours dans les événemens extraordinaires ; enfin, on eut des nouvelles sûres, qui étaient que le roi, s'étant déguisé en chasseur, comme il allait entrer dans un bateau qui le devait conduire à des bâtimens français répandus sur la côte, et cachés dans des rochers, des paysans ivres l'avaient arrêté, disant que des catholiques s'enfuyaient ; et, sous ce prétexte, ils l'avaient conduit dans les prisons de Rochester. Il y fut reconnu, et la noblesse des environs vint l'en retirer, lui baiser la main, et lui rendre les soumissions qu'ils devaient à leur roi. Ces gentilshommes se plaignirent à Sa Majesté de ce qu'elle voulait les abandonner. Comme l'on conduisait le roi à Rochester, il se souvint d'un certain milord du voisinage de cette ville, et il lui manda la peine où il était. Le milord lui fit réponse que Sa Majesté pouvait se tirer d'affaire comme elle jugerait à propos; mais que, puisqu'il ne lui était bon à rien, il ne l'irait pas trouver. Le roi fut reconduit à Londres, et logé, comme à l'ordinaire, dans son palais de Windsor, où ses peuples se vinrent plaindre à lui de ce qu'il les voulait abandonner.

La reine d'Angleterre vint de Calais à Boulogne, où elle demeura quelque temps, pour savoir des nouvelles de son époux. On peut croire qu'elle apprit ce qui se passait avec un déplaisir mortel. On le lui avait caché d'abord; mais, étant à la fenêtre, elle reconnut un des domestiques du roi, qui s'était sauvé, et qui se devait sauver avec lui. A l'égard de la cour de France, tout y était comme à l'ordinaire. Il y a un certain train qui ne change point; toujours les mêmes plaisirs, toujours aux mêmes heures, et toujours avec les mêmes gens. M. de Lausun avait écrit de Calais une lettre au roi, où il lui avait mandé qu'il avait fait serment au roi d'Angleterre de ne remettre la reine sa femme, et le prince de Galles, qu'entre ses mains; que, comme il n'était pas assez heureux pour voir

Sa Majesté britannique, il le priait de vouloir bien le dispenser de son serment, et de lui ordonner entre les mains de qui il remettrait la reine et le prince de Galles. Le roi fit réponse, de sa main, à M. de Lausun, lui manda qu'il n'avait qu'à revenir à la cour, envoya un lieutenant des gardes, un exempt, quarante gardes, M. le premier avec des carrosses, des maîtres d'hôtel, et ce qui était nécessaire pour la reine fugitive. Le roi dit ensuite qu'il venait d'écrire à un homme qui avait beaucoup vu de son écriture, et qui serait bien aise d'en recevoir encore. Cette attention du roi pour M. de Lausun en donna une grande aux ministres, qui ne l'aimaient pas, et les mit dans une furieuse appréhension que le goût du roi pour M. de Lausun ne recommençât. Sa Majesté envoya M. de Seignelay à Mademoiselle, pour lui dire, qu'après les services que M. de Lausun venait de lui rendre, il ne pouvait s'empêcher, en aucune façon, de le voir. Mademoiselle s'emporta, et dit : C'est donc là la reconnaissance de ce que j'ai fait pour les enfans du roi ! Enfin, elle fut dans une rage si épouvantable, qu'elle ne la put cacher à personne. Un des amis de M. de Lausun fut chargé de lui présenter une lettre de sa part. Elle la prit et la jeta dans le feu en sa présence ; mais cet ami la retira, et représenta à Mademoiselle que du moins elle la devait lire ; mais Mademoiselle alla s'enfermer, et revint, un moment après, dans la chambre, dire qu'elle l'avait brûlée sans la lire.

On fit alors des chevaliers du Saint-Esprit avec le moins de cérémonies que l'on put, le roi ayant une aversion naturelle pour tout ce ce qui le contraint : on les fit en deux fois, parce qu'autrement il eût fallu trop de temps. La moitié fut faite à vêpres la veille du jour de l'an, et l'on commença par les gens titrés. Le lendemain, on acheva le reste à la messe : il ne s'y passa rien de considérable. Deux jours auparavant, il y avait eu une grande dispute entre les ducs de La Rochefoucault et de Chevreuse. Le duc de Luynes, père du dernier, s'était défait de son duché en faveur de son fils, et ce duché était plus ancien que celui de La Rochefoucault : par conséquent, il prétendait passer à la cérémonie. M. de La Rochefoucault soutint qu'il n'était pas reçu duc de Luynes, mais seulement de Chevreuse, qu'ainsi il ne passerait qu'au rang de Chevreuse. Ils se disputèrent. Enfin le dernier obtint du roi un ordre pour que le premier président le fît recevoir sans que les chambres fussent assemblées, et il fut reçu le jour même de la cérémonie. Le duché de Chevreuse fut cédé au comte de Montfort. On envoya porter l'ordre par des courriers aux gens éloignés que le roi avait honorés du cordon bleu. Je ne puis m'empêcher de dire ici la manière dont cet honneur fut reçu par deux personnes de différent caractère, dont l'une était M. de Boufflers, et l'autre le marquis d'Huxelles. Le premier le reçut en remerciant bien humblement Dieu et le roi des grâces continuelles dont ils le comblaient, et, dans ses actions de grâces, il cherchait les termes de la plus profonde reconnaissance pour le roi et pour M. de Louvois. L'autre ne remercia que M. de Louvois, et recommanda au courrier de lui dire en même temps que, si l'ordre l'empêchait d'aller au cabaret et tels autres lieux, il le lui renverrait. Je dois ajouter ici que ces deux hommes, de caractère si différent, sont tous deux très-honnêtes gens. Voilà une petite digression un peu burlesque.

M. de Lausun, après avoir reçu du roi la permission de le saluer, vint à la cour. Dans les transports d'une joie extraordinaire, il jeta ses gants et son chapeau aux pieds du roi, et tenta toutes les choses qu'il avait autrefois mises en usage pour lui plaire. Le roi fit semblant de s'en moquer. Quand Lausun eut vu le roi, il s'en retourna trouver la reine d'Angleterre, qui venait se rendre à la cour, n'ayant point de nouvelles de son époux. On dit d'abord qu'on la logerait à Vincennes; mais le roi jugea plus à propos de lui donner Saint-Germain. Pendant qu'elle était en chemin, la nouvelle arriva que le prince d'Orange avait fait arrêter le roi d'Angleterre. L'exemple de la mort tragique de Charles Ier., son père, fit trembler pour lui; mais, le soir même, le roi dit, en s'en allant à son appartement, qu'il avait des nouvelles que ce prince était en sûreté. Un valet de garderobe français, que Sa Majesté britannique avait depuis long-temps, l'avait vu s'embarquer proche de Rochester. De là ce prince était venu repasser à Douvres, et ensuite avait passé à Ambleteuse, petit port auprès de Boulogne. Le valet de chambre était venu devant, et avait rapporté qu'il avait entendu tirer le canon à Calais; qu'apparemment c'était son maître qui y arrivait. Toute la soirée se passa, sans que l'on fût étonné de n'avoir point d'autres nouvelles de l'arrivée du roi d'Angleterre; mais, le lendemain, on fût au lever fort consterné, quand on vit qu'il n'y en avait point encore. On trouvait que la nuit était trop longue pour que, si le canon qu'on avait entendu tirer à Calais eût été pour lui, le courrier n'en fût pas arrivé. On commença à raconter le matin que milord Feversham, frère de M. de Duras, avait été arrêté par le prince d'Orange, comme il venait lui parler de la part du roi d'Angleterre; que le prince d'Orange avait mandé au roi d'Angleterre qu'il fallait qu'il sortît de Windsor, parce que, tant qu'il y serait, on ne pouvait pas travailler aux choses nécessaires pour le bien de l'état. Le roi en fit quelque difficulté; mais, peu de momens après, le prince d'Orange lui renvoya dire qu'il le fallait, et qu'il se retirât à Hamptoncour, qui est une maison des rois d'Angleterre. Le roi manda qu'il n'y pouvait pas aller, parce qu'il n'y avait aucun meuble; mais que, s'il le lui permettait, et qu'il le jugeât à propos, il irait à Rochester. Le prince d'Orange y consentit, et lui manda en même temps que, pour sa sûreté, il lui donnerait quarante de ses gardes pour l'y conduire. Il fallut en passer par où le prince d'Orange voulut, et le roi sortit ainsi en peu de momens de Windsor. Sa Majesté britannique fut gardée très-étroitement. Le premier jour, le prince d'Orange lui avait donné presque tous gardes catholiques et un officier : ils entendirent la messe avec lui. Quand le roi fut à Rochester, on le garda moins. Il y avait des portes de derrière à son palais; un domestique, qui était au roi, lui fit trouver des chevaux, dont il se servit. Il partit à l'entrée de la nuit, et se rendit à un endroit où l'attendait un petit bateau, pour le conduire à un plus grand bâtiment. En arrivant à la petite barque, il y trouva des paysans ivres, qui l'obligèrent de boire à la santé du prince d'Orange. Sa Majesté leur donna de l'argent pour y boire encore. On contait aussi toutes les particularités qu'avait dites le valet de garde-robe le matin, et chacun raisonnait selon sa portée. Les uns croyaient que le prince d'Orange lui avait fourni les moyens de s'embarquer, afin de le faire ensuite jeter dans la mer; les autres, afin de le faire transporter en Zélande, où il le retiendrait prisonnier. Enfin, chacun donnait pour bon ce qui lui passait par la tête. Le roi était triste, les ministres fort embarrassés.

Le roi était à la messe, n'attendant plus que des nouvelles de la mort du roi d'Angleterre, quand M. de Louvois y entra, pour dire à Sa Majesté que M. d'Aumont venait de lui envoyer un courrier qui lui annonçait l'arrivée du roi d'Angleterre à Ambleteuse. La joie fut extrême à la cour, et égale entre les gens de qualité et les domestiques. On dépêcha aussitôt un courrier à la reine d'Angleterre, qui était en chemin. M. Le Grand était parti dès le matin pour aller la recevoir à Beaumont. Pour le roi d'Angleterre, à ce que conta le courrier, il était dans un très-petit bâtiment, où il avait quelques gens armés avec lui, et quelques grenadiers. Il aperçut de loin un vaisseau plus gros que le sien ; il donna ses ordres pour se défendre, en cas qu'il fût attaqué ; mais, quand ils s'approchèrent, il reconnut que c'était un vaisseau français : la joie fut grande de part et d'autre. Il se mit dans ce vaisseau, et arriva fort heureusement, mais pourtant très-fatigué, car il y avait bien du temps que ses nuits n'étaient pas bonnes.

Le roi alla de Versailles à Chatou, au-devant de la reine d'Angleterre et du prince de Galles. Il y attendit, avec une fort grosse cour à sa suite, cette reine, qui arriva un moment après. Elle fut reçue parfaitement bien. Sa Majesté britannique parla avec tout l'esprit et toute la politesse que l'on peut avoir, plus même que les femmes ordinaires n'en peuvent conserver dans des malheurs aussi grands qu'étaient les siens. Le roi la conduisit à Saint-Germain, et fit ce qu'il put pour adoucir ses peines, qui étaient extrêmement diminuées par la joie d'avoir appris que le roi son époux était en France, et en bonne santé. Après cela, le roi s'en retourna à Versailles, et envoya le lendemain chez la reine une toilette magnifique, avec tout ce qu'il lui fallait pour l'habiller, et tout ce qui était nécessaire pour le prince de Galles ; le tout travaillé sur le modèle de ce que l'on avait fait pour M. de Bourgogne. Avec cela, l'on mit une bourse de six mille pistoles sur la toilette de la reine : on lui en avait déjà donné quatre mille à Boulogne. Le lendemain, jour que le roi d'Angleterre arrivait, le roi l'alla attendre à Saint-Germain, dans l'appartement de la reine. Sa Majesté y fut une demi-heure ou trois quarts d'heure avant qu'il arrivât. Comme il était dans la garenne, on le vint dire à Sa Majesté, et puis on vint avertir quand il arriva dans le château. Pour lors, Sa Majesté quitta la reine d'Angleterre, et alla à la porte de la salle des gardes au-devant de lui. Les deux rois s'embrassèrent fort tendrement, avec cette différence, que celui d'Angleterre, y conservant l'humilité d'une personne malheureuse, se baissa presque aux genoux du roi. Après cette première embrassade, au milieu de la salle des gardes, ils se reprirent encore d'amitié; et puis, en se tenant la main serrée, le roi le conduisit à la reine, qui était dans son lit. Le roi d'Angleterre n'embrassa point sa femme, apparemment par respect.

Quand la conversation eut duré un quart-d'heure, le roi mena le roi d'Angleterre à l'appartement du prince de Galles. La figure du roi d'Angleterre n'avait pas imposé aux courtisans : ses discours firent encore moins d'effet que sa figure. Il conta au roi, dans la chambre du prince de Galles, où il y avait quelques courtisans, le plus gros des choses qui lui étaient arrivées, et il les conta si mal, que les courtisans ne voulurent point se souvenir qu'il était Anglais, que par conséquent il parlait fort mal français, outre qu'il bégayait un peu, qu'il était fatigué, et qu'il n'est pas extraordinaire qu'un malheur aussi considérable que celui où il était diminuât une éloquence beaucoup plus parfaite que la sienne.

Après être sortis de chez le prince de Galles, les deux rois s'en revinrent chez la reine. Sa Majesté y laissa celui d'Angleterre, et s'en revint à Versailles. Presque tous les honnêtes gens furent attendris à l'entrevue de ces deux grands princes. Le lendemain au matin, le roi d'Angleterre eut à son lever tout ce qui lui était nécessaire, et dix mille pistoles sur sa toilette. L'après-dînée, ce prince vint à Versailles voir le roi, qui fut le recevoir à l'entrée de la salle des gardes, et le mena dans son petit appartement. Ensuite, il fut voir madame la dauphine, Monseigneur, Monsieur et Madame. Il demeura très-long-temps avec le roi. Monseigneur et Monsieur furent rendre la visite à Saint-Germain. Il y eut de grandes contestations pour les cérémonies : le roi voulut que le roi d'Angleterre traitât Monseigneur d'égal, et le roi d'Angleterre y consentit, pourvu que le roi traitât le prince de Galles de même. Enfin, il fut décidé que le dauphin n'aurait qu'un siége pliant devant le roi d'Angleterre, mais qu'il aurait un fauteuil devant la reine. Les princes du sang avaient aussi leurs prétentions, disant que, comme ils n'étaient pas sujets du roi d'Angleterre, ils devaient avoir aussi d'autres traitemens. A la fin, tout cela se passa fort bien; mais, quand il fut question des femmes, cela ne fut pas si aisé. Les princesses du sang furent trois ou quatre jours sans aller chez Sa Majesté d'Angleterre, et, quand elles y furent, les duchesses ne les suivirent pas. Celles-ci prétendirent avoir les deux traitemens, celui de France, qui est de s'asseoir devant leur souveraine, et celui d'Angleterre, qui est de la baiser. La reine d'Angleterre, qui, quoique glorieuse, ne laisse pas d'être fort raisonnable, dit au roi qu'il n'avait qu'à ordonner, qu'elle ferait tout ce qu'il voudrait, et qu'elle le priait de choisir lui-même le cérémonial qu'elle observerait. Enfin, il fut décidé que les duchesses s'en tiendraient à celui de France. Quand la reine d'Angleterre vint à Versailles, la magnificence l'en surprit, et surtout la grande galerie, qui, sans contredit, est la plus belle chose de l'univers en son genre ; aussi la loua-t-elle extrêmement, mais dans les termes qui convenaient, et qui pouvaient faire plaisir au roi. Elle fit les mêmes visites qu'avait faites le roi son époux, et s'en retourna à Saint-Germain avec de très-grands applaudissemens.

Pendant ce temps-là, il arrivait toujours des troupes du côté du Rhin : les contributions diminuaient, et il fallait abandonner les villes où nous nous étions étendus. On commença par Heilbron et par le pays de Wirtemberg. On le pilla bien auparavant ; mais, dans le temps que l'on sortit d'Heilbron par une porte, les ennemis, qui y entraient par l'autre, donnèrent sur une petite arrière-garde, tuèrent des malades que l'on avait laissés dans la ville, et que l'on n'avait pas encore pu retirer. Toutes les troupes qui étaient de ce côté-là se retirèrent à Pforstheim, et celles qui étaient un peu plus avancées de l'autre côté se retirèrent à Heidelberg. On y rassembla une forte garnison : celle de Manheim fut aussi renforcée. La précipitation avec laquelle il fallut quitter tout cela ne fit honneur ni à la France, ni à ses troupes, ni aux généraux qui avaient eu la conduite de cette retraite. On en donna le tort au comte de Tessé ; et, entre autres choses, on trouva mauvais qu'un homme qui a servi ne sût pas que, quand on se retire d'une place, on en ferme les portes, hors celles par où l'on sort.

Le roi d'Angleterre était à Saint-Germain, recevant les respects de toute la France : les ministres y furent des premiers; l'archevêque de Reims, frère de M. de Louvois, le voyant sortir de la messe, dit, avec un ton ironique : *Voilà un fort bon homme; il a quitté trois royaumes pour une messe* : belle réflexion dans la bouche d'un archevêque! On régla pour la maison du roi d'Angleterre six cent mille francs, et, pendant le premier mois, il eut toujours les officiers du roi pour le servir. Tous les jours, il arrivait beaucoup de cordons bleus anglais. Le roi voulut lever deux régimens, de deux mille hommes chacun, qu'il donna aux deux enfans du roi d'Angleterre.

Malgré les fâcheuses circonstances de son état, Sa Majesté britannique ne laissait pas d'aller courageusement à la chasse avec Monseigneur, et piquait comme eût pu faire un homme de vingt ans, qui n'a d'autre souci que celui de se divertir. Cependant, ses affaires allaient fort mal; car le prince d'Orange avait été reçu du peuple de Londres avec de très-grandes acclamations : presque tous les grands étaient pour lui. Il n'était question que de trouver la manière d'assembler un nouveau parlement; car le roi, qui, un peu avant que de quitter son royaume, avait convoqué le parlement, l'avait cassé en partant, et avait jeté les sceaux du royaume dans la mer. On rit beaucoup en France, en songeant à cet expédient que Sa Majesté Britannique avait trouvé, et cependant cela ne laissait pas de faire quelque embarras en Angleterre, à cause de leurs lois. A la vérité, l'embarras fut bientôt levé. On apprit ici que tout se disposait à faire une élection du prince d'Orange à la royauté, bien qu'on ne laissât pas de proposer d'autres milieux; mais ils ne convenaient pas au prince, qui voulait être roi, quoi qu'il en pût être. L'Irlande tenait toujours ferme pour son premier roi; seulement il y eut un petit parti de protestans irlandais qui s'éleva contre; mais il fut abattu en très-peu de temps par Tirconel, qui était vice-roi d'Irlande, et avait amassé beaucoup de milices, généralement mal disciplinées, sans armes et sans munitions. Cela ne témoignait que de la bonne volonté. Tirconel pria le roi de passer en Irlande, et l'assura que ce voyage lui serait très-avantageux. Le roi fut quelque temps à se résoudre; et, pendant ce temps-là, l'on envoya un homme de confiance, nommé Pointis, capitaine de vaisseau, pour rendre compte de l'état où il avait trouvé tout, et pour prendre des mesures plus justes.

Plus les Français voyaient le roi d'Angleterre, moins on le plaignait de la perte de son royaume. Ce prince n'était obsédé que des jésuites : il vint faire un voyage à Paris; d'abord il alla descendre aux grands jésuites, causa très-long-temps avec eux, et se les fit tous présenter. La conversation finit par dire qu'il était de leur société : cela parut d'un très-mauvais goût. Ensuite il alla dîner chez M. de Lausun. On faisait presque tous les quinze jours un voyage à Marly, de quatre ou cinq jours. C'est, comme on sait, une maison entre Saint-Germain et Versailles, que le roi aime fort, et où il va faire de petits voyages, afin d'être moins obsédé de la foule des courtisans. Le roi et la reine d'Angleterre y furent. On représentait à Trianon, qui est une autre maison que le roi a fait bâtir à un bout du canal, un petit opéra sur le retour du dauphin. La princesse de Conti, madame la duchesse, et madame de Blois y dansaient, et en étaient assurément le principal ornement; car, du reste, les vers en étaient très-mauvais, et la musique des plus médiocres. Sa Majesté pria le roi et la reine d'Angleterre d'y venir, et leur donna ce plaisir.

Madame de Maintenon, qui est fondatrice de

Saint-Cyr, toujours occupée du dessein d'amuser le roi, y fait souvent faire quelque chose de nouveau à toutes les petites filles qu'on élève dans cette maison, dont on peut dire que c'est un établissement digne de la grandeur du roi et de l'esprit de celle qui l'a inventé, et qui le conduit : mais quelquefois les choses les mieux instituées dégénèrent considérablement ; et cet endroit, qui, maintenant que nous sommes dévots, est le séjour de la vertu et de la piété, pourra quelque jour, sans percer dans un profond avenir, être celui de la débauche et de l'impiété. Car de songer que trois cents jeunes filles, qui y demeurent jusqu'à vingt ans, et qui ont à leur porte une cour remplie de gens éveillés, surtout quand l'autorité du roi n'y sera plus mêlée; de croire, dis-je, que de jeunes filles et de jeunes hommes soient si près les uns des autres sans sauter les murailles, cela n'est presque pas raisonnable. Mais revenons à ce que je disais : madame de Maintenon, pour divertir ses petites filles et le roi, fit faire une comédie par Racine, le meilleur poëte du temps, que l'on a tiré de sa poésie, où il était inimitable, pour en faire, à son malheur et celui de ceux qui ont le goût du théâtre, un historien très-imitable. Elle ordonna au poëte de faire une comédie, mais de choisir un sujet pieux ;

car, à l'heure qu'il est, hors de la piété point de salut à la cour, aussi-bien que dans l'autre monde. Racine choisit l'histoire d'Esther et d'Assuérus, et fit des paroles pour la musique. Comme il est aussi bon acteur qu'auteur, il instruisit les petites filles; la musique était bonne; on fit un joli théâtre et des changemens. Tout cela composa un petit divertissement fort agréable pour les petites filles de madame de Maintenon; mais, comme le prix des choses dépend ordinairement des personnes qui les font, ou qui les font faire, la place qu'occupe madame de Maintenon fit dire à tous les gens qu'elle y mena que jamais il n'y avait rien eu de plus charmant; que la comédie était supérieure à tout ce qui s'était jamais fait en ce genre-là; et que les actrices, même celles qui étaient transformées en acteurs, jetaient de la poudre aux yeux de la Champmeslé, de la Raisin, de Baron et des Monfleury. Le moyen de résister à tant de louanges! Madame de Maintenon était flattée de l'invention et de l'exécution. La comédie représentait, en quelque sorte, la chute de madame de Montespan et l'élévation de madame de Maintenon. Toute la différence fut qu'Esther était un peu plus jeune, et moins précieuse en fait de piété. L'application qu'on lui faisait du caractère d'Esther, et de celui de

Vasthi à madame de Montespan, fit qu'elle ne fut pas fâchée de rendre public un divertissement qui n'avait été fait que pour la communauté, et pour quelques-unes de ses amies particulières. Le roi en revint charmé : les applaudissemens que Sa Majesté donna augmentèrent encore ceux du public : enfin, l'on y porta un degré de chaleur qui ne se comprend pas; car il n'y eut ni petit ni grand qui n'y voulût aller; et ce qui devait être regardé comme une comédie de couvent devint l'affaire la plus sérieuse de la cour. Les ministres, pour faire leur cour en allant à cette comédie, quittaient leurs affaires les plus pressées. A la première représentation où fut le roi, il n'y mena que les principaux officiers qui le suivent quand il va à la chasse. La seconde fut consacrée aux personnes pieuses, telles que le père de La Chaise, et douze ou quinze jésuites, auxquels se joignit madame de Miramion, et beaucoup d'autres dévots et dévotes. Ensuite, cela se répandit aux courtisans. Le roi crut que ce divertissement serait du goût du roi d'Angleterre; il l'y mena, et la reine aussi. Il est impossible de ne point donner de louanges à la maison de Saint-Cyr, et à l'établissement : ainsi, ils ne s'y épargnèrent pas, et y mêlèrent celles de la comédie. Tout le monde crut toujours que cette comédie était allégorique; qu'Assuérus était le roi; que Vasthi, qui était la femme concubine détrônée, paraissait pour madame de Montespan; Esther tombait sur madame de Maintenon; Aman représentait M. de Louvois; mais il n'y était pas bien peint, et apparemment Racine n'avait pas voulu le marquer.

FIN DE LA PREMIÈRE PARTIE ET DU TOME SECOND.

TABLE
DES MATIÈRES

CONTENUES DANS CE VOLUME.

Pag.

La Princesse de Clèves.
  Première partie.   1
  Seconde partie 69
  Troisième partie. 155
  Quatrième partie. 203
La Comtesse de Tende. 269
La Princesse de Montpensier. 295
Mémoires de la cour de France, pour les années 1688 et 1689.
  Première partie. 347

FIN DE LA TABLE DU TOME SECOND.

www.ingramcontent.com/pod-product-compliance
Lightning Source LLC
Chambersburg PA
CBHW050914230426
43666CB00010B/2162